Umschlag:
Blick des Fotografen: Foto von Marco Volken mit der Nordseite des Titlis
im winterlichen Spätnachmittagsschatten,
während die Sonne über den Turm auf dem Klein Titlis hinweg
die Gipfelkuppe beleuchtet.

Einband Titelseite:
Blick der Künstlerin: Der Titlis von Doris Studer,
gesehen durchs Atelierfenster in Engelberg; 2001,
Erdfarben auf Papier, 15 x 10 cm.

Einband Rückseite:
Blick des Bergsteigers: Foto von Peter Schoch mit dem Südostpfeiler des Titlis,
über den die Grenze zwischen den Kantonen Obwalden und Bern verläuft.
Sechs Jurassier erkletterten 1960 erstmals den Pfeiler;
er zählt noch heute zu den ganz grossen Felsrouten der Schweiz – zum Glück
gibt es leichtere Anstiege auf den 3238.3 Meter hohen Berg.

«Von unserem Beobachtungspunkt (Ochsenstock) aus
kamen wir zum Schluss, dass es nicht unmöglich, ja nicht einmal
gefährlich wäre, den Gipfel des Titlis von der Seite her,
die er uns darbot, also von Westen oder Nordwesten her, zu
besteigen. Denn die übrigen Seiten sind absolut unbesteigbar
und vertikal abfallend. Aber man müsste auf einer sehr
hoch gelegenen Hütte übernachten, denn von Engelberg aus
wäre der Aufstieg zu anspruchsvoll.»

Horace Bénédict de Saussure:
Tagebuch einer Reise durch die Schweiz;
Eintrag vom 14. Juli 1784

Spielort: «Titlisberg ist der höchste
im ganzen Schweizerland»
– Ausschnitt aus Gabriel Walsers Unterwaldner
Karte im Homann-Atlas, 1767.
Ganz so hoch ist der Titlis nicht,
dafür unübersehbar, als Berg und sonst.

Bergmonografien

1 **Jungfrau** – Zauberberg der Männer

2 **Finsteraarhorn** – Die einsame Spitze

3 **Eiger** – Die vertikale Arena

4 **Piz Bernina** – König der Ostalpen

5 **Tödi** – Sehnsucht und Traum

6 **Watzmann** – Mythos und wilder Berg

7 **Titlis** – Spielplatz der Schweiz

Der Verlag dankt dem Kloster Engelberg,
der Kulturförderung Kanton Obwalden,
der Stiftung Dr. Kausch und den
Bergbahnen Engelberg–Trübsee–Titlis AG
die die Herausgabe dieses Buches gefördert haben.

© AS Verlag & Buchkonzept AG, 2001
Gestaltung: www.vonarxgrafik.ch, Heinz von Arx, Urs Bolz, Zürich
Lektorat: Andres Betschart, Zürich
Druckvorstufe: Matthias Weber, Zürich
Fotolithos: Ast & Jakob AG, Köniz
Druck: B & K Offsetdruck GmbH, Ottersweier
Einband: Josef Spinner Großbuchbinderei GmbH, Ottersweier
ISBN 3-905111-62-4

TITLIS
SPIELPLATZ DER SCHWEIZ

Herausgegeben von Daniel Anker

Texte:
Daniel Anker, Thomas Bachmann, Markus Britschgi
Beat Christen, Rolf De Kegel, Thomas Germann, Beat Hächler
Thomas Klöti, Christine Kopp
Benno Schwizer, Robert Treichler, Marco Volken

Fotos:
Marco Volken

BERGMONOGRAFIE
7

Im siebten Himmel

Das war hart. Ein ganzes Jahr lang hatte er sich auf die Chilbi in Adliswil gefreut. Aber weil er sich bei den Ferieneltern etwas zu wild benommen hatte, durfte er nicht auf den jährlich stattfindenden Rummelplatz in seinem Dorf mitgehen und musste zu Hause bleiben. Das hat ihn echt getroffen. Die Eltern merkten, dass die Strafe vielleicht zu hart war, und als Wiedergutmachung schlug der Vater seinem Buben eine dreitägige Bergtour vor – den Titlis. Alles zu Fuss von Engelberg aus, mit Übernachtung auf Trübsee und am nächsten Morgen weiter auf dem Normalweg über Gras, Geröll und Gletscher bis auf den Gipfel. Unvergesslich. Die erste richtige Bergtour. Und: «Das war das erste Mal, dass der Vater so viel Zeit für mich allein hatte.» Heinz von Arx erzählt die Geschichte, als wärs gestern gewesen. Er war 12 Jahre alt, als er auf dem Titlis stand, im August 1957. 44 Jahre später gestaltet er die Bergmonografie über seinen ersten Dreitausender.

Der Titlis als prägendes Bergerlebnis. Für die Schweizer Johann Ignaz Hess, Josef Eugen Waser und Joachim Kuster sowie den Deutschen Benedikt Erne, alle Angestellte des Klosters Engelberg, die Ende Juli 1744 zum ersten Mal den 3238 Meter hohen Gipfel erreichten und damit die erste Besteigung eines Gletscherberges in den Westalpen schafften. Für den Engelberger Joachim Eugen Müller, der wahrscheinlich an der sportlichen Zweitbesteigung

von 1785 teilnahm und der später den Titlis zum Angelpunkt seiner genialen topografischen Arbeiten machte. Für den Norweger Leif Berg, der am 23. Dezember 1904 in 29 Minuten vom Gipfel nach Trübsee hinunterkurvte und damit eine skitouristische Lawine lostrat. Für die 37 000 Inder, die seit 2000 jährlich auf den Titlis fahren und so zum ersten Mal mit dünner Luft und Schnee in Kontakt kommen.

Der Gletschergipfel als Rummelplatz – und doch nicht. «Ganze Horden von Touristen haben alles getan, was nur menschenmöglich ist, um die Landschaft zu verpöbeln. Aber wie die Pyramiden oder eine gotische Kathedrale schüttelt sie alles Gemeine ab – ihre Majestät ist unangreifbar», schrieb einer, der zwischen 1859 und 1864 mehr wichtige Erstbesteigungen als jeder andere Engländer machte. «Selbst wenn der Rasen ringsum mit Butterbrotpapieren und leeren Flaschen überstreut ist, unterliegen wir dem Einfluss der alpinen Schönheit. Wenn das Licht der Sonne auf den Firnen erstirbt oder der Mond sie mit zartem Silberglanz überströmt, dann vergessen wir schmutziges Papier.» 1871 veröffentlichte Leslie Stephen ein Buch, das als Schlüsselwerk der Alpinismus- und Tourismusgeschichte gilt. Sein Titel: «The Playground of Europe». Auf Deutsch: «Der Spielplatz Europas».

Daniel Anker

Inhalt

Spielzeit: Der Titlis hat seit über 250 Jahren immer Saison. Sommers und winters wollten und wollen die Besucher des Berges abheben, physisch und psychisch (gegenüber und über dem Vorwort).

Spielzeug: Abseilmanöver in der 700 Meter hohen Südwand, durch die sich einige sehr schwierige Freikletter-routen emporziehen. Das Biwak am Grassen (am oberen Bildrand) dient als Stützpunkt für diese verborgenen Titliswege. Auch für die andern muss man sich ganz aufs Material verlassen können, egal ob das Seil aus Nylon oder aus Stahl ist (linke Seite).

Ein Berg – der Berg. Vom Titlis

Der Titlis ist nicht der höchste Gipfel der Alpen, nicht einmal der Schweiz. Und trotzdem ein Schwergewicht: alpinistisch, touristisch, topografisch und mehr. Ein schönes Beispiel dafür, was der Mensch aus aufgeschichtetem Fels und Firn alles machen kann, wenn man ihn nur lässt. Marco Volken hat den Überblick.

Er ist nicht der Höchste, nicht der Schönste und auch nicht der Schwierigste. Er hat weder das Zeug zum Montblanc noch zum Matterhorn oder zum Eiger. Seine Vergletscherung ist bescheiden, sein Fels von unterschiedlicher Qualität. Er liegt weitab der grossen Verkehrsachsen, spiegelt sich in keinem See und verpasst die magische Grenze von viertausend Metern um weit mehr als zwei Eiffeltürme. Man sieht ihn weder vom Genfer Quai du Mont-Blanc, noch vom Berner Gurten oder vom Zürcher Bellevue aus, und im Luzerner Lido muss man umständlich an den wuchtigen Walenstöcken vorbeischauen, um ihn noch

knapp zu erspähen. Mit anderen Worten: Dieser Gipfel ist kein Höhepunkt der Alpen. Die Rede ist vom Titlis.

Trotzdem ist er ein alpines Schwergewicht, dieser Titlis, und zwar weit mehr, als ihm auf Grund seiner physikalischen Masse, seiner Erscheinung und seiner Lage eigentlich zustünde. Da können sich die vielen Tau-

send Touristen aus Nah- und Fernost nicht täuschen, die ihn – stellvertretend für die ganze Alpenlandschaft – ins Reiseprogramm einbauen und ehrerbietend aufsuchen. Der Titlis, dem der Platz an der Sonne nicht in die Wiege gelegt wurde, steht seit Generationen im grellen Rampenlicht. Ob er das geniesst, ist nicht bekannt – was hingegen bekannt ist: Er hat seinen Ruhm nicht sich selbst zu verdanken.

Was macht denn nun die Faszination und Bedeutung dieses Titlis aus? Wenn es nicht am Berg selbst liegt, dann kann es nur an den Menschen an seinem Fusse liegen. Der Titlis ist in erster Linie ein kulturelles Produkt, ein zivilisatorisches Projekt, eine Projektionsfläche unterschiedlichster

Titlis, jederzeit und überall: bei Mond- und Sternenlicht vom obwaldnerischen Norden (vorangehende Doppelseite). Bei Sonnenlicht vom bernischen Südwesten, mit dem Grassen rechts und einem Moortümpel am Grätli im Vordergrund (linke Seite). Und als Sujet für Reiseandenken und Verbrauchsartikel – den Berg und seine Bahn aufkleben, anstecken, einschmieren, einverleiben.

Sehnsüchte, Ängste und Bedürfnisse. Kurz: Er ist ein Prachtsbeispiel dafür, was der Mensch aus einem Haufen Steinen und Eiskristallen alles machen kann, wenn man ihn nur lässt.

Die Geschichte des Titlis ist also in erster Linie eine Kulturgeschichte. Zugegeben, das trifft auf die meisten Gipfel zu – zumindest

auf diejenigen, die überhaupt irgendwann mal wahrgenommen werden. Doch kaum ein Berg bietet derart viele Facetten, in denen sich die Zeitläufte der modernen Gesellschaft spiegeln. Sportliche Entwicklungen, gesellschaftliche Bewegungen, Modetrends, kulturelle Strömungen, wissenschaftliche Debatten, technische Errungenschaften und wirtschaftliche Interessen haben auf der schneeweissen Kuppe ihre Spuren hinterlassen.

Am Titlis begegnen wir also der Menschheit – wir begegnen unseren Ichs, unseren Vor- und unseren Nachfahren. Niemand hat das so gut begriffen wie die zahlreichen Maler und Dichter, die sich an seinem Fuss ihre Inspirationen holten: Wer den Titlis betrachtet, blickt eigentlich in seine Seele; wer über den Titlis schreibt, hält sich selbst fest. Und wer über den Titlis liest, erkennt darin die Kapriolen unserer Spezies. Da wären zum Beispiel:

Die Furcht
(und die Hoffnung).

«Schon 150 Jahre bevor die Männer auf dem Rütli zusammentraten, hat der fromme Ritter Konrad von Seldenbüren in dieser gottvergessenen Wildnis ein Kloster gegründet; man hat dann die Bären totgeschlagen, hat Leute angesiedelt, ist mächtig geworden […] und das stille Alpental, das für die Bären und für die Mönche bestimmt war, ist eine mondäne kleine Stadt geworden» (Hans Schmid, Urschweiz, 1928). Zuerst waren also ungläubige Bären, dann kamen 1120 die gläubigen Mönche, und kurz darauf die etwas abergläubischen Bauern. Bei dieser Konstellation erstaunt es nicht, dass sich um die Flanken des Titlis schaurige wie schöne Sagen ranken. Doch nichts kann der Berg dafür, alles wird ihm angedichtet, in jeder Sage widerspiegelt sich lediglich das Volk, das sie erzählt. Heute glaubt man nicht mehr an den Aberglauben, heute glaubt

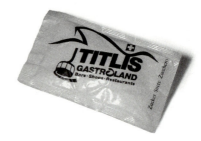

man eher der Wissenschaft. Deshalb fürchtet man heute am Fusse des Titlis weder verlorene Seelen noch unheimliche Höhlen, sondern ein ganz in der Nähe geplantes Atommüll-Endlager.

Der Besitzanspruch
(und der Machthunger).

1435 erscheint der «Tüttels Berg» in einer Urkunde über die Grenzziehung des Klosterstaats. Gemäss dem Stiftsarchivar der Benediktinerabtei von Engelberg, Rolf De Kegel, ist es die erste bekannte Erwähnung des Gipfels. Das Resultat der hitzigen Auseinandersetzungen um das Ödland am Titlis ist noch heute aus der Landkarte abzule-

sen: höchst interessante Kantonsgrenzen, die merkwürdige und viel sagende Haken zwischen den vier beteiligten Stände schlagen. Ebenso eigenartig verhält es sich mit den Engelbergern, die sich nach einer Zeit der Selbständigkeit zuerst kurz Nidwalden und schliesslich Obwalden zuwenden. Und so ergeht es heute dem real existierenden Touristen aus Fernwest, der in Nidwalden ahnungslos die Drehseilbahn besteigt, in Obwalden leicht verwirrt aussteigt, sich zum Aussichtsfenster auf Berner Staatsgebiet bewegt und dabei fragt, wieso die Leute hier in Frankreich denn Schwedisch sprächen.

Der Wissensdurst
(und die Ruhmbegierde).

1713 veröffentlicht der Zürcher Gelehrte Johann Jakob Scheuchzer die erste Karte, auf der der Titlis erscheint. Von da an jagen sich die Kartierungen und Höhenbestimmungen, die zu Aussagen wie «ist der höchste im ganzen Schweizer land» und zu Höhenschätzungen von über 5000 Metern führen. Der Titlis etabliert sich als wichtiger Dreh- und Angelpunkt der Schweizer Kartografie, gehört zur auserwählten Gilde der Triangulationspunkte 1. Ordnung und ist zur Zeit genau 3238.3 m hoch. Dass das trigonometrische Signal im Zeitalter der satellitengestützten Vermessung nicht abgebrochen wird, hat nicht zuletzt sentimentale Gründe.

Die Neugier
(und der Ehrgeiz).

Im Heumonat 1744 machen sich vier Bedienstete des Klosters Engelberg auf eine der ersten richtigen Hochtouren aller Zeiten. Nach langem Aufstieg stehen sie endlich auf dem eisigen Titlis und geniessen,

kaum ganz ohne Stolz, die grossartige Aussicht. Diese Erstbesteigung setzt einen wuchtigen, wenn auch verkannten Meilenstein auf dem Weg zur modernen Bergsteigerei. Das alpinistische Interesse an diesem Gipfel hat sich erstaunlicherweise bis heute nicht gelegt, immer noch wird an seinen Wänden Neuland entdeckt.

Der Spieltrieb
(und die Tollkühnheit).

Im Dezember 1893 steigen drei Haslitaler
Alpinisten von Meiringen zum Jochpass
hinauf und fahren auf langen Holzlatten,
Ski genannt, nach Engelberg hinunter.
Diese Pioniertat und die skitouristische
Massenbesteigung am 23. Dezember 1904
läuten die schillernde Geschichte des wohl
vielfältigsten Skibergs der Schweiz ein. Es

folgen präparierte Pisten und mechanische
Lifte, kecke Skihaserl und furiose Abfahrts-
kanonen, es folgen Lawinensprengbahnen
und Beschneiungsanlagen, Powderhounds,
hot Carvers und goofy Boarderinnen. Und
es folgen immer kühnere Abfahrten über
steile Flanken, Wände und Couloirs; 1999
wird das vorläufig letzte «Problem», die bis
dahin noch unbefahrene Ostflanke, gelöst.

Die Bevormundung
(und die Befreiung).

Nachdem die Anfänge des Alpinismus am
Titlis eine reine Mannerdomäne waren,
kommen gegen Ende des 19. Jahrhunderts
immer mehr Frauen auf den Geschmack.
1911 hält Baedeker in seinem Reiseführer
fest, der Titlis sei «a favourite ascent which
in summer is made daily even by ladies»
und meint damit kaum umwunden, der
Berg stelle keine Herausforderung für den
Mann mehr dar. Zwei Jahre später gelingt
die Durchsteigung der bis dahin als unbe-
zwingbar geltenden Titlis-Nordwand einer
Dreierseilschaft mit Miss Welsh, Hermann

Hess und Eugen Kuster (die in den Führern
des Schweizer Alpen-Clubs seit 1952 zu
«H. Hess und zwei Begleiter» verdichtet
wird). Ab den Sechzigerjahren wird der
Titlis schliesslich zum regelmässigen Aus-
tragungsort alpiner Frauentreffen. Erst
gegen Ende der Siebzigerjahre setzt sich
innerhalb des SAC die Ansicht durch, man
könne doch auch Frauen in den Verein aufnehmen. Noch im Jahr 2000 sind keine
zehn Prozent der SAC-Sektionspräsidenten
weiblichen Geschlechts – eine davon präsi-
diert die Sektion Engelberg, am Fusse des
Titlis. Der Berg wird demokratisch.

Das Gewinnstreben
(und der Fortschrittsglaube).

Im Januar 1913 wird die Standseilbahn
Engelberg–Gerschnialp eingeweiht. Und
einen Tag vor Weihnachten 1927 machen
sich die Touristiker von Engelberg eines der
grössten Geschenke: Sie werfen die Moto-
ren der erst zweiten eidgenössisch konzes-
sionierten Luftseilbahn der Schweiz an und
schicken eine Kabine von der Gerschnialp

zum Trübsee hinauf. Viele weitere Kabinen
(fahrten) folgen, und noch weitere Projekte
warten in Schubladen auf ein günstiges
Umfeld und aufgeschlossene Investoren.
Der Berg wird erschlossen, der Schnee
kapitalisiert, das Abenteuer auch den Pan-
toffelhelden ermöglicht: jeder Tourist ein
potenzieller Be(rg)steiger.

**Die Vervielfältigung
(und die Entfremdung).**

Kopien vom Titlis gibt es in jeder Anfertigung und Grösse: zum Naschen und zum Waschen, zum Aufhängen und zum Drauftreten, als Alpenstockverzierung und als Mouse-pad. Auch die putzige Swissminiatur in Melide hat einen. Doch am 19. März 1996 geschieht der entscheidende Schritt, derjenige in die virtuelle Welt: Die Internetadresse www.titlis.ch wird registriert. Aus

dem Berg aus Fels und Eis wird ein File aus Null und Eins, statt auf einer Kontinentalsteht er nun auf einer Festplatte – vermutlich im flachen Unterland, dafür wohl mit Sicherheitskopie. Zu den Erlebnisformen Anschauen und Anlangen kommt neu Anklicken, die Webcam pixelt die dazugehörigen Ausblicke innert Sekunden auf den Monitor, der Berg wird virtuell und schwerelos, das Erlebnis ebenso. Surfen am Titlis.

Der Titlis. Er ist nicht der Höchste, nicht der Schönste und auch nicht der Schwierigste. Er ist – der Spielplatz der Schweiz.

PS:

Die amtliche Bestätigung, falls es überhaupt noch einer bedurfte, geht auf das Jahr 1988 zurück. Um 150 Jahre offizielle Topographie in der Schweiz zu feiern, setzte sich das Bundesamt für Landestopographie das symbolische Ziel, den Mittelpunkt der Schweiz zu bestimmen. Aus den Berechnungen ging die Obwaldner Alp Älggi oberhalb Sachseln als geografische Mitte der Eidgenossenschaft hervor. So weit, so gut. Ob all dem Rummel wurde allerdings eine weit reichende Folgerung übersehen: Ist das Älggi das

Zentrum der Schweiz, dann wäre derjenige Hochgebirgsstock, der dem Älggi am nächsten liegt, nichts weniger als die alpine Mitte der Schweiz. Der zentrale Berg des zentralen Alpenlandes. Mit anderen Worten: Dieser Gipfel wäre der Mittelpunkt der Alpen. Dieser Gipfel heisst Titlis.

Marco Volken (Jahrgang 1965) ist promovierter Atmosphärenphysiker und arbeitet heute als Fotograf, Journalist sowie Leiter von «per pedes bergferien» in Zürich. Zusammen mit Remo Kundert verfasste er die beiden SAC-Führer «Hütten der Schweizer Alpen» und «Alpinwandern Zentralschweiz – Glarus – Alpstein». Im Juni 2001 erschien von ihm ein Bildband über die Leventina (Salvioni Edizioni). Als er im Dezember 1996 zum ersten Mal auf dem Gipfel des Titlis im Zelt übernachtete, um den Sonnenaufgang am Finsteraarhorn für dessen Monografie zu fotografieren, wusste er noch nicht, wie oft er mit Kamera und Stift zum Titlis zurückkehren würde.

Der Sagen-Berg: Vom Dohlenflug zur Tiefenpsychologie

«Dreimal zog das seltsame Heer der schwarzen Dohlen einen Kreis über der Hütte ob der Gerschnialp, dann schwebte der ganze Zug dem Titlis und der Sonne entgegen.» Den eleganten Flug der Dohlen kannst du heute noch bewundern, und vielleicht begegnet dir auch eine tanzende Jungfer oder ein hinterhältiger Drache. Lass sie alle ruhig vorüberziehen, sie gehören zum Titlis. Thomas Bachmann erzählt.

Zur Zeit, als noch Erdmanndli und Riesen in grosser Zahl das Land bevölkerten, als fürchterliche Drachen in feuchten Erdlöchern hausten und als gelegentlich der Tod und seine Frau, die Tödtin, durchs Engelbergertal zogen, zu jener Zeit also waren die Berge noch etwas Erhabenes. Weit entfernt thronten die Gipfel, dem Himmel näher als den menschlichen Sorgen. Entrückt standen sie da, sei es als schroffe Felswand wie der Titlis von der Wendenalp her, sei es als weiss leuchtende Schneekuppe wie der Titlis von Engelberg aus. Und dort oben war unerreichbares Land. Weiter unten jedoch, auf den Alpweiden und am bewaldeten Fuss der Berge, da lebten die Menschen mit ihrem Kummer und ihrem Glauben. Da gab es Liebschaften und Neid, Wünsche, Verwünschungen und was immer sich der liebe Gott und der Leibhaftige für die Menschen ausgedacht hatten. Hier herrschte das vertraute Diesseits. Aber allein schon der Blick hinauf zu den Gipfeln

bewies, dass die jenseitige Welt ebenfalls existieren musste. Und so erstaunt es nicht, dass zwischen Talboden und Titlisgipfel, zwischen Diesseits und Jenseits also, einige seltsame Geschichten beheimatet sind. Hier, im Bereich der Alpweiden, pflegten die Boten der jenseitigen Welt besonders leicht in die Realität einzubrechen. Auf der Gerschnialp zum Beispiel, auf Hohfad oder auf der weiten Engstlenalp erhaschten die Menschen gelegentlich einen scheuen Blick auf die Wesen der andern Welt.

Geheimnisvoll: Eisblöcke im Titlisgletscher wie Gestalten einer versunkenen Welt, scheinbar erstarrt und doch ständig in Bewegung (linke Seite). Mensch, Tier und Berg – gesehen und gezeichnet durch Eugen Bollin: Dohlen, 2000, Bleistift, 25 × 19 cm. «Die Dohlen werfe ich / über müde Dächer» – zwei Zeilen aus Bollins Gedicht «Föhnsturm».

Das Engstlenfräulein steigt herab

«Einst wurden drei frevlerische Schwestern verwünscht und in die Berge verbannt. Eine von ihnen ist das Engstlenfräulein auf der Engstlenalp, zuhinterst im Gental. Sein Revier sind besonders der ‹Telli› und ‹Gwärtlistock›, wo es seine Tänze und Bocksprünge aufführt. Oft steigt es herunter zum Engstlensee und wirft ‹Grien› hinein. ‹Wenn es das tut›, so sagen die Älpler, ‹gibt es Schneesturm.›»
(Sagen der Schweiz, 1995, S. 210 f., gekürzt)

Hier oben, am Fuss des Titlis, kann es dir passieren, dass du unverhofft die wohl bekannte Alltagswelt verlassen hast und dich stirnrunzelnd in der Irrealität wiederfindest – als hätte jemand unerwartet den Lichtschalter betätigt, als hättest du mit der Fernbedienung herumgezappt. Hier oben kann es dir passieren, dass du vielleicht selber zum Retter wirst.

Die Jungfrauenhöhle verlockt

«In der Jungfrauenhöhle, einer Felsenkluft oberhalb des Hohfades, hoch am Nordhang des Titlis, war ein blühend schönes, reiches Mädchen vom eigenen Vater wegen Ungehorsam verwünscht. Der gefahrvolle Zugang zur Höhle wurde noch von einem fürchterlichen Drachen bewacht. Manche wagten sich erfolglos an das Erlösungswerk, bis es einem besonders mutigen Jüngling gelang, die Höhle zu erklimmen. Unerschrocken nahm er den Kampf mit dem Drachen auf, und als der Jüngling im Ringen auf Leben und Tod zu einem wuchtigen Streiche ausholte, da verwandelte sich das scheussliche Untier plötzlich in eine holde Jungfrau, die der frohlockende Sieger als Braut heimführte.»
(Eichhorn, 1928, S. 67 f.)

Die Sage von der Jungfrauenhöhle greift ein häufig erzähltes Motiv auf. So beschreibt eine andere Version derselben Sage den vergeblichen Versuch eines ehrbaren Jünglings, die verzauberte Jungfrau

Der Tüttels-Berg

Rolf De Kegel, Historiker und Stiftsarchivar des Klosters Engelberg, schreibt in seiner Schrift «‹Der Titlis ist schauerlich›. Zur Eroberung eines Berggipfels» Folgendes zum Namen:

Die früheste bekannte Erwähnung des Berges findet sich in einer urkundlich ausgefertigten Grenzbestimmung von 1435. Darin wird der Grenzverlauf des alten Klosterstaates Engelberg folgendermassen beschrieben: dem Laubersgrat entlang «uff Tüttels Berg und ab Tüttels Berg hin [...] uffen Yoch». Der etwas sonderbar anmutende Name «Titlis» leitet sich von der charakteristischen Form der obersten Kuppe des Berges ab, die eigentümlich an eine weibliche Brust erinnert. Der mittelhochdeutsche Ausdruck dafür heisst denn auch «Düttel» oder «Duttel» und ist heute noch im etwas vulgären Ausdruck «Titten» erhalten. In alten Beschreibungen wird der Grosstitlis auch «Nollen» genannt, was so viel wie Bergkuppe oder Bergvorsprung bedeutet. Der Winterthurer Pfarrer und Schriftsteller Johann Konrad Füssli (1704–1775) gab in seiner «Erdbeschreibung der Schweizerischen Eidgenossenschaft» von 1772 folgende Wortbedeutung zum Besten: «Die Nolle ist kein Hut, auch keine Kappe, sondern sieht der Ründe wegen einem Pastetendeckel am meisten gleich.» Die früher vertretene und sich hartnäckig bis heute haltende Erklärung, dass der Name des «Titlis» auf eine Alp des Tuotilo zu beziehen sei, entbehrt jeder Grundlage.

aus dem so genannten Jungfernloch im Galtiberg zu befreien. Die Häufigkeit solcher «Jungfernbefreiungsaktionen» im alpinen Raum muss zumindest zu denken geben. Handelt es sich lediglich um kribblige Sensationsstorys aus einer Zeit fehlender Medienberieselung? Einzelne, symbolisch zu verstehende Begriffe können hier durchaus weiterhelfen. So ist die Höhle ein ausserordentlich wichtiges Sagenmotiv. Höhlen zählen zur unterirdischen und damit auch zur jenseitigen Welt. Sie sind umschlossen von «Mutter Erde». Den Höhlen haftet deshalb stets etwas spezifisch Weibliches an, und es ist praktisch immer eine Jungfrau, die es zu erlösen gilt, nie aber ein Jüngling. Tiefenpsychologisch werden die Höhlen meist als ein Sinnbild des Unterbewusstseins verstanden. Der gefahrvolle Weg durch ihr dunkles Inneres wird in erster Linie als Suche nach Lebenssinn, aber auch nach der ergänzenden weiblichen Seite gedeutet. So gesehen dürfte der Jüngling auf Hohfad unterwegs sein zu den verborgenen Tiefen seiner eigenen Persönlichkeit. Die überraschende Verwandlung des scheusslichen Untiers in eine holde Jungfrau stützt diese Vermutung zusätzlich. Wer den Kampf mit dem eigenen «Untier» aufnimmt – Psychologinnen würden sagen: Wer sich die eigene Schattenseite bewusst macht –, der wird eben auf der Seite der frohlockenden Sieger stehen. Abtauchen ins Erdinnere ist das eine, ein luftiger Flug in die Höhe das andere: Vom Titlis wird eine Geschichte erzählt, die in dieser Art zumindest für die Zentralschweiz einmalig ist. Zusammengefasst lautet sie so:

Die Dohlenkönigin wird abgeschossen

«Hoch oben über der Gerschni, im Laub, hauste früher der Bub Geni, der die Schafe der Talleute hütete. Er liebte die Einsamkeit und die Gesellschaft der zutraulichen Tiere, und nur ungern stieg er ins Tal hinunter. Sobald er jeweils auf die Gerschni hinabkam, schimpften die dortigen Sennen auf ihn wegen seiner Schafe, und Geni hatte Angst vor diesen harten Männern.
Eines Tages hörte er draussen das laute Gekreisch einiger Dohlen. Wie er ihnen folgte, fand er eine junge Dohle, die sich ein

Trübsee ob Engelberg 1800 m ü. M. mit Titlis

Titlis ... Er träumt von einer Palme, als

Bein gebrochen hatte. Geni trug die verletzte Dohle in seine Hütte, kümmerte sich fürsorglich um sie und pflegte sie wieder gesund. Als er fühlte, dass der Augenblick des Abschieds näher kam, war er sehr traurig. Da hörte er, wie die kleine Dohle zu ihm sprach: ‹Sei nicht traurig! Zum Dank schneide aus meinem Gefieder eine Feder aus. Wenn du sie in den Mund nimmst, wirst du fliegen können wie eine Dohle!› – Wie sie dann aus der Hütte flog, setzte ein hundertfaches Gekreisch ein. Da merkte der Geni, dass die Dohlenkönigin selbst sein Gast gewesen war. Dreimal kreiste die riesige Schar über der Hütte, dann schwebte der ganze Zug dem Titlis und der Sonne entgegen. Mit der Feder im Mund flog der Geni von nun an über Berg und Tal, besuchte – wenn die Dunkelheit ihn schützte – seine Mutter im Tal, trieb tagsüber die Schafe zusammen, und einmal flog er aufwärts bis zum Titlis-

Sagenumwoben: Ansichtskarten von einst, als noch keine Bahnen auf den Titlisgipfel führten. Das Trachtenmädchen in den Alpenrosen, könnte es nicht die junge Schwester des Engstlenfräuleins sein? Hoffentlich hat es keine Steine im Täschchen, um sie in den See zu werfen. Und der Titlis als weiser Greis, träumt er wirklich von einer Palme etc., wie der Hahnen mutmasst?

23

gipfel, um seine kleine Königin zu sehen und sich an der Schönheit seiner Heimat zu erfreuen.

Im Tal aber hatte man den Vogel längst bemerkt. Die abergläubischen Leute redeten von nichts anderem mehr als von der Riesendohle, und die Jäger stellten ihr nach.

Mysteriös: Steinadler und Gämse begegnen sich im Titlisgebirge – gezeichnete Ansichtskarte von Willy Amrhein (oben). Stimmungen auf dem Klein Titlis, ein paar Schritte neben der Bergstation. Nur Fels und Schnee – oder ein versteinerter Drache? Der Kopf könnte jederzeit kippen, in den wirklichen Abgrund (rechts oben). Die untergehende Sonne beleuchtet die frisch verschneiten Bruchfelsen, während es unten im bernischen Gadmental schon fast finster ist (rechts unten). Und von wem stammen die Spuren im Vordergrund?

In der Winterszeit, als Geni bei seiner Mutter im Tal wohnte, wurde ein Nachbarskind sterbenskrank. Nur das Heilmittel eines Doktors in Beckenried konnte noch helfen. In aller Eile – und als er sich unbeobachtet glaubte – flog der Geni geschwind hin und zurück, um das Mittel zu bringen. Im Espenmoos aber hatten ihn einige Jäger entschwinden sehen, und wie der Geni zurückgeflogen kam, erreichte ihn die tödliche Kugel. Alsbald erkannten die Jäger den Geni und trugen ihn ratlos und erschüttert ins Dorf. Drei Tage später senkte man den Leichnam des beliebten Hirten ins Grab. Ein riesiges Heer schwarzer Dohlen begleitete die Trauergemeinde mit lautem Gekreisch.» (Dufner 1982, S. 36 ff., gekürzt)

Man stelle sich vor: das schwarze Gefieder der Dohlen über der weissen Kuppe des Titlis, ein Sinnbild für die ganze Geschichte: schwarz-weiss und mit einem tüchtigen Schuss «Moralin» angereichert. Diese Sage ist – abgesehen vom tragischen Ende – einer Märchenerzählung nicht unähnlich. Nicht die rohen Sennen auf Gerschnialp werden belohnt, sondern der stille Geni, der sich auch um die schwachen Kreaturen in Gottes freier Natur kümmert. Und wie im Zaubermärchen vermögen die Vögel zu sprechen, und sie sind es auch, die dem

herzensguten Jüngling durchs Leben helfen. Sie gelten als jene Tiere, die immer etwas besser informiert sind, denn sie leben dem Himmel nahe und haben damit Zugang zur jenseitigen Welt. Die Dohlen und der Titlisgipfel repräsentieren sozusagen im Doppelpack die Entrücktheit der andern Welt. Ganz oben, wo die Dohlenkönigin kreist, haben die Menschen nichts verloren. In diese sagenhafte Sphäre gelangt nur, wer ein uneigennütziges und hilfsbereites Leben führt – wie der Geni eben.

Doch ist der Titlis nun ein herausragender Sagenberg? – Vielleicht ja, was den Gehalt der erwähnten Geschichten betrifft, keineswegs aber, wenn man die Anzahl der Sagen, die sich um seinen Fuss ranken, als Mass nimmt. Im Sagenschatz der bernischen Südseite findet er nicht ein einziges Mal Erwähnung. Für die Gadmer mochte er zu weit entfernt liegen. Ihr Blick ist eher nach Süden gerichtet, wo sie einer reichen, aber leider versunkenen Alp auf Trift nachtrauern. Und die andern grossen Geschichten der Region – die Legende von der Entstehung des Klosters Engelberg, die ominösen Funde im Goldloch oder das Wüten des Greiss auf Surenen –, diese Geschichten spielen alle nicht direkt am Titlis. Allein die Tatsache, dass er eine verwunschene Jungfernhöhle im Bauch trägt und dass die Dohlenkönigin mit Gefolge um sein weisses Haupt schwebt, scheint seinem Selbstverständnis jedoch zu genügen. Seine Majestät blickt ohnehin weit über das kleinkrämerische Profitgerangel zu seinen Füssen und an seinen Flanken hinweg.

Thomas Bachmann (Jahrgang 1960), Geograf, verdient und gestaltet sein Leben als Gymnasiallehrer, Autor und Musiker. Erschienen sind verschiedene Texte über alpine Kulturlandschaften sowie zur Sagenwelt, insbesondere der Zentralschweiz («Sagenhaftes Wandern», 1997). Er spielt leidenschaftlich gern Gitarre und hat verschiedene Musikaufnahmen mit keltischer und improvisierter Musik realisiert. Er lebt in Arth/SZ.

Der Grenz-Berg:
Kampf um Gras, Gletscher und Geröll

Warum reicht der Kanton Nidwalden nicht bis zum stolzen Titlis-Gipfel hinauf und muss sich mit dem Bruchhaufen des Rotstöckli zufrieden geben? Und warum macht die Grenze zwischen Ob- und Nidwalden auf dem Titlisgletscher, in der Nähe der Talstation des Ice-Flyer-Sesselliftes, eine so auffällige Spitzkehre? Die Antwort liegt in einer streitvollen Geschichte, die in einem Wirtschaftskrieg gipfelte. Rolf De Kegel hat Akten und alte Karten gesichtet.

Der Abt des Klosters Engelberg war von alters her oberster Gerichtsherr über Volk und Tal. Das Territorium, in welchem er als Gesetzgeber wirkte, findet sich erstmals in der bekannten Taloffnung, der so genann-

ten «Bibly», einer Bibelhandschrift aus dem frühen 14. Jahrhundert, umschrieben: von Grafenort in westlicher Richtung über Rotihalden hinauf auf den Berggrat, der Wasserscheide nach bis zum Jochpass und von dort hinüber zum Stäuber bei der Blackenalp und weiter auf den Berggrat der anderen Talseite bis auf Wallenegg und dann hinunter über Brunniswald wieder nach Grafenort. Diese Grenzlinie bildete so etwas wie die «Soll-Grenze» des Klosterstaates; sie wurde auf den klösterlichen Kartenwerken des 17. und 18. Jahrhunderts gerne mit eingezeichnet. Während die Urner seit dem frühen 14. Jahrhundert vom Surenen her erfolgreich bis zur Niedersurenen (heute Alpenrösli) hinunterdrängten, vermochten sich auf Alp Obertrübsee nidwaldnerische Besitzansprüche

Aufgeschichtet: Etwas heikle Kletterei in den Bruchfelsen des Rotstöckli. Über diesen verwitterten Felszahn verläuft die während Jahrhunderten umstrittene Grenze zwischen Ob- und Nidwalden, bevor sie dann im Titlisgletscher mit seinen Skianlagen einen Knick macht (linke Seite). Hans Conrad Escher von der Linth zeichnete am 14. August 1794 vom Jochpass aus den runden Titlis und das gezackte Rotstöckli (am linken Bildrand). Auffallend ist die mitten durch den kleinen Jochsee führende Grenzmauer, die 1757 auf bernischen Wunsch hin errichtet worden war.

27

zu behaupten. So musste das Kloster die Grenzlinie im Gebiet des Surenen und im Gebiet des Titlis zurückversetzen. Es entstand die «Ist-Grenze». Ihre Beschreibung findet sich erstmals in einer 1435 zwischen dem Kloster und Nidwalden ausgehandelten Grenzurkunde erwähnt. Darin wird ein Linienverlauf vom Bitzistock bis an den Stalden (oberhalb Trübsee, ungefähr bei der Bergstation des Rindertitlis-Sesselliftes), weiter zum Titlisberg und dann hinauf zum Jochpass beschrieben. Diese recht unpräzise Marchbeschreibung genügte vorderhand.

Dies änderte sich im Verlaufe des 17. Jahrhunderts. Das Kloster Engelberg begann den Export von Käse und Vieh im grossen Stil zu fördern. Der Tessin und die Lombardei einerseits, das Wallis und das Valle d'Ossola andererseits waren nebst den heimischen Märkten in Stans und Luzern die bevorzugten Destinationen. Die Walliser Händler – der bekannteste unter den Engelberger Handelspartnern ist der Briger Kaufmann Kaspar Jodok von Stockalper (1609–1691) – brachten Wein über die Grimsel und den Jochpass nach Engelberg. Oder die Klostersäumer transportierten ihren Käse bis zum Grimselhospiz, und der Warentransfer fand dort statt. Wein gegen Käse war ein für beide Seiten lohnendes Geschäft. 1666 beispielsweise wurden 1000 Liter Wein mit 1400 Pfund Fett- und Halbfettkäse aus Engelberger Produktion verrechnet. Die wachsende Bedeutung des Übergangs am Joch und die seit dem 16. Jahrhundert nachweisbare Nutzung der Weideflächen auf dem Jochpass machen den Wunsch nach einer Grenzbegehung mehr als verständlich. Dass die Matten auf dem gut 2200 Meter hoch gelegenen Jochpass genutzt wurden, belegen die immer wieder erhobenen Klagen wegen des Überatzens der Schafe. 1757 wurde auf Berner

Initiative hin eine Grenzmauer errichtet, die sogar durch den kleinen Jochsee hindurch führte.

Der Grenzvertrag von 1686

Am 30. Oktober 1686 unterzeichneten der Klosterstaat Engelberg und Nidwalden ein 20-seitiges Vertragswerk, das unter anderem auch die gemeinsamen Grenzmarchen festlegte und zur besseren Übersichtlichkeit vorsah, «eine Mappen auffreissen [zu] lassen, darin das Land und die Marchen und alle Hauptmarchsteine fleissig verzeichnet werden». Die Herstellung dieser Grenzkarte (lateinisch «mappa»), namentlich was die Linienführung im Titlisgebiet betraf, wurde zum Anlass von Streitigkeiten, die das nachbarschaftliche Verhältnis zwischen Nidwalden und Engelberg bis zum Ende des Ancien Régime 1798 trüben sollten. Der Abt von Engelberg, Ignaz Burnott (Amtsdauer 1686–1693), nahm sich 1688 der Aufgabe an, die gewünschten Grenzkarten anfertigen zu lassen, und zwar für Nidwalden, Uri und Engelberg: alles grossformatige und mit den heraldischen Hoheitszeichen versehene Exemplare. Das Urner Exemplar ist wohl beim Dorfbrand von Altdorf 1799 zerstört worden. Vergleicht man nun das Nidwaldner und das Engelberger Exemplar, von dem eine gleichzeitige und zur handlicheren Verwendung gerollte Kopie angefertigt wurde, so sind die Unterschiede im Titlisgebiet augenfällig. Im Nidwaldner Exemplar findet sich der «Titlisberg» wenig unterhalb der heutigen Station Klein Titlis eingezeichnet, während ihn die Engelberger Fassungen viel weiter unten, knapp oberhalb des Marchsteins «im Stalden» ungefähr auf der Höhe des Rindertitlis (etwa 2100 m) kartiert haben. Woher rühren diese Unterschiede? Haben sich die Nidwaldner oder gar die Engelberger Mönche der Fälschung schuldig gemacht?

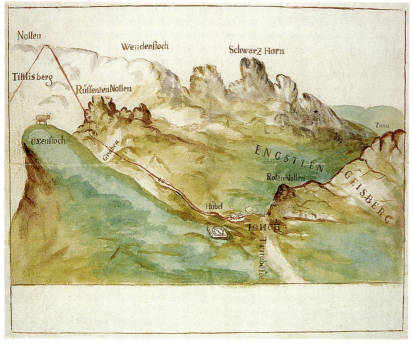

Eingezeichnet: Grenzkarte des Klosterstaates Engelberg, «nach dem Original copiert 1783 von I. H. Meyer». Die Karte zeigt eine dunkle Linie für die «Soll-Grenze» und eine hellere, mit Grenzkreuzen versehene Linie für die «Ist-Grenze» (oben). Nidwaldner Grenzkarte im Gebiet Jochpass–Titlis aus dem 18. Jahrhundert. Die rote Grenzlinie führt vom Roten Nollen weg mitten durch den Jochsee bis zum Rüssenten Nollen und dann über den Tittlisberg hinauf zum Nollen (links).

Aufgemalt: Von Nidwalden wohl für die Grenzverhandlungen um 1700 angefertigter, aquarellierter Ausschnitt aus der grossen Mappa von 1688 (rechte Seite). Auf dem Engelberger Exemplar der grossen Mappa von 1689 (Ausschnitt) ist der Titlisberg übermalt und nach rechts hinunter versetzt; zudem ist die Grenzlinie vom Nollen hinunter zum Jochpass ausradiert worden (oben).

Wo liegt der «Titlisberg»?

In der Lokalisierung des «Túttels Berg», wie der Scheitelpunkt der Titlisgrenzlinie 1435 genannt wird, lag der Stein des Anstosses. Untersucht man nämlich die Engelberger Grenzkarten unter Zuhilfenahme einer Ultraviolett-Lampe, so lassen sich einwandfrei Manipulationen nachweisen. Der Name «Tittlis Berg» ist nachträglich tiefer gesetzt worden. Spuren der ursprünglichen Beschriftung wenig unterhalb des heutigen Klein Titlis – also auf derselben Höhe wie im Nidwaldner Kartenwerk – sind noch erkennbar.

Warum aber dieser Eingriff? Die Erklärung für die klösterliche Grenzmanipulation liefert der Klosterchronist und Archivar Peter Ildephons Straumeyer (1701–1743). Abt Ignaz Burnott hatte die Herstellung der Karten beim Walliser Geometer Mathias Reytz in Auftrag gegeben. Dieser aber, so berichtet Straumeyer, sei zu wenig orts- und quellenkundig gewesen und habe deshalb eine nidwaldenfreundliche Grenzlinie gezogen. Der Abt hätte diese Grenzzeichnung dem nachbarschaftlichen Frieden zuliebe geduldet, die Karten genehmigt und an die Adressaten verteilt. Als er später seinen Mitbrüdern im Kloster das Kartenwerk eröffnet habe, sei der massive Vorwurf erhoben worden, die neue Grenzlinie laufe «allen Gotteshaus Rechten und Schriften schnurgerad zuwider». Der 1694 neugewählte Abt Joachim Albini (Amtsdauer 1694–1724) verlangte deshalb eine gemeinsame Grenzbegehung mit Nidwalden im gesamten umstrittenen Gebiet vom Trübsee bis zum Jochpass. Die Begehung fand am 20. August 1699 statt und brachte die unterschiedlichen Standpunkte in wünschenswerter Klarheit auf den Punkt: «Entlich ist die Frag entstanden, wo ietzunder die March vom Stalden auff Titlisberg gehen solle. Also haben die von Under-

walden nach Anzeig der Landmappen (weilen selbige Marchlinien von dem Stalden über den Laubersgrad auff die Höche des Titlisberg aller Schneeschmeltze nach weiset) gäntzlich bey dem beruohen wollen.» Dagegen betonte die klösterliche Seite, «dass diese Marchlinien aus Unwüssenheit des Mahlers» entstanden seien und dass man damals 1686 bei der Grenzrevision nur bis zum Grenzstein «im Stalden» gekommen sei.

Die «wundersame» Auffindung des Grenzsteins am Titlisberg

Anlässlich einer erneuten Grenzbegehung auf Alp Obertrübsee am 9. September 1700 verlangte die Nidwaldner Delegation unmissverständlich die Einhaltung der 1688 vom Engelberger Abt selbst gutgeheissenen Grenzlinie. Eine Begehung der Grenze in Eis und Schnee erübrige sich deshalb. Die Engelberger Gesandtschaft unter der Leitung von Abt Joachim beharrte auf der Linienführung von 1435 und wartete mit einer kleinen Sensation auf. Engelberger Talleute hätten unlängst ungefähr auf der Höhe des Marchsteins «im Stalden» «ein rechtes mit einem Spitzhammer gemachtes Creütz» gefunden, wonach 1686 vergeblich gesucht worden sei, und das nach Ansicht der klösterlichen Delegation wohl nur das Marchzeichen des Titlisbergs sein konnte. Für Engelberg war die Sache damit klar: Der Titlisberg konnte nur wenig oberhalb des Stalden-Marchsteins liegen, von wo die Linie in südwestlicher Richtung hinauf zum Jochpass führte.

Mineralien am Titlis?

Eine Woche später lag die offizielle Stellungnahme der Nidwaldner Regierung vor. Der aufgefundene Marchstein verändere nichts, man bestehe auf der Grenzziehung von 1688. Nidwalden begehre auf seinem Terri-

torium die volle Souveränität, verlange das Jagd- und das Mineralienregal und beanspruche das Weidrecht. Der Anspruch auf die Ausbeutung allfällig im Titlisgebiet vorhandener Kristalladern macht die rigorose Haltung Nidwaldens in der Grenzfrage aber nicht nur von «souveränitätsrechtlicher» Seite aus verständlich. Nebst dem stets lukrativen Zugriff auf Alpenübergänge, dem Zuwachs an Weideflächen und der kulinarischen Aussicht auf feines Wildbret dürfte die ökonomisch verheissungsvoll erscheinende Sicherung des Mineralienregals in Nidwaldens Hauptinteresse gelegen haben. Nicht nur die Nidwaldner Regierung dachte so, auch der Abt von Engelberg bezog sich in seinem Antwortschreiben auf diese Güter. Er zeigte sich nur kompromissbereit was die Weiden anging, die ja ohnehin seit langem im Nutzungsrecht Nidwaldens lagen. «Die Jagdbarkeit aber und etwan alldorto bis dar unbekannte befündtliche Mineralien betreffend» gehörten «ohndisputiert» in die alleinige Zuständigkeit des Klosterstaates.

Dass sich die Positionen im Anspruch auf das Mineralienregal festgefahren hatten, erstaunt nicht. Um die Wende vom 17. zum 18. Jahrhundert wurden von den Haslitalern im Grimselgebiet grosse und ertragreiche Kristalladern entdeckt, ausgebeutet und mit logistischer Unterstützung des in Exportgeschäften erfahrenen Klosters Engelberg auf die Märkte in Oberitalien gebracht. Nidwalden konnte die wachsende Bedeutung des Kristallhandels im eigenen Land mit ansehen, wenn Säumerladungen mit Kristallen vom Haslital über den Brünig in die Stansstader Sust (Warenlager) transportiert wurden, wo sie vom Meisterknecht des Klosters, Christian Cattani, übernommen und über den See ins Urnerland und nach Süden gebracht wurden. Das Mineralien- und Erzfieber muss in Engelberg

schon vor 1700 ausgebrochen sein, sah sich der Abt doch schon 1678 und 1689 genötigt, mit entsprechenden Mandaten gegen wildes Erz- und Mineralienschürfen vorzugehen und auf das diesbezügliche klösterliche Monopol hinzuweisen. 1737 sind diese Mandate ins Engelberger Talrecht aufgenommen worden. Für den Export geeignete Kristalle aber sind im Titlisgebiet nie gefunden worden.

Die Diskussion um den Grenzverlauf war festgefahren. Von seinem urkundlich abgesicherten Standpunkt überzeugt, «korrigierte» das Kloster deshalb von sich aus seine Grenzkarte von 1688/89. In den klösterlichen Kapitelprotokollen wird berichtet, dass P. Leonz Zurlauben (1666–1724) die Grenzlinie vom Titlisberg bis zum Fuss des Reissend Nollen als «linea falsa», als falsche Grenze also, ausradiert und die Bezeichnung «Tittlis Berg» tiefer gesetzt habe. Dem Kloster war ganz offensichtlich daran gelegen, die mit der Kartierung 1688 quasi offiziell gewordene Grenzlinie dem Sinn des offen formulierten Marchbeschriebs von 1435 anzugleichen.

Wirtschaftskrieg gegen Engelberg

Die einseitig vorgenommene Kartenveränderung blockierte die Gespräche vollends. Mehrere Anläufe von Berner Seite zu einer Einigung verliefen ergebnislos. In Nidwalden stieg die Verbitterung darüber, in der Marchfrage an Ort und Stelle zu treten und die Berner Regierung eher auf der Engelberger Seite zu sehen. So beschloss der Landrat in Stans im Herbst 1727, neue Pfeile aus dem Köcher zu ziehen. Er verbot dem Stansstader Kaplan, der von Abt Maurus Rinderli (Amtsdauer 1724–1730) offiziell als Ehrenprediger zum Fest des Talpatrons Eugen nach Engelberg eingeladen worden war, die Reise ins Hochtal. Am 10. September wurden die Nidwaldner

Der Kantonshöhepunkte-Berg

Der Steinmann war aufgeschichtet, die Aluschachtel lag sicher beschwert und doch greifbar in den Steinen, aber darin gabs (noch) kein Gipfelbuch, bloss einen Zettel: «10. Juli 2000. Anlässlich Jahr 2000 besteigt ESCW alle höchsten Punkte der Kantone. Rotstöckli = NW. Daniel Schneider, Meiringen + St. Gallen, Paul Helbling, Jona; beide SAC Bachtel.» NW heisst Nidwalden, SAC – auch allgemein bekannt – Schweizer Alpen-Club. Aber ESCW? Ein Anruf bei Paul Helbling brachte die Klärung: Eisenbahner Ski-Club Winterthur. Und der, so der Steinmann-Erbauer, hatte im Jahre 2000 ein ganz spezielles Tourenprogramm: Besteigung aller 25 höchsten Punkte der 26 Schweizer Kantone (den Säntis teilen sich die beiden Appenzell). Mit Wettbewerb übrigens, wer am meisten davon sammelt. Die hohen Ziele kannte Helbling, der schon auf allen Schweizer Viertausendern stand, von früher. Doch das Rotstöckli bestieg der Lokomotivführer nur, weil es der höchste Nidwaldner Berg ist – er hatte von diesem Höhepunkt erstmals in einem Artikel der «Revue Schweiz» gelesen, die in den Zügen aufliegt. Da er und sein Gefährte oben nichts vorfanden, schichteten sie den Steinmann als Gipfelzeichen auf, wie dies auch Erstbesteiger tun. Und opferten die Schachtel der Tourenapotheke. Marco Volken und ich legten sieben Wochen später den zweiten Zettel hinein. Das war nur der Anfang: Im Juni 2001 wurde ein Gipfelkreuz mit Behälter fürs Gipfelbuch

Eingeschrieben: Die Schachtel der Tourenapotheke, die im Juli 2000 auf dem Gipfel des Rotstöckli hinterlegt wurde. Wie viele Kletterer werden auf dem höchsten Gipfel des Kantons Nidwalden ihre schriftlichen Spuren hinterlassen?

erstellt. Das Rotstöckli, dieser verwitterte Zahn zwischen der tief schwarzen Roteggpiste und den Tragseilen der Rotair-Bahn, wird nun mehr beachtet und wohl auch erklettert, trotz der miserablen Felsqualität. Die Weitsicht kann sich mit derjenigen vom firnigen Haupt von Obwalden, das nur einen Steinwurf entfernt scheint, natürlich nicht messen. Doch der Blick auf die Rotair-Kabinen, auf die Bergseen, auf die dunklen Figuren bei der Bergstation und auf den Pisten – er ist faszinierend. Dazu das starke Gefühl, ein paar gefährliche Schritte abseits des Rummels zu stehen. Es gibt leich-

ter zu erreichende Kantonshöhepunkte als das Rotstöckli. Zum Beispiel den Titlis. Hier ist die vollständige Liste. Man findet sie auch im Internet, unter: http://dgrwww.epfl.ch/~phoehene/gipfel/

1.	VS	Dufourspitze (Monte Rosa)	4633.9 m
2.	BE	Finsteraarhorn	4273.9 m
3.	GR	Piz Bernina	4048.6 m
4.	UR	Dammastock	3630.3 m
5.	GL	Piz Russein (Tödi)	3614 m
6.	TI	Rheinwaldhorn/Adula	3402.2 m
7.	SG	Ringelspitz	3247.4 m
8.	**OW**	**Titlis**	**3238.3 m**
9.	VD	Sommet des Diablerets (Les Diablerets)	3209.7 m
10.	**NW**	**Rotstöckli**	**2901 m**
11.	SZ	Bös Fulen	2801.8 m
12.	AR	Säntis	2501.9 m
	AI	Säntis	2501.9 m
13.	FR	Vanil Noir	2388.9 m
14.	LU	Brienzer Rothorn	2349.7 m
15.	ZG	Wildspitz (Rossberg)	1580.0 m
16.	NE	Chasseral Ouest	1552.1 m
17.	SO	Hasenmatt	1444.8 m
18.	JU	Mont Raimeux	1302 m
19.	ZH	Schnebelhorn	1291.8 m
20.	BL	Hinteri Egg	1169 m
21.	TG	Hohgrat	991 m
22.	SH	Hagen (Randen)	912.1 m
23.	AG	Geissfluegrat	908 m
24.	BS	St. Chrischona	522 m
25.	GE	Les Arales	516 m

Daniel Anker

Landleute, die in klösterlichen Diensten standen, innert dreier Tagen bei Strafe und Verlust des Landrechts nach Stans zurückgerufen, was als Vorstufe eines Abbruchs diplomatischer Beziehungen zu interpretieren war. Kurz darauf verstieg sich der Nidwaldner Rat sogar zu einer Art Lebensmittelembargo, als er in den Kirchen das Mandat verlesen liess, dass den Engelber-

gern kein Fisch mehr verkauft werden dürfe. Es kam noch schlimmer.

Am 15. März 1728 verfügte ein von der Nidwaldner Landsgemeinde speziell eingesetzter Landratsausschuss das Einfrieren klösterlicher Gelder und Vermögenswerte in Nidwalden. Ergänzt wurde diese Massnahme durch die Einführung neuer Zolltarife für Engelberger Transitfuhren – bis-

her waren die Engelberger Waren zollfrei durch Nidwalden transportiert worden. Den Ernst der neuen Zollpolitik musste als Erster der Engelberger Melchior Amstutz am eigenen Leib erfahren, der im Juli 1728 für zehn Tage in Nidwaldner Haft genommen wurde, weil er für fünf Stück Vieh die neue «Zoll-Schuldigkeit nicht bekennen wollte». Abt Maurus blieb standhaft und war zu keiner einseitig von Nidwalden verordneten Lösung bereit. Der Landrat – in Rage – drohte dem Abt: «Sucht ihre Gnaden Extremitaeten? Sie wird sie finden!» Wie ernst dies gemeint war, ist schwer zu sagen, aber unterstrichen wurde die Gewaltandrohung durch die Aussage eines Ratsherrn, der dem Abt erzählte, «dass bei einigen hitzig Gesinnten im Rath der Gedanke gewaltet habe, mit bewaffneter Hand Engelberg zu überziehen». Die Nidwaldner Drohungen, die mit einer am 29. November 1728 beschlossenen Verdoppelung der Schifffahrtstarife für Engelberger Personen und Waren zusätzlich unterstrichen wurden, verfehlten ihre Wirkung nicht. Zu stark war der kleine Klosterstaat am Fuss des Titlis von der Transitfreiheit abhängig. Der freie und ungehinderte Käse- und Viehexport durch Nidwalden und über den See war für Engelberg lebenswichtig.

Schiedsgericht bringt die Lösung

Die Situation drohte ausser Kontrolle zu geraten. Höchste Zeit, dass sich die Schirmherren über Kloster und Tal, die Kantone Luzern, Obwalden und Schwyz, der Sache annahmen – Nidwalden als vierter Schirmort kam hier natürlich nicht in Frage. Auch der Abt wandte sich an die Schirmorte mit der Bitte um Vermittlung. Daraufhin traf man sich im Spätherbst 1728 mehrmals in Küssnacht am Rigi zur weiteren Beratung. Weil aber Nidwalden – anders als

der Abt von Engelberg – nicht bereit war, für die Regelung des Grenzstreits ausser Landes zu gehen, baten die Schirmorte den Abt, er möge doch einlenken und Stans als Schiedsort anerkennen, da bekanntlich «das Wasser dorthin getragen werden müsse, wo das Feuer brenne». Nolens volens willigte der Abt ein. Nidwalden hatte sich durchgesetzt. Vom 28. bis 30. Dezember 1728 und vom 2. bis 4. Januar 1729 fand in Stans die Schiedskonferenz statt. Der gefällte Spruch schmeichelte Nidwalden. Engelberg musste seine Souveränitätsansprüche auf dem Jochpass aufgeben. Im ersten Artikel wurde festgehalten, dass die March am Jochpass bis hinauf an den Fuss des Reissend Nollen als Hoheitsgrenze zwischen Nidwalden und Bern zu verlaufen habe und dort «zu allen Zeiten» keine klösterlichen Souveränitätsrechte mehr bestünden. Ausserdem müssten die im Kloster und in Stans liegenden Grenzkarten, die eigentlichen «casus delicti», dem Inhalt des Schiedsspruchs «gleichförmig gemacht und gegenseitig authentisiert werden». Begreiflich, dass Abt Maurus den Entscheid nicht unterzeichnen wollte. Als freilich im Sommer 1729 das Kloster Engelberg bis auf die Grundmauern niederbrannte, stand dem Abt der Sinn nach anderem, als sich weiter mit der Marchfrage im Titlisgebiet zu beschäftigen. Am 5. November 1729 ratifizierten beide Parteien den Schiedsentscheid.

Nidwalden hatte gesiegt, der Klosterstaat hatte verloren. Man kann den Klosterstaat Engelberg als «Opfer» moderner Tendenzen territorialstaatlicher Ausweitung sehen, die aufzuhalten oder einzudämmen bei realistischer Einschätzung ausserhalb seiner eigenen politischen Durchsetzungsmöglichkeiten lag. Die Umwandlung von Nutzungs- in Hoheitsgrenzen, wie sie

Engelberg bereits im 15. und 16. Jahrhundert gegenüber den Urnern im Surenengebiet hatte akzeptieren müssen, wiederholte sich im Streit mit Nidwalden um die Grenzen im Titlisgebiet.

Wie kommt Obwalden auf den Titlis?

Am 30. März 1798 verzichtete das Kloster auf seine Hoheitsrechte über Volk und Tal Engelberg. Der Klosterstaat hatte aufgehört zu existieren. Das Kloster Engelberg verlor seine Territorien – auch am Titlis. Engelberg und der Titlis sahen sich territorial dem Distrikt Stans des neu eingerichteten Kantons Waldstätten zugeordnet. Die Helvetik jedoch plagten dringendere Sorgen, als sich um einen Grenzverlauf in Fels und Firn zu kümmern.

Auch nach dem Scheitern der helvetischen Kantonsordnungen und der Wiederherstellung der früheren kantonalen Souveränitä-

ten 1802/03 interessierte sich keiner der beiden Unterwaldner Halbkantone sonderlich für die Kantonsgrenzen oben am Titlis. Dies änderte, als sich die Schweiz nach Napoleons politischem Ende 1815 ihre erste selbst geschaffene Verfassung, den Bundesvertrag, gab. Damals rückten Kloster und Tal Engelberg von ihrer Zugehörigkeit zum Kanton Nidwalden ab und wechselten mit dem Segen der obersten schweizerischen Behörde, der Tagsatzung, zu Obwalden. Die Vereinigungsurkunde vom 19./24. Dezember 1815 hält feierlich fest, dass Kloster und Tal fortan und «für alle Zukunft einen Theil von Obwalden ausmachten». Jetzt mussten die Grenzen zwischen dem ehemaligen Klosterstaat und Nidwalden wieder zum Thema werden. Die erste nidwaldnerisch-obwaldnerische Grenzbegehung im Gebiet des Titlis fand vom 26. bis 28. Juli 1821 statt. Es wurden

Neu entdeckt: Hochsommerlicher Luftsprung in der Halfpipe auf dem Titlisgletscher mit dem Rotstöckli als Kulisse. Der Aufstieg auf den Felszahn beginnt bei der höchsten Schneezunge. Dann klettert man schräg hinauf in die Scharte und erreicht den Gipfel von hinten (oben). In der Scharte oben zeigt sich der Zahn höchst eindrücklich (vorangehende Doppelseite); der Kletterer befindet sich auf dem Abstieg zum Titlisgletscher.

Der Berner-Berg

Auf dem Titlis oben verlief die Grenze zwischen den Kantonen Obwalden und Bern entlang der natürlichen Grenze – im Norden der sanfte Firn der Gemeinde Engelberg, im Süden der steile Fels der Gemeinde Gadmen. Es gab keine Probleme, bis der höchste Berg Obwaldens mit einer Seilbahn erschlossen wurde. Sowohl die Bergstation wie auch das neue Panoramarestaurant standen mitten auf der Grenze, und das wollte man vermeiden. So kam es 1968 zu einem Landabtausch, bei dem allerdings niemand so richtig wusste, wie dieser vorzunehmen war. Im November teilte der Gemeinderat von Gadmen, auf dessen Hoheitsgebiet die neuen Gebäude zum Teil standen, dem Engelberger Grundbuchamt mit, «dass das an den Kanton Obwalden zugemachte Stück unproduktiven Bodens im Gebiet der Gemeinde Gadmen liegt, aber doch vermutlich dem Kanton Bern gehören wird, weil es sich um Gletscher und Hochgebirge handelt». Am 11. Dezember des gleichen Jahres machte dann das Vermessungsamt des Kantons Bern dem Kanton Obwalden ein vorzeitiges Weihnachtsgeschenk, indem «801 Quadratmeter entschädigungslos» abgegeben wurden. Da es sich um herrenloses Land handelt, war dieser Landstreifen im Kanton Bern bisher nicht im Grundbuch verzeichnet, weil kein privatrechtlicher Grundeigentum vorhanden war. Weder der Kanton Bern noch die Gemeinde Gadmen, wurde damals dem Grundbuchamt Engelberg in einem Brief mitgeteilt, «stellen irgendwelche Entschädigungsforderungen oder andere Bedingungen für die Abtretung des Landes». Der Kanton Bern war somit auf einen Schlag um 801 Quadratmeter kleiner und der Kanton Obwalden um die gleiche Fläche grösser geworden.

Mit dem Bau der Rotair Anfang der 90er-Jahre erfuhr die Bergstation auf dem Titlis eine grössere bauliche Veränderung. So wurde der Bergstation auf der Südseite ein so genannter «Rucksack» angebaut, wo Teile des Bahnantriebes untergebracht sind. Nun ragte dieser Teil nicht bloss über die senkrechte Felswand hinaus, er befand sich wiederum ein gutes Stück auf Berner Boden. Doch so einfach wie 1968 ging diesmal der Landabtausch nicht mehr über die Bühne. Die Berner erinnerten sich plötzlich an die verschenkten 801 Quadratmeter Boden. Jetzt, wo die Obwaldner erneut etwas wollten, war der Zeitpunkt günstig, diese Fläche wieder einzufordern. So wurde 1996 auf dem Titlis eine grössere Umlagerung der Grenze vorgenommen. Nebst der Fläche, welche der Rucksack der Bergstation beanspruchte, wurden auch die einst verschenkten 801 Quadratmeter in die Berechnung miteinbezogen. Und wenn man schon am Ziehen von neuen Grenzen war, konnte man diese auch gleich noch um die Fernmelde-Mehrzweckanlage ziehen. Denn diese stand auch zu einem Teil auf dem Gebiet des Kantons

Angeschrieben: Im Stollen zum Südwandfenster wechselt man vom Kanton Obwalden in den Kanton Bern. Dreimal wurde diese Grenze auf dem Klein Titlis verschoben.

Bern. So kam der Kanton Bern nach 28 Jahren wieder zu seiner ursprünglichen Fläche. Daran wird sich auch am jüngsten Landabtausch nichts ändern. Gegen Ende des Jahres 2001 wird die Bergstation des Ice-Flyer-Sesselliftes dann ebenfalls vollständig auf Obwaldner Gebiet stehen. Denn der südöstliche Teil der Bergstation wurde auf Berner Boden erstellt. Der Nachführungsgeometer wird nun einen Mutationsvorschlag ausarbeiten, ehe dann die beiden Kantone den Vorschlag eines Flächenabtausches beraten können. Die Nachbarskantone und -gemeinden werden sich auch diesmal einigen. Touristen bemerken beim Umhergehen auf dem Klein Titlis die Kantonsgrenzen nicht – ausser im Stollen zum Südwandfenster. Ein Schild zeigt deutlich, wo der Titlis ein Berner-Berg wird.

Beat Christen

---

verschobene Marchzeichen reponiert oder neu gesetzt, doch erbrachte die Begehung insgesamt keine Präzisierung des Grenzverlaufs oberhalb des Grenzsteins «im Stalden». 1829 äusserte der Kanton Nidwalden seine Überzeugung, dass ein Augenschein unnötig sei, da er genügend Quellenmaterial «für eine schriftlich aufzunehmende Marchbezeichnung» zur Hand habe. Obwalden liess sich nicht darauf ein und beharrte auf einer Grenzbestimmung im Feld.

Diese liess 13 Jahre auf sich warten. Erst 1842 wurde die Grenzlinie am Titlis wieder Gegenstand von Besprechungen und Begehungen. Obwalden nahm dabei Bezug auf die alten Grenzkarten, genauer auf die einschlägigen Engelberger Karten. Nidwalden monierte sofort, dass diese Karten mit dem Schiedsspruch von 1729 nicht übereinstimmten und deshalb als Hilfsmittel nicht herangezogen werden dürften. Die Nidwaldner bezogen sich auf den in ihrem Sinne ausgefallenen Entscheid von 1729, während Obwalden die frühere klösterliche Position einnahm und auf den Grenzvertrag von 1686 beziehungsweise auf die alten Karten rekurrierte. Die Verhandlungen drohten auf das Niveau des 18. Jahrhunderts zurückzufallen.

Nochmals: Wo liegt der «Titlisberg»?

Im August 1844 endlich wurde die Lösung des Grenzproblems herbeigeführt durch eine Begehung des strittigen Geländes. Das entsprechende Marchverbal notiert dazu Folgendes: Weil «der Ausdruck ‹die Höhe des Titlisberges› unbestimmt ist und die Marchungskommission von Obwalden wünscht, dass hier ein bestimmter Marchungspunkt ausgemittelt werde», schickte man unter der alpinistischen Verantwortung des Engelberger Bergführers Maurus Infanger eine kleine Expedition ins Eis zur Erkundung einer definitiven Grenzlinie. Diese sollte über den Laubersgrat hinauf auf den Gletscher und auf das aus «dem Eisberge vorstehende» Rotstöckli reichen. «Von diesem obersten Theile des Felsstokes soll die Marchlinie in gleicher Richtung bis zur Hälfte des oben rechts dem Titlisnollen, jedoch tiefer liegenden Firn- oder Gletschergrats hinauflaufen, welche die Mitte zwischen dem obersten Theil des Rauchstoks und dem besagten Firngrat den eigentlichen Marchpunkt bilden soll.» Die Halbierung des Titlisgletschers zwischen Ob- und Nidwalden erwies sich als salomonische Klugheit. Im darauffolgenden Sommer, am 22. September 1845, wurden dann am Rotstöckli «in Mannshöhe vom Boden zwei Kreuz nebeneinander, obsich gegen den Grat des Titlis schauend, geschlagen». Mit der definitiven Bestimmung des Ausdrucks «Höhe des Titlisberges» hinter dem 2901 Meter hohen Rotstöckli ist dieser Turm aus Bruchgestein zum – für viele

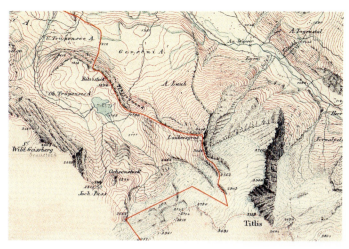

noch kaum bekannten – höchsten Berg Nidwaldens geworden (vgl. Kasten). Es dauerte noch einige Jahre, bis der neue Grenzverlauf auch kartografisch erfasst wurde. Auf einer in der Eidgenössischen Landestopographie überlieferten «Reconnaissance du Canton d'Unterwald, Haut et Bas» von 1854 wird die Grenze – noch ganz an Nidwaldens frühere Interessen erinnernd – vom Laubersgrat hoch bis auf den Grosstitlis und von dort in westlicher Richtung der Wasserscheide folgend bis zum Reissend Nollen gezogen, wo sie dann im rechten Winkel hinunter zum Jochpass zeigt. Klarheit verschaffte erst die berühmte Siegfried-Karte, deren Original-Messtischblatt XIII/sect. 8 von 1860/61 den bis heute gültigen Grenzverlauf wiedergibt.

Festgelegt: Die bis heute gültige kartografische Darstellung der Grenzlinie im Gebiet Titlis–Jochpass auf dem Original-Messtischblatt im Massstab 1:50 000 von 1860/61 für die «Siegfried-Karte». Auffällig ist die Spitzkehre unter dem Gipfel des Titlis, dessen Nordteil so einzig zu Obwalden gehört.

Rolf De Kegel (Jahrgang 1956), Historiker, lebt in Engelberg und arbeitet als Stiftsarchivar im Benediktinerkloster und als Lehrer an der Stiftsschule. Mit der Geschichte von Kloster und Tal Engelberg sowie des Titlis hat er sich schon in verschiedenen Publikationen befasst: «Quellen – Brunnen – Wasserhahnen», Festschrift 100 Jahre Wasserversorgung AG Engelberg (1993); «Mit Säumern, Touristen und Soldaten über den Jochpass» (Titlisgrüsse 1995); «Der Titlis ist schauerlich» (Engelberger Dokumente 20, 1997). Im Jahr 2000 hat er einen Sammelband zu Geschichte und Wirken der Benediktinerinnen von St. Andreas in Engelberg/ Sarnen mit dem Titel «Bewegung in der Beständigkeit» herausgegeben.

Der Bergsteiger-Berg:
Von den Fusseisen zur Via Ferrata

Von einer der ersten Gletschertouren
in der Geschichte des Alpinismus
(1744) zu den modernen Freikletter-
routen mit Bohrhaken als Sicherungs-
punkte. Vom sehr frühen alpinen
Massentourismus zu kaum wieder-
holten Anstiegen in brüchigem Fels.
Vom Südostpfeiler, einst die schwierigste Kletterroute der Schweiz, zum
leicht erreich-, aber nicht leicht begeh-
baren Klettersteig. Acht Seillängen
lassen sich in der alpinistischen
Geschichte des Titlis (3238.3 m) aus-
machen. Daniel Anker seilt sich an.

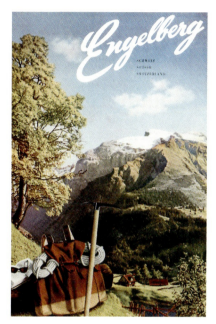

Vor der Tour: Rucksack,
Seil und Pickel gehören
seit über 250 Jahren zur
Grundausrüstung der Titlis-
Bergsteiger. Schmal und
schwierig der Berg vom
Wendengletscher mit dem
Südostpfeiler zwischen
Sonne und Schatten (ganz
links). Breit und begehbar
hingegen von den Anhöhen
ob Engelberg; Foto und
Plakat von Karl Meuser,
um 1940.

1. Seillänge: neuer Gipfel · 1744

Der Fujiama (3776 m), höchster Gipfel
Japans, ist auch der älteste Schneeberg,
dessen Besteigung genau verbürgt ist: Der
Mönch En no Chokadu führte sie 633 aus.
Fast tausend Jahre später folgte erst der
nächste Gletschergipfel: Erstbesteigung des
Popocatepetl in Mexico (5441 m) durch
Diego de Ordás, Offizier in Diensten des
Eroberers Hernán Cortés, mit neun spani-
schen Soldaten und Einheimischen im Jahre
1519. Francisco Montano wiederholte 1522
den Exploit und kraxelte in den Krater hinab; die Besteigung wurde noch öfters ausgeführt. Und in den Alpen? Einsam steht
die Rocciamelone (3538 m) in den Graji-
schen Alpen da, die Bonifacio Rotario
d'Asti 1358 von Susa aus erstmals bestieg
– der erste Dreitausender der Alpen, der
nachweislich erreicht wurde; auf seiner

Südseite ist der heilige Berg, Ziel von
Hunderten von Pilgern jährlich, frei von
Gletschern. Das gilt auch für den Mont
Thabor (3181 m) in den Cottischen Alpen;
die Gipfelkapelle trägt die Jahreszahl 1648.
Der Piz Beverin (2997 m) in Graubünden
folgte als nächster hoher Berg (vor 1707),
weist aber keinen Gletscher auf. Diese
wurden überquert, um — meist aus wirt-
schaftlichen Gründen — von einem Tal ins
andere zu gelangen; bekanntester Glet-
scherwanderer ist der Ötzi. In der Schweiz
überschritt man eisige Übergänge wie
den Theodulpass bei Zermatt seit alters
immer wieder. Aber Gletschergipfel
wurden gemieden — man setzte sich nicht
freiwillig der heimtückischen Spalten-
gefahr aus. Doch zwischen 1730 und 1740

Der Kloster-Berg

«Mir hat unser Herr Stathalter zu Sins (war der nunmehrige Abbt) das Schreiben meines geehrtesten Herrn zu beantworten übersandt, weil unsere Leute, die vor 23 Jahren (1744) Anfangs des Heumonats den höchsten Gipfel des Titlisbergs oder die Nollen bestiegen, dermalen ihme von der Hand seyen.»

So beginnt Pater Magnus Waser, Subprior des Klosters Engelberg, sein Antwortschreiben vom 5. Oktober 1767 an den Winterthurer Pfarrer Johann Konrad Füssli (1704–1775). Dieser hatte in einem Brief an die Abtei mehr über die Erstbesteigung des Titlis von Ende Juli 1744 wissen wollen. Selber war Füssli im Jahre 1766 nach Engelberg gereist und hielt seine Reiseeindrücke fest. Bei der weiteren Recherche für seine «Staats- und Erdbeschreibung der schweizerischen Eidgenossenschaft» – Band 4 mit dem abgedruckten Brief von Pater Magnus Waser erschien im Jahre 1772 – stiess er auf die Erstbesteigung des dick vereisten Berges oberhalb Engelberg. Als Erster hatte der Berner Gletscherforscher Gottlieb Sigmund Gruner (1717–1778) anno 1760 über die Erstbesteigung geschrieben, allerdings ohne Namen und Datum zu nennen: «Vor verschiedenen Jahren [haben sich] zweene Waghälse bis zu oberst auf diese First über die Eisschründe gewagt, und von dem Gotteshause Engelberg, welches an seinem Fusse liegt, 8 Stunden zugebracht. Sie haben aber wegen den vielen und breiten Schründen in dem Eise viele Mühseeligkeiten und Gefahr ausgestanden.» Der Zürcher Geograf Johann Conrad Fäsi (1727–1790) übernahm Gruners Bericht für seine «Staats- und Erdbeschreibung der ganzen Helvetischen Eidgenossenschaft» – dass die Autoren schon damals mit ähnlich lautenden Buchtiteln für Verwirrung sorgten! – und verbreitete damit die Kunde von der Besteigung des Titlis. Aber erst dank des Briefes von Pater Magnus Waser an Füssli – und natürlich dank des Umstandes, dass der Adressat den Brief in seinem Werk abdruckte – wissen wir, wer wann auf ungefähr welcher Route mit welchen Mitteln und unter welchen Umständen den ersten Gletschergipfel der Westalpen bestieg. Deshalb lassen wir hier sofort wieder dem Subprior des Klosters Engelberg und seiner Beschreibung «einer Reis auf den Titlisberg» das Wort:

«Ich habe demnach die zween noch lebende Männer Ignatius Heeß und Joseph Eugenius Waaser (dann unser geweßte Marksthaler und der Schmid, die auch mitgegangen, sind gestorben) zu mir kommen lassen und von selbigen genaue und einstimmige Nachricht auf vorgelegte Fragen eingezogen. Und zwaren Weg betreffend, den und keinen andern sie auf gesagten Schneeberg machen konnten, war von dem Kloster Mittagwärts durch die Ebene des Thals eine kleine halbviertelstund dann weiter eine starke halb Stunde obsich durch den so genannten Gerschnewald, ferner eine Stunde durch die Gerschnealp hinauf bis an einen andern und letzten Wald, ob welchem vor Wildniß kein Holz mehr wachset. Von diesem noch 2 starke Stunde allzeit streng obsich durch die Alp Laub, auf dessen grad sie fortgiengen. Hernach marschierten sie eine halbe Stunde nidsich durch eine öde Steinriffe oder kleines Thal, allwo sie dann erst an den First des Titlisberges dessen Gipfel wir Nollen heißen, oder auf den Gletscher und Firn gekommen, auf welchem sie ohne angelegte Fußeisen nicht hätten fortkommen oder vesten Fuß setzen und sich halten können. Von dannen mußten sie noch vier starke Stunden über den Gletscher oder Firn hinaufsteigen und hiermit einen Weg von mehr dann 8 Stunden von dem Thal aus in die Höhe machen. Und weil sich aller Orten in dem Gletscher Krakken [Krachen] oder Spälte zeigten, von denen man in der Tiefe kein End sahe, und in denen sie theils Wasser sahen, theils herfürquellen oder sprudlen hörten, mußten sie diese Spälte entweder überspringen oder sie umgehen, und war die Gefahr denn so viel größer, weil die kleineren Spälte mit neuem oder selbigen Jahrs gefallenem Schnee bedeckt waren. Deswegen mußte der vorausgehende mit seinem Stecken immerdar probieren, ob sie vesten Fuß setzen könnten. Alle vier waren aneinandern gebunden und giengen hinter einandern her, damit, wann der erste fallen sollte, die hernachkommenden und sich in Sicherheit noch befindenden selbigen wieder herausziehen möchten. Einmal ist der Schnee würklich unter ihren Füssen gesunken, doch nicht stark, sondern sie konnten fortkommen bis auf den Gipfel, allwo sich eine große Ebne zeigte, aber auch ein durchdringend kalter Wind wehete, ohnerachtet des hellen Wetters und Sonnenscheins. Zuvorderst auf dieser Ebne, wo sie in das Thal herab und in das Kloster sahen, machten sie mit vieler Mühe ein Loch in den Gletscher, steckten ihre bei sich habende große Stange darein, und hefteten zwey schwarzgefärbte große leinene Tücher daran, welche man von dem Kloster aus so lange gesehen, bis sie von Wind und Wetter verzehrt waren. Spuren von Thieren fanden sie zuoberst und 3 Stunden herab gar keine. Aber 3 Stunden unterhalb, und besonders an dem Fuß des Gletschers sahen sie viele von den Gemsen gemachte große Wege, welche von da hinweg ihren Lauf von den Schneeberg gegen dem Bernergebieth haben. Brünne oder Gewässer, so aber alles nur Schneewasser seyn kan, zeigen sich überall oder lassen sich vielmehr in dem Abgrund der obgemeldten Firnschratten hören. Holz oder Stauden wachset wohl bey 6 Stunden unter dem höchsten Grad des Berges keines. Erst dann, wann man auf die Höhe der diesem Titlisberg gegenüberstehenden Berge kommt, siehet man mit Erstaunen, wie selbiger wachse und immer höher werde, also daß kein Wunder ist, daß man diesen ungeheuren Schneeberg aller Orten, auch in den entferntesten Gegenden sehen kan.»

Pater Magnus Waser (1722–1792)

Unten und oben: Aquatinta-radierung von Gabriel Lory fils: «Vue de la Vallée et de l'Abbaye d'Engelberg vers le Titlis dans le canton d'Unterwalden», 1829, 12,5 x 18 cm (links). Messe unterhalb des Gipfels, zelebriert von Alpinist und Pater Robert Bürcher Anfang Juli 1994 während der 250-Jahr-Feier der Erstbesteigung durch vier Klosterarbeiter (unten).

(das genaue Datum ist leider nicht bekannt, aber sicher vor 1742) erfolgte die Erstbesteigung der vergletscherten Schesaplana (2964 m) in den Ostalpen, im Rätikon auf der österreichisch-schweizerischen Grenze. Nikolaus Sererhard, Pfarrer von Seewis, stieg mit dem Ganey-Badwirt und einem ortskundigen Jäger durchs Schafloch und über den fast spaltenlosen Brandnerferner auf den Gipfel und von dort über die Totalp zum Lünersee ab. Und dann, Ende Juli 1744, wird der erste Gletscherberg der Westalpen und der erste Dreitausender der Schweiz bestiegen. Sein Name: Titlis.

Die vier Erstbesteiger – drei Engelberger und ein Deutscher – arbeiteten im Kloster Engelberg: der Meisterkäser Johann Ignaz Hess (1709–1773), wohl der Leiter der Seilschaft, der Pförtner Josef Eugen Waser (1723–1805), der Pferdeknecht Joachim Kuster (1711–1763) sowie der aus dem Schwabenland stammende Schmied Benedikt Erne (1703–1758) – alles Fachleute aus den Bereichen Verpflegung, Wohnen, Transport und Warenproduktion. Fehlt eigentlich nur der Kommunikationsfachmann – Pater Magnus Waser, Subprior im Kloster

Engelberg, verfasste 1767 einen Bericht über die epochale Erstbesteigung (vgl. Kasten «Der Kloster-Berg»). Die vier Männer stiegen von Engelberg (1000 m) über die Gerschnialp und die Alp Laub auf den Laubersgrat und dann schräg hinüber in Richtung der heutigen Mittelstation Laub. Wo sie den damals noch viel weiter hinunterreichenden Gletscher betraten, ob oben auf dem Felsriff der Unteren Rotegg (die spätere Normalroute) oder in der Mulde zwischen der Rotegg und dem Rotstöckli (die gängige Skiabfahrtsroute vom Titlis), geht

re Zweckbestimmung, nur das. Wahrscheinlich das erste Sponsoring in der Geschichte des Alpinismus, 16 Jahre vor Geld, das der Genfer Horace Bénédict de Saussure für eine erfolgreiche Besteigung des Montblanc aussetzte.

2. Seillänge: neue Besteigung, neue Touristen · 1785–1865

Die Erstbesteigung des Montblanc (4807 m), des höchsten Gipfels der Alpen, durch die Chamoniarden Jacques Balmat und Michel Gabriel Paccard am 8. August 1786 gilt als Geburtsstunde des Alpinismus. Doch die Wehen haben schon viel früher eingesetzt. Zum Beispiel am Titlis. Ein Jahr vor dem Montblanc wurde der vergletscherte Hausberg von Engelberg zum zweiten Mal bestiegen. Aber schon vorher hatte es einen weiteren Besteigungsversuch gegeben.

Um 1754 brachen die Luzerner Ärzte Beat Franz Maria Lang und Josef Salzmann sowie Pater Bernhard Lang von Engelberg her in Richtung Titlis auf, wegen eines einsetzenden Gewitters mussten sie aber in den untersten Gletscherregionen umkehren. Immerhin kamen sie noch dazu, die Eisdicke zu messen, indem sie Steine in die Spalten warfen: «Sehr lang stuhnd es an, ehe selbige in das unter dem Gletscher liegende Wasser fielen, und man derselben Fall hören konnte.» 1770 wollte der Zürcher Pfarrer und Volkskundler Rudolf Schinz mutig den Titlis besteigen, musste freilich dann den Mut nicht beweisen, weil wegen Schlechtwetters schon die Tourenvorbereitungen abgebrochen wurden.

Am 14. September 1785 erfolgte die Zweitbesteigung des Titlis durch eine Zwölferseilschaft; Leiter war Maurus Eugen Feierabend, Arzt und Kammerdiener von Abt Leodegar Salzmann. Feierabends Brief an einen Freund über die erfolgreiche Tour

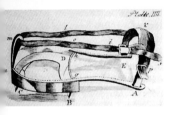

Passende Ausrüstung: «Die beste Art Fusseisen, auf Gletschern zu gehen» – Abbildung aus Johann Gottfried Ebels «Anleitung auf die nützlichste und genussvollste Art die Schweitz zu bereisen», zweite Auflage von 1804 (oben). «Frühlicht am Titlis», Foto von Karl Meuser – Seil und Pickel sind, vor allem auf frisch verschneitem Gletscher, ein Muss; die Pfeife hingegen nicht (ganz oben).

aus dem Bericht nicht hervor. Sicher ist hingegen: Sie schnallten Steigeisen an die Füsse, banden sich ins Seil und hatten in der Hand einen Stock; der Vorderste sondierte damit den Weg über die Spalten. Für Gletschertouren haben sich seither weder Ausrüstung noch Methode grundlegend geändert. Anders das Verhalten auf dem Gipfel, den die vier Klosterangestellten nach achtstündigem Aufstieg erreichten: Sie pflanzten eine Fahne auf, die von unten noch tagelang zu erkennen war – der sichtbare Beweis des Gipfelerfolgs.

Was oder wer die erste Besteigung des Titlis veranlasst hat, ist leider nicht überliefert. Pater Gall Heer, der zum 200-Jahr-Jubiläum der Erstbesteigung einen Bericht in der klostereigenen Zeitschrift «Titlisgrüsse» veröffentlichte, vermutete, dass Gäste, die damals im Kloster die einzige Unterkunft in Engelberg fanden, einen Anstoss zur Besteigung des angeblich höchsten Berges der Schweiz gegeben haben könnten. Und zumindest einer im Kloster war der Gletschertour wohlgesinnt: Abt Emanuel Crivelli. Am 19. Juli 1744 schrieb er in sein Rechnungsbuch, er habe «dem Ignatzi Hess fürgestreckt 10 Gulden». Keine nähe-

Klassische Silhouetten: «Blick vom Spitzmanngrat gegen den Titlis», Foto von Karl Meuser. Ähnlich ist der Blick vom Brevent auf den Montblanc, der am 8. August 1786 erstmals bestiegen wurde. Dieses Datum gilt als Geburtsstunde des Alpinismus. Doch schon ein Jahr vorher erreichte eine Zwölferseilschaft den Titlisgipfel. Bemerkenswerter noch: Dem Leiter Maurus Eugen Feierabend ging es dabei nur um den Weg und den Gipfel als Ziel, nicht um wissenschaftliche Beobachtungen. Der Titlis als playground, lange bevor die Engländer diesen Begriff für die Alpen kreierten.

druckte das «Luzernische Wochenblatt» ab – zum Verdruss des Absenders. Und zum Glück für uns – wie wäre das Bergsteigen (und seine Geschichte) langweilig, wenn nichts darüber mitgeteilt worden wäre… Auch diese Titlis-Besteiger banden sich die Steigeisen an die Schuhe, mussten mit den eisernen Spitzen ihrer Bergstöcke gar Stufen ins Eis hauen und betraten um 10 Uhr vormittags die Spitze. «Nur noch einige Schritte, und wir hatten nach allen Seiten eine unbegrenzte Fernsicht», schrieb Feierabend und fügte hinzu, spätere Schilderungen und Panoramazeichnungen voraussagend: «Hier hätten Poeten und Maler Stoff und Gegenstände genug gefunden für lange und seltene Arbeiten, wenn letztern die Farben am Pinsel und erstern sogar die Gedanken im Munde nicht zu Eis erfroren wären.» Am Schluss seines Briefes heisst es, dass der Weg auf den Titlis «weder unmöglich, noch gar zu gefährlich, wohl aber ziemlich mühesam ist». Mühsam auch deshalb, weil man damals weder Sonnenschutzmittel noch Sonnenbrillen kannte. Feierabend und seine Gefährten litten denn auch an Hautverbrennungen und Schneeblindheit.

45

Wenn auch mit einigen Blessuren, so ist doch die Route der Erstbesteiger bestätigt worden: ein alpinistischer Erfolg. Nur die Naturforscher waren unzufrieden: Sie hätten Messdaten zur Temperatur und zur Höhe des Berges gewünscht. Tatsächlich war die Wissenschaft in jenen frühen Tagen einer der wichtigsten Antriebe zur Bergsteigerei, und auf dem Titlis hätte man die Behauptung, er sei der höchste Berg der Schweiz, überprüfen können. Feierabend hatte anderes im Sinn: «Ich wollte eigentlich nur den Weg entdecken, und nun können andere die Observationes machen, die sie wünschen, denn jetzt wird doch dieser Berg gewiss vor 41 Jahren wiederbestiegen werden.» Mit andern Worten: Es ging Feierabend am 14. September 1785 nicht um das wissenschaftliche Bergsteigen, sondern um das abenteuerliche. So gesehen ist der Zweitbesteiger des Titlis der erste Bergsteiger, für den sein Tun Selbstzweck war. Wie die Sportkletterer heute wollte er eine herausfordernde Route an einem grossen Berg machen. Und auf dem Gipfel den Erfolg kommunizieren, nicht mit einem Handy, sondern mit Granaten. Den Titlis-Besteigern gelang es allerdings wegen der Kälte nicht, Feuer zu schlagen. Doch Abt Leodegar Salzmann, der den Aufstieg vom Kloster aus mit dem Fernrohr verfolgt hatte, liess ein paar Mörser abfeuern.

Nach der Zweitbesteigung war der Bann endgültig gebrochen. Noch bis zum Ende des 18. Jahrhunderts wurde der Titlis des Öftern bestiegen. Meist war der Engelberger Zimmermann und spätere Topograf Joachim Eugen Müller als Führer mit von der Partie (mehr über ihn auf S. 71–73 in diesem Buch); wahrscheinlich unternahm er auch die erste Solobesteigung. Im «Handbuch für Reisende in der Schweiz» von 1818 wurde Müller als Führer empfohlen – ein Hinweis, der zeigt, dass Touristen eine

Besteigung des Titlis wünschten, und das zu einer Zeit, als sie in andern Teilen der Schweizer Alpen noch schräg angeschaut wurden. Am höchsten Berg über Engelberg setzte ein alpiner Massentourismus ein wie am Montblanc ob Chamonix. Bereits 1785 hatte Leodegar Salzmann festgestellt, «dass diese mühsame Bergreisen derzumahlen eine Mode-Krankheit geworden seye». Murray's «Handbook for travellers in Switzerland» stellte zum Titlis 1838 kurz und bündig fest: «It is frequently ascended, and without danger!» Der Engelberger Arzt und Tourismuspionier Carl Cattani schrieb im Führer «Das Alpenthal Engelberg und seine Berg-, Wasser-, Milch- und Molkenkuren» aus dem Jahre 1852, dass «alljährlich und immer zahlreicher Fremde und Schweizer»

den Titlis besteigen wollen; «Pferde und Führer sind immer in hinlänglicher Zahl zu finden.» Den Grund für den Boom nannte Cattani auch: «Kein Berg in der Schweiz zeigt eine ausgedehntere Fernsicht, und ist bei solcher Höhe gefahrloser und mit weniger Kosten zu besteigen.» Der Titlis als Schau- und Spielplatz, noch bevor das so genannte goldene Zeitalter des Alpinismus begann mit der Erstbesteigung der Dufourspitze (4633 m), des höchsten Gipfels des Monte Rosa und der Schweiz, durch fünf Briten und drei Schweizer Führer. Britische Alpinhistoriker behaupten immer wieder, ihre Landsleute hätten das Bergsteigen als Sport erfunden. Nun, am Titlis hat man das schon in der ersten Hälfte des 18. Jahrhunderts betrieben.

Massenalpinismus: In guter Gesellschaft und Laune streben im 19. und Anfang 20. Jahrhundert Damen und Herren hinter- und nebeneinander dem Triangulationssignal auf dem Titlis zu. Die Besteigung gehört zum guten Ton und ins kaufbare Ansichten-Album (oben). Freude herrscht, wenn die Ansichtskarten noch mit persönlichen Angaben aufgewertet werden können (linke Seite oben und Mitte). Fast ein bisschen einsam, doch nicht weniger stolz posieren die beiden Holländer auf der Erinnerungsfoto von 1936 (linke Seite unten).

Unten und oben, nochmals: die noch heute wenig bekannte Berner Seite des Titlis. Blick aus dem Wendental auf den Berg; rechts von ihm das Wendenjoch und links das Titlisjoch. Bergführer Melchior Moor aus Gadmen führte 1865 erstmals zwei Touristen durch das Wendental und über das Titlisjoch auf den Gipfel (oben). Blick vom Berg ins Wendental: So sehen Touristen von der Bergstation ins Berner Oberland hinab. Und nochmals dieser Blick, aber diesmal in der winterlichen Abenddämmerung: Das Wendental mündet ins Gadmertal, das seinerseits bei Innertkirchen ins Haslital ausläuft. Den Horizont bestimmen links das runde Gwächtenhorn, rechts die markanten Spitzen von Finsteraar-, Schreck- und Wetterhorn (folgende Doppelseite). Drei Alpinisten genossen an Weihnachten 1866 erstmals diese Aussicht – die Wintererstbesteigung des Titlis war zugleich die erste eines hohen Alpengipfels.

3. Seillänge: neue Ausgangspunkte, neue Jahreszeit · 1865–1884

Am 14. Juli 1865 erreichten sieben Männer erstmals das Matterhorn, nur drei (Edward Whymper und Peter Taugwalder, Vater und Sohn) kamen lebend herunter: Triumph und Tragödie in einem. Matterhorn, Zermatt und die Bergsteigerei wurden in die Schlagzeilen katapultiert, das Matterhorn zur bis heute nicht versiegenden Einnahmequelle. Vergleichbare Situation in Engelberg: «Titlis, und wieder Titlis, das ist das Alpha und Omega im Engelbergerthale, der König der Unterwaldnergebirge, der Gegenstand der Sehnsucht für die Alpenklubisten und andere Menschenkinder, die nach etwas Höherem streben», steht in einem Reisebrief von 1871. Allerdings: Der Titlis erhebt sich ja nicht nur über dem Tal von Engelberg, sondern auch über demjenigen vom bernischen Gadmen. Und gerade 1865, nach der umkämpften Erstbesteigung des Matterhorns, begannen die Alpinisten nach neuen Wegen zu suchen. Nicht mehr nur der Gipfel ist das Ziel, sondern auch der Weg dorthin. Wenn er noch schwieriger ist als der Normalweg, umso besser. Auf der Berner Seite sieht der Titlis viel weniger ersteigbar aus als auf der vergletscherten Nordwestseite. Zwischen den wilden Südabstürzen von Titlis und Nachbar Reissend Nollen lagert das Chli Gletscherli, von dem steil gegen eines der beiden Titlisjöcher aufgestiegen werden kann, worauf über den Westgrat der Klein Titlis und die Normalroute erreicht werden. Keine sehr schwere Route, aber doch grad das Richtige für den deutschen Turnlehrer August Ravenstein; es gelüstete ihn «eine jener etwas gewagten Alpenturnfahrten, welche für gewisse Charaktere unwiderstehlichen Reiz haben». Schön gesagt – wie heisst es heute? «No risk, no fun!» Genau diese Einstellung hatte auch der Berner Student B. M., der im Jahre 1866 in Gadmen einen forschen Gefährten für die Titlis-Besteigung suchte. Ravenstein war der gesuchte Mann, Melchior Moor, bekannt als Jäger von Gadmen, der Führer. Und dieser kannte die Route bestens, hatte er sie doch 1865 erstmals mit den schlesischen Edelleuten von Roose und von Dagrell begangen. Die Kletterei unterm Titlisjoch wurde zur Turnübung, wohl ganz nach Ravensteins Gusto: Sein Führer «erstieg mit Hülfe seines Pickels, den er in die Risse des Gesteins einschlug, eine Stufe, wo fester Fuss zu fassen war; dann M., in die Mitte des Seiles eingegürtet, ihm nach über meine Schultern und emporgestreckten Hände zum Standorte des Führers». Beim sogenannten Dry tooling, der jüngsten Spielart des Alpinismus, hangeln sich die Eiskletterer auch über eisfreie Abschnitte hoch, indem sie ihre Geräte in Felsritzen verklemmen. Melchior Moor führte 1871 ebenfalls die dritte Titlis-Besteigung von Gadmen über den Wendengletscher und das Titlisjoch mit den Bernern Heinrich Dübi und E. Müller aus. Vom Gipfel kehrte das Trio via Jochpass, Engstlenalp und Gental nach Gadmen zurück – eine Tagestour mit mindestens 2700 Höhenmetern auf 32 Kilometern Distanz. Nachmachen! Eine neue Route auf der Berner Seite des Titlis – gäbe es da nicht auch eine auf der Obwaldner Seite? Zum Beispiel aus dem tief eingeschnittenen Galtiberg-Kessel im massigen Nordabfall des Titlis: landschaftlich einmalig, direkt von Norden auf den Gipfel. Am 23. August 1865 versuchte der Engelberger Führer Eugen Infanger mit dem Dresdner Kaufmann Hermann Höppner den neuen Weg. Dieser stürzte und riss jenen mit, kurz bevor sie den flachen Titlisgletscher mit den Normalwegbenutzern erreichten. Erst 19 Jahre später wagte sich wieder eine Seilschaft in den Galtiberg-

Titlis-Panorama.
Aufstieg über Rotegg – Abstieg nach Jochpe

Neue Wege zum Gipfel: Da der Südfuss des Titlis geröllig und mühsam ist und bis 1970 keine Übernachtungsmöglichkeit aufwies, wurde als Ausgangspunkt zum Berg nur selten Gadmen gewählt (rechte Seite oben). Besser (und grüner) war schon Melchsee-Frutt und die angrenzende Engstlenalp (rechte Seite unten). Beim dortigen Berghotel begann der Berner Normalweg auf den Titlis, der vom Jochpass auf einer teilweise gesicherten Route unter dem Reissend Nollen durchführte (oben). So war eine Titlisüberschreitung von Engelberg auf die Engstlenalp und nach Meiringen möglich.

Anstieg. Ins Führerbuch von Josef Kuster, Senior der Engelberger Führer, notierte sein langjähriger Gast G. A. Freund, Dr. phil. aus Berlin, Mitglied des Schweizer Alpen-Clubs (SAC) und des Deutsch-Österreichischen Alpenvereins: «Am 15. Juli 1884 ging ich mit Josef Kuster und seinem Vater auf einem neue Wege auf den Titlis. Nachdem wir die Nacht in der Hohfadalp geschlafen, gingen wir die Galtiberg genannte Schlucht hinauf, unter dem Gletscher hindurch, und dann durch eine Schneerunse auf denselben.» Heute verläuft über den Galtiberg eine rassige Tiefschneeabfahrt.

Da die schwierige Berner Route aus dem Wendental nicht für jedermann war (und ist!), wurde der Titlis aus dem Berner Oberland des Öftern von der Engstlenalp aus bestiegen, wobei der Abstieg dann vom Jochpass gegen Trübsee erfolgte, um in den Normalweg von Engelberg zu gelangen. Der Berner Apotheker Rudolf Lindt schlug nun im Sommer 1879 auf Anregung des Führers Töni mit Tochter, Sohn und einem Engländer einen direkten Weg vom Jochpass Richtung Titlisjöcher ein, und zwar vom Sattel beim Ochsenstock in nur leicht ansteigender Querung der firnig-felsigen Hänge am Fuss des Reissend Nollen. Die

Route wurde zum Berner Normalweg, insbesondere nach Wegverbesserungen mit Eisenstiften, einer Leiter und einem Fixseil unter dem Jochstock und bei den Titlisjöchern.

Herausforderung in neuen Routen – oder in einer neuen Jahreszeit. Weihnachten 1866 wollten Arnold Baltzer und Jules Piccard (1840–1933), Professor der Chemie und Urgrossvater des Ballonweltfliegers Bertrand Piccard, auf besondere Art feiern. Um zehn Uhr abends wanderten die jungen Zürcher Naturforscher und Mitglieder des SAC in Engelberg los. «Der Mond war ihr Begleiter, Leodegar Feierabend ihr Führer», schreibt Eduard Osenbrüggen in «Wanderstudien aus der Schweiz» (1874). «Ohne Unfall wurde die stille Nacht durchwandert und das Ziel erreicht, wo die Umschau entzückend war.» Beim Abstieg stützten sich die drei Alpinisten auf die Alpenstöcke und rutschten die Schneehänge hinab. Einziges Problem: Die Seenhütte auf der oberen Trübseealp, wo sie rasten wollten, ist im Schnee vergraben. So stiegen sie kurzerhand durchs Dach ein. Die Wintererstbesteigung des Titlis war zugleich die erste eines hohen Alpengipfels. Typisch Titlis halt, dass er auch in der Geschichte des winterlichen Alpinismus ganz markant dasteht.

4. Seillänge: neue Wände · 1905–1917

Leichter Hochtourengipfel für die Massen: Das war der Titlis auch zur letzten Jahrhundertwende noch. Xaver Imfeld – er zeichnete 1878 ein Gipfelpanorama, das es heute noch im Souvenirshop in der Bergstation zu kaufen gibt – zum Rummel auf dem Titlis: «Bei schönem Wetter wird er jetzt während den Sommermonaten fast täglich bestiegen, und es ist keine Seltenheit, dass man früh Morgens hieroben ganze Karavanen von 20-30 Personen, Herren und Damen, antrifft.» Ob von Engelberg über Trübsee (wo seit 1885 ein Hotel steht), von der Engstlenalp (ebenfalls mit Unterkunft, in der zu Spitzenzeiten 20 Titlis-Bergführer einquartiert sind) über den Jochpass oder vielleicht auch mal aus dem Wendental – die Routen und die Bergsteiger trafen sich oben auf der vereisten Kuppe. Routine für die Führer, Herzklopfen für die Geführten. Natürlich stiegen auch Alpinisten ohne Führer auf den Gipfel. Dann verdienten wenigstens die Berghoteliers am Bergtourismus, mit dem Bereitstellen von Unterkunft, Verpflegung und Leihmaterial (Seil und Pickel).

Bergsteigen als Geschäft, der eine zahlt, der andere erhält, und im Normalfall sind beide zufrieden. Nicht immer: «Der Führer Karl Hurschler aus Engelberg und der ziemlich beleibte, kurzsichtige und mit Schwindel behaftete Privatdocent Dr. Paul Voigt aus Berlin waren beim Abstieg vom Titlis zum Jochpaß beim sogenannten Steinberg, der gefährlichsten Stelle dieses Weges, angekommen, als wahrscheinlich der hinten gehende Tourist ausrutschte und den Führer überwarf, worauf beide gegen den untern Gletscher hinabstürzten, von dort über den steilen Firn hinabrutschten und über eine zweite, etwa 100 Meter hohe Felswand hinunter in eine tiefe Spalte zwischen Gletscher und Fels fielen, wo sie auf

Fels und Firn: Der Strassburger Jules Beck (1825–1904) gehört zu den Pionieren der Bergfotografie; er schleppte die Kamera auch auf die höchsten Gipfel. Sein Katalog umfasst 1132 Bergfotos; hier der Blick von der Schlossberglücke auf die Titlis-Ostwand (rechts). Ansicht vom Grätli ob Gadmen: ganz in der Sonne und halb verschneit die Südwand, halb im Schatten die noch nie durchstiegene Südwestwand des Klein Titlis (rechte Seite oben). Der westliche Arm des Titlisgletschers, gesehen vom Rotstöckli; im Zentrum die Zinnen der Wendenstöcke (rechte Seite unten). Und schliesslich der Titlis vom Oberaarhorn, über die Granitzacken des Oberhasli hinweg: Landschaft pur – und mittendrin ein Metallturm (folgende Doppelseite).

Veranlassung einer andern Partie, die Augenzeuge gewesen war, als zerschmetterte Leichen aufgehoben wurden.» Die unappetitliche Seite des Bergsteigens, von Redaktor Heinrich Dübi mit erzieherischen Hintergedanken unter der Rubrik «Alpine Unglücksfälle» jährlich im SAC-Jahrbuch jener Epoche ausgebreitet (hier dasjenige von 1900).

Heinrich Dübi: Im Herbst 1871 betrachtete er die 500 bis 700 Meter hohe Südwand des Titlis, um einen Durchstieg ausfindig zu machen. «Ja, es ginge schon, aber es ist Kalk», bemerkte sein Haslitaler Führer Melchior Moor. Und Dübi ergänzt: «Wer Lust hat an etwas Besonderem, mag einmal diesen jedenfalls als Kletterübung und Schwindelprobe interessanten Weg einschlagen.» R. Schmid und X. Suter hatten am 2. September 1917 Lust, stiegen in der Mitte der Südwand ein – etwa dort, wo heute die Skiabfahrtsroute und der Klettersteig vom Joch zwischen Titlis und Klein Titlis herabkommen –, gelangten aufs Firnfeld in der Wandmitte und kraxelten rechtshaltend zum Hauptgipfel. Kommentar im SAC-Führer von 1921: «Die beträchtliche Steinschlaggefahr dieser Route mag im

Herbst am geringsten sein.» In den folgenden Jahren wurden Varianten zum normalen Südwandweg begangen, so im Sommer 1935 durch die Berner Geologen Wolf Maync und Paul Funk; die beiden werden herausgefunden haben, warum der Fels im Südabsturz des Titlis nicht überall fest ist. Steinschlaggefahr droht auch im 600 Meter hohen Ostwandcouloir, das der Engelberger Bergführer Josef Kuster mit dem Gast, Professor O. Molvi aus Wien, am 20. August 1905 erstmals unter sich brachte. Die erste Route in der grössten Wandflucht des Titlis: zweieinhalb Kilometer lang, bis 900 Meter hoch – und so brüchig wie der am Sockel liegende Firnalpeligletscher zerschrundet ist. Am nördlichen Ende biegt die Ostwand in die Nordwand um, und dort fand Hermann Hess, Chef der Engelberger Führer, mit dem Berufskollegen Eugen Kuster und der Amerikanerin Welsh am 23. August 1913 eine neue Route – den bis anhin schwierigsten Anstieg am Titlis. Er endet oben im zahmen Titlisgletscher. Der neue Weg über den als unersteigbar gehaltenen Nordabsturz sorgte im Dorf für Aufsehen, möglicherweise auch der Umstand, dass eine Frau dabei war. Ein Neffe von Hess,

Abenteuerliches Gelände: Die Ostwand oberhalb des Firnalpeligletschers wurde erstmals 1905 durchstiegen (oben), die schattige Nordwestwand über dem Galtibergkessel 1942 (rechte Seite). Beide Routen wurden kaum wiederholt, in beiden Wänden fanden Sportkletterer am Ende des 20. Jahrhunderts neue Linien.
Das Schicksal alpiner Anstiege kümmert den Gleitschirmflieger nicht.

Henri Freléchoux, wiederholte mit zwei Gefährten 1933 die Route, die auch als Nordgrat bezeichnet wird. Man glaubte den jungen Wiederholern erst, als spätere Begeher ihre Notiz in der Flasche der Seilschaft Hess entdeckten.

5. Seillänge: neuer Weg · 1942

Nordwände – die grosse alpinistische Herausforderung in den Dreissigerjahren. Je höher und schwieriger, desto besser. Je eisiger, brüchiger, gefährlicher, desto mehr Aufsehen. Vor allem wenn der Berg berühmt ist. Wie das Matterhorn und der Eiger; 1931 beziehungsweise 1938 wurden ihre Nordwände erstmals durchstiegen. In den Jahren dazwischen andere berühmte Nordwände, von Bergsteigern aus Österreich, Deutschland, Italien und Frankreich. Und die Schweizer? Ihnen blieben die vielleicht ein bisschen leichteren Nordwände an nicht ganz so im Rampenlicht stehenden Gipfeln. Durch die Nordwand des Grossen Fiescherhorns kletterten die Deutschen Willo Welzenbach und Heinz Tillmann (1930), durch die Nordwestwand des Kleinen Fiescherhorns Hermann Steuri und Mäusi Lüthy aus der Schweiz (1935). Und als die Grenze 1939 dicht machte, hatten die einheimi-

schen Topbergsteiger ohnehin nur noch die eidgenössischen Nordwände zum Bezwingen, an den freien Wochenenden während des Aktivdienstes. Kampf in Fels und Eis statt gegen fremde Panzer. Steinschlag statt Geschosshagel. Während des Zweiten Weltkrieges wurden in der Schweiz ein paar abenteuerliche Routen eröffnet, die seither kaum wiederholt worden sind. Zum Beispiel am Titlis.

Die Nordwand des Titlis, ein Bollwerk über dem flachen Talboden. Genau genommen ein breiter, teilweise senkrechter und insgesamt 1000 Meter hoher Sporn, der die Ostwand von der Nordwestwand trennt. Die Route von Hess aus dem Jahre 1913 weicht den Schwierigkeiten auf beiden Seiten aus. Eine direkte Nordwandroute war gefragt. In den Dreissigerjahren gab es ein paar ernsthafte Versuche, aber ein glatter Überhang erwies sich als vorerst unersteigbar. Am Samstag, 13. September 1942, um drei Uhr nachmittags, verliessen Henri Freléchoux, Herbert Sievers und Jean Wyss Zürich und fuhren mit dem Rad nach Engelberg. In einem Heustall auf der Alp Bödmen übernachteten sie, am Morgen stiegen sie, nach dem Frühstück beim Älpler auf dem benachbarten Firnalpeli, in die schattige Wand. Die Schwierigkeiten waren gross, Henri stürzte böse, die Haken hielten nur knapp und manchmal auch nicht: «Keine Hand ist frei, keine Ritze findet sich, einen Haken aufzunehmen.» Es kam noch schlimmer – aber was wäre eine Nordwandbegehung ohne Wettersturz? «Wir sind uns einig: dieses Training reicht für die Erstbesteigung der Niagarafälle!» Und dann fällt der Satz echter Nordwandgesichter: «An den Rückzug denken wir gar nicht.» Solche Männer braucht das Land. Die drei Kletterer stiegen – nach einem Notbiwak im obersten Teil – am 15. September aus der Titlis-Nordwand aus. Von Punkt 2710 tra-

Neue Herausforderungen: Der fast 700 Meter hohe Südostpfeiler des Titlis gehört noch immer zu den schweren Fahrten im Land (rechte Seite). Sechs Jurassier kletterten 1960 in drei Tagen erstmals über den Pfeiler hoch; das zweite Biwak unter dem Gipfelüberhang bot nicht zu viel Platz (oben). Voller Einsatz auch für Sherpa Tenzing; der Erstbesteiger des Everest besuchte mehrere Male Engelberg und den Titlis, wobei er sich einmal auch als Schneefräser auf der Panoramaterrasse des Klein Titlis betätigte (unten).

versierten sie hinüber zur Rotegg. Anders gesagt: Die Nordwand endet weit unter dem Gipfel. Das hebt ihren Nimbus nicht. Wurde die Sievers-Route wiederholt, gar im Winter begangen? Über kleine Nordwände weiss man leider wenig. Seit 1980 ist die Route auch nicht mehr im SAC-Führer enthalten.

6. Seillänge:
neue Schwierigkeiten · 1960

Markanter alpinistischer Aufbruch in den Fünfziger- und Sechzigerjahren. Am 29. Mai 1953 standen Sherpa Tenzing und Edmund Hillary als erste Menschen auf dem höchsten Berg der Welt, dem Everest (8850 m). Am 12. November 1958, nach insgesamt 47 Klettertagen und 35 Biwaks in der Wand, stiegen Warren Harding, Wayne Merry und George Whitmore aus der knapp

1000 Meter hohen, schier aalglatten Granitwand des El Capitan im kalifornischen Yosemite-Valley aus: Der Mythos der Route «Nose» war geboren. Und vom 18. bis 22. Februar 1965 schaffte der Italiener Walter Bonatti die erste Direktroute durch die Nordwand des Matterhorns, im Alleingang. Der Titlis hat auch eine Nase – den Südostpfeiler, der sich vom Wendenjoch fast 700 Meter hoch zum Gipfel aufschwingt. Eine herausfordernde Linie. Und die nahmen sich jurassische Kletterer vor. 1957 erreichten Hugo Weber, Paul-H. Girardin, Willy Mottet und Martial Perrenoud die erste Plattform. Vom 27. bis 29. August 1960 kämpften sich Robert Boegli, Jean Braun, Bernard Meyer, Raymond Monnerat, Martial Perrenoud und Michel Zuckschwerdt unter teilweise miserablen Bedingungen über den ganzen Pfeiler hoch. Die Biwaks waren ungemütlich, die Kletterei ungewöhnlich: «Der Felsüberhang taucht aus dem Nebel auf wie ein Schiffsbug, der sich durch die Wellen eines entfesselten Meeres drängt. Die künstliche Erkletterung dieses ausserordentlich exponierten Überhangs ist in höchstem Grade eindrücklich.» Eindruck machte auch das Alter von Zuckschwerdt und Monnerat: «Geht das ‹technische Bergsteigen› nicht einen sehr gefährlichen Weg, wenn derart extreme Routen von Siebzehnjährigen begangen werden?», fragte sich Max Oechs-

Rekordjagd: Die Berner Oberländer Bergführer Ueli Bühler und Martin Grossen brauchten am 2. August 1981 nur 11 ¹/₂ Stunden für die Begehung des Südostpfeilers – normalerweise rechnet man mit einem Biwak unterwegs. Zum Glück hatte Grossen neben dem vielteiligen Klettermaterial auch noch die Kamera mitgenommen, um seinen Gefährten zu fotografieren. Am 25. August 1981 kletterte Bühler alleine in knapp 8 ¹/₂ Stunden durch die Eigernordwand – ebenfalls ein neuer Rekord.

lin, einflussreicher Redaktor der Zeitschrift des SAC. Die Antwort kam vom Berg: 1962 gelang Zuckschwerdt die 24. Begehung der Eigernordwand. Der Südostpfeiler des Titlis blieb jahrelang eine der härtesten Felsrouten der Schweiz, und «noch heute zählt diese Route zu den ganz grossen Unternehmungen im Fels» (SAC-Führer von 1999), nicht zuletzt deshalb, weil der Fels teilweise arg splittert und die Sicherungsmöglichkeiten oft dürftig sind. Der Pfeiler wurde rund ein Dutzend Mal erklettert. Und wartet immer noch auf die erste Winterbegehung. Das sagt jedenfalls der Berner Oberländer Hans Peter Trachsel, und er muss es wissen: Er machte 1965 mit Gerd Siedhoff nicht nur die dritte Begehung des Südostpfeilers, sondern ist auch einer der grossen Wintererstbegeher der Schweiz (Lauper-Route und Japaner-Direttissima am Eiger). Eine Wintererstbegehung am Titlis, nämlich der Hess-Route in der Nord- und Ostwand, glückte am 6. Januar 1964 den Engelbergern Ueli Blatter, Bergführer, und Peter

Brunner, bis Januar 2001 Betriebselektriker der Titlis-Bahnen. Zwölf Stunden benötigten sie für die Route, dann mussten sie stundenlang durch Tiefschnee nach Trübsee hinunterstapfen. Dass sich Brunner keine Erfrierungen holte, ist Glückssache, weil er unterwegs einen Handschuh verlor: «Das isch e chli hert gsi.»

1974 versuchten zwei der besten Kletterer der Schweiz, Kurt Grüter und Erwin Saxer, eine direkte Route über die Ostwand zu erschliessen. Weil zum Übernachten das neu erstellte Biwak am Grassen bequemer ist als ein abschüssiges Schuttband, seilten sie sich abends jeweils zum Wandfuss ab und hangelten am nächsten Tag mit Steigklemmen an den angebrachten Fixseilen wieder hoch, um weiterzuklettern. Am Morgen des 21. September schob sich Grüter schon am Fixseil hoch, während Saxer noch die Schuhe band. Plötzlich verlor er das Gleichgewicht und stürzte über den Wandvorbau – ausgerechnet er, dessen Vorsicht legendär war.

Der Alpinistinnen-Berg

Am 25. August 1984 war im Luzerner Tagblatt unter dem Titel «Uno der Alpinistinnen» über das 16. Bergsteigerinnen-Treffen «Rendez-vous Hautes Montagnes» (RHM) zu lesen: «Mit Basislager auf der Handegg am Grimselpass haben sich seit dem Sonntag bis heute 60 Frauen, unter ihnen leuchtende Sterne von Spitzenalpinistinnen, zusammengefunden. Frauen der Altersstufen von 19 bis 78 Jahren, deren Gesichter meist geprägt sind vom harten Einsatz am Fels und im Eis.» Und weiter: «Am Fuss der Felsen behängen sich die RHM-Frauen nicht nur mit den Sitzgurten, sondern mit einem förmlichen Geläute von Haken, ringförmigen Gebilden und einem ‹Heubeeri›-Sack mit Magnesium.» Das Staunen des Schreibenden über die «braungebrannten Frauen» und ihr seltsames Tun war zwischen den Zeilen zu lesen. Dabei waren 1984 Frauen in den Bergen keine Seltenheit mehr, und das Rendez-vous Hautes Montagnes gab es auch schon seit 16 Jahren. Die Gründung dieses Forums, das für das Frauenbergsteigen von grosser Bedeutung sein sollte, wurde am 16. Mai 1968 mit einigen Flaschen Champagner begossen. Und zwar auf dem Gipfel des Titlis, der in der Geschichte des RHM

bis heute eine zentrale Rolle innehat: Alle Jubiläen wurden und werden rund um Engelberg gefeiert.

Das erste Treffen von Alpinistinnen aus West und Ost – es brauchte zu jener Zeit viel Engagement, damit auch Frauen aus den Ostblockländern teilnehmen konnten – geht auf die Initiative der in Engelberg wohnhaften Baronin Felicitas von Reznicek zurück. Was von Skeptikern mit Vorbehalten aufgenommen wurde, erwies sich als durchschlagender Erfolg: Die siebzig anwesenden Frauen – darunter in der Szene bekannte Namen wie Helma Schimke oder Loulou Boulaz – trennten sich in der Überzeugung, sich weiterhin regelmässig treffen zu wollen.

Felicitas von Reznicek war eine resolute Frau mit einem aussergewöhnlichen Leben. Die Tochter des Komponisten Emil Nicolaus von Reznicek und der Schweizer Halbjüdin Bertha Juillerat kam 1904 in Berlin zur Welt. Ihr Vater weckte die Liebe zu den Bergen, und ab den Zwanzigerjahren hielt sie sich oft in Zermatt auf, bestieg Gipfel wie das Zinalrothorn und pflegte Kontakte mit prominenten Bergsteigern. 1953 liess sich die Antifaschistin und Autorin in Engelberg nieder. Anlässlich des 50-jährigen Bestehens des Schweizerischen Frauen-Alpen-Clubs 1968 wurde sie gebeten, einen Beitrag zu schreiben, worauf sie das Buch «Von der Krinoline zum sechsten Grad» verfasste, eine amüsante Geschichte des Frauenalpinismus in Europa. Dabei kam in der Autorin der Wunsch auf, diese Frauen zusammenzubringen: an einer Art «Begegnung im Hochgebirge», dem Rendez-vous Hautes Montagnes – ein Treffen, an dem sich die Bergsteigerinnen kennen lernen, gegenseitig motivieren und ge-

Gipfeltrunk: Am 16. Mai 1968 feierten Alpinistinnen aus aller Welt auf dem Titlis die Gründung des Rendez-vous Hautes Montagnes; mit dabei waren die Extrembergsteigerin Yvette Vaucher (oben Mitte) und die Baronin Felicitas von Reznicek (1904–1997; unten).

meinsam Touren unternehmen konnten. Die einzige Aufnahmebedingung der statutenlosen Vereinigung ist bis heute die Beherrschung des dritten Grades als Seilerste und des vierten als Seilzweite. Das RHM war übrigens nie ein Emanzentreffen: Männer waren stets willkommen.

Nach 1968 traf sich die Crème de la crème des Frauenbergsteigens in immer anderen Bergregionen der Welt. Illustre Gäste wie die polnische Extrembergsteigerin Wanda Rutkiewicz gehörten zu den regelmässigen Besucherinnen. So erstaunt es nicht, dass ein Journalist einmal über die Damenrunde schrieb: «Kein Kaffeekränzchen!» Nein, beileibe nicht: Aus heutiger Sicht hat das auf dem Titlis gegründete RHM dazu beigetragen, dass das Bergsteigen zum unvoreingenommenen Erlebnis für Männer und Frauen wurde. Und die heutigen Aktivitäten des RHM – Eiskletter- und Skitourenwochen im Winter sowie das übliche Sommertreffen – beweisen, dass es nicht an Lebendigkeit eingebüsst hat.

Christine Kopp (Jahrgang 1967) betrachtet den Titlis immer wieder mal von anderen Gipfeln und verschiedenen Seiten aus. Die begeisterte Alpinistin ist am liebsten selbst unterwegs – wenn sie nicht gerade an ihrem Schreibtisch in Unterseen im Berner Oberland sitzt, als freischaffende Übersetzerin, Redaktorin und Autorin im Bereich Alpinismus.

7. Seillänge:
neue Kletterer · 1981–2001

Ende der Siebzigerjahre begann in den Alpen eine neue Epoche: das Sportklettern kam auf, auch Freiklettern oder free climbing genannt. Die jungen Kletterer begannen für die stets schwierigere Fortbewegung im Fels mehr und mehr auf künstliche Hilfsmittel wie Haken und Trittleitern zu verzichten. Haken und Klemmkeile dienen bloss noch der Sicherung. Fazit: Nur noch der eigene, voll trainierte Körper und die gut haftenden Kletterschuhe kommen beim akrobatischen Gang an der Sturzgrenze zum Einsatz; gleichzeitig wurde die alte Schwierigkeitsskala zur Bewertung von Freikletterei gesprengt. Jahrzehntelang ist ein VI+ das Schwierigste gewesen. Nun gibt es plötzlich Siebner-, dann Achter- und Neunerrouten.

Seit den Achtzigerjahren sind die Wände von Wenden das Mekka der alpinen Topkletterer. Am Pfaffenhuet, Grossen Wen-

denstock und Reissend Nollen entstehen zahlreiche äusserst schwierige Freikletterrouten in steilstem Fels. Die erste moderne Route in der ganzen, gut 8 Kilometer langen und 500 bis 1500 Meter hohen Wandflucht, die sich vom Titlis westwärts über die Wendenstöcke zum Tellistock erstreckt, legten Hans Howald und Ernst Neeracher am 4. und 5. August 1981 durch die direkte Südwand des Titlis bis hinauf zum Triangulationssignal. Name der Route, fast programmartig: «Handstreich». Auch das war neu – die Erstbegeher gaben ihren Routen einen Namen, was auch nötig war, denn schon bald sollte es drei Wege durch die direkte Südwand geben. Howald, der im selben Jahr mit seiner Frau Christel und dem Achttausendersammler Peter Rüedi erstmals durch die Nordverschneidung in der Eigernordwand kletterte, gehört zu den Freikletterpionieren der Schweiz. Seine Titlis-Route bewertete er mit dem siebten Grad; nur 20 von 700 Höhenmetern muss-

Spielplatz der Extremen: In der 8 km langen Wandflucht vom Titlis (vorne) über die Wendenstöcke hinweg zum Tällitstock (hinten) tummeln sich die alpinen Topkletterer. Die Wände von Wenden geniessen internationalen Ruf; wer ihm folgen will, sollte schwindelfrei sein.

Handarbeit: Martin Scheel in der Route «Handstreich», der ersten Sportkletterroute in der Südwand des Titlis aus dem Jahre 1981 (oben). Scheel eröffnete 1985 selbst eine äusserst schwierige Route im achten Grad. Ebenfalls zu den aktiven Erschliessern gehört Peter Schoch; hier bei der ersten Begehung von «Wasserkraft»; auch hier dienen die Haken und Keile nur der Sicherung (rechte Seite). In der Tiefe ist das Biwak am Grassen sichtbar.

ten in künstlicher Kletterei überwunden werden. Die zweite Begehung von «Handstreich» gelang im August 1984 Peter Diener, Edwin und Susi Good – letztere wurde 1991 und 1992 Weltmeisterin im Sportklettern. Die dritte Begehung der Route schliesslich machten Martin Scheel und Robert Bösch im September 1985 an einem Tag – und alles frei. Dadurch erhöht sich natürlich die Schwierigkeit: Der achte Grad, untere Grenze, wurde am Titlis erstmals erreicht. Noch schwieriger – und noch moderner – ist die Route, die der Schweizer Martin Scheel mit dem Australier Kim Carrigan vom 19. bis 21. August 1985 eröffnete. Jeder Meter wurde wieder von unten her frei geklettert, und mitten aus der schwierigsten Kletterei an der Sturzgrenze mussten erst noch die Sicherungshaken gesetzt werden. Das brauchte nicht nur starke Muskeln, sondern auch ebensolche Nerven. Übernachtet wurde nicht in der Wand, sondern im Biwak am Grassen. Und obwohl das Wetter sehr zweifelhaft war, entschieden sie sich am zweiten Tag für die Fortsetzung des Gangs in der Senkrechten: «Ich hatte mein einziges Buch fertig gelesen, und Martin hasste Kartenspielen», erzählt Carrigan. Ihre Route im achten Grad über einen ausgeprägten Pfeiler mitten in der Südwand endet nach sieben Seillängen auf dem grossen Schuttband. Nicht mehr der Gipfel ist das Ziel, sondern eine möglichst gleichmässig schwierige Route in gutem Fels – eine schöne Linie, für sich selbst und auch für andere Kletterer. Am letzten Stand, dort, wo es leichter wird, beginnt das Abseilen zurück an den Einstieg. Scheel/Carrigan tauften ihre vertikale Kreation «Truth of Human Desire». Eine dritte Sportkletterroute am Titlis richteten Peter Schoch, Peter Äbi, Theo von Atzigen und Kurt Winkler vom 16. bis 19. August 1988 ein. Peter Schoch: «Wir nann-

ten die Route ‹Wasserkraft›, wegen der tiefen Wasserrillen auf einigen Platten. Und bis in den Sommer hinein wird man vom Schmelzwasser geduscht.» Der in Frutigen lebende Zürcher Bergführer begann in der Südwand zwei weitere Linien zu klettern, hat sie aber wegen Zeitmangels noch nicht fertig ausgeführt. Das Eröffnen moderner Felsrouten ist oft zeitaufwendig. Dort, wo keine sicheren Haken geschlagen und keine Klemmkeile gelegt werden können, müssen die Kletterer die Löcher für die Sicherungshaken in den Fels bohren, bis 1988 von Hand, seither meist mit Akkubohrmaschinen. Der Spiel- als Arbeitsplatz.

Zu Beginn der Neunzigerjahre hinterliess auch das Duo infernal der alpinen Kletterszene seine Spuren in der Südwand des Titlis. Die Waadtländer Brüder Claude und Yves Remy trassierten zwischen dem Südostpfeiler und dem «Handstreich» zwei neue, je mit rund 70 Bohrhaken ausgerüstete Wege: «Tumi» und «Incas». Zwei von jährlich 50 bis 100 Erstbegehungen der Marke Remy. 1996 kletterten M. Wicki und T. Dollinger die Neutour «Cirrus»; 11 Seillängen, 8. Schwierigkeitsgrad, 75 Bohr-

Gebohrte Linien: Beim Gang an der Sturzgrenze müssen verlässliche Haken in den Kalkfels gebohrt werden. Peter Schoch an der Arbeit in einer noch nicht fertig gekletterten Route in der Südwand (oben). Reto Ruhstaller in «Il trueno des avalanches» in der Nordwestwand – auch diese Linie ist noch nicht ganz fertig (rechts). Wir bleiben dran.

haken und dazu blauer Himmel mit ein paar Schleierwolken – das Kletterglück 250 Jahre nach der Erstbesteigung.

Neue Routen, neue Wände – das Spiel beginnt immer wieder von vorne. Im nördlichen Teil der Ostwand, oberhalb der Firnalpelihütten, eröffneten Michi Pistor, Dominik Ott und Daniel Appert 1997 in mehrtägiger Kletterei eine Route im sechsten bis achten Grad über 27 Seillängen. Eine ernste Route, worauf auch der Tourenbeschrieb hinweist, der im Internet zu finden ist: «Bei Gewittern entstehen sofort Sturzbäche, denen die Seillängen 14–17 direkt ausgesetzt sind.» Eigerambiance am Titlis; wohl kein Zufall, dass eine Stelle «Hinterstoisser-Quergang» heisst. Der Titlis

war der Lieblingsberg von Bergführer Michi Pistor. Ende Februar 2001 stürzte er beim Tiefschneefahren in einen Bachlauf und wurde vom Schnee begraben, nur ein paar Sekunden Fahrt vom flachen Trübseeboden entfernt.

Gleich auf der Rückseite der Ostwand liegt die Nordwestwand, senkrecht über dem Galtibergkessel, schön zu sehen in der Abendsonne von der Ochsenmatte beim Kloster. Seit 1995 sind die beiden Luzerner Bergführer Bernd Rathmayr und Reto Ruhstaller daran, zwei extrem schwierige Freikletteranstiege zu eröffnen. Als «Psychohammer» bezeichnet Rathmayr die rechte, 300 Meter hohe Route: «Die Abstände zwischen den Bohrhaken sind so gross, dass du nicht stürzen solltest.» Möglicher Routenname: «Galtiberg Sheepranch», in Anlehnung an die adrenalinige Route «Wyoming Sheepranch» am El Cap. Ob die Schafe auf Galtiberg den beiden Freeclimbern jeweils zuschauen und ein bisschen den Kopf schütteln? Die zweite, 600 Meter hohe Route hat schon einen Namen erhalten: «Il trueno des avalanches». Der Grund ist einfach: Im Frühsommer, wenn zuoberst im flacheren Teil der Nordwestwand noch Schnee liegt, donnern zuweilen Lawinen über die Kletterer hinweg, die sich im senkrechten bis überhängenden Kalk fortbewegen. Fels und Firn im Wechselspiel.

8. Seillänge: neue Methode · 1995

Titlis: der Berg für Alpinisten (einst), für Bergwanderer (heute im Spätsommer und Herbst, wenn der Aufstieg vom Klein Titlis in Wegspuren über den schneefreien Westgrat erfolgen kann), für Skitourenfahrer (seit 100 Jahren), für Felskletterer (seit 1913), für Eiskletterer (seit einigen Jahren am Nordfuss). Fehlen eigentlich nur zwei klassische Bergsport-Disziplinen: Höhenbergsteigen und Klettersteiggehen. Fürs Erste bräuchte der Titlis ein paar Meter mehr, selbst wenn er der höchste Berg im ganzen Schweizerland wäre. Bleiben die Klettersteige, jene mit Drahtseilen, Sprossen und Leitern gesicherten Wege durch steilfelsiges Gelände. Via ferrata nennen die Italiener solch eiserne Anstiege. Der erste echte Klettersteig der Schweiz wurde 1993 im Titlis-Gebirge eröffnet, in der Gadmerflue beim Tällistock. Zwei Jahre später erstellte man den Weg durch die 500 Meter hohe Titlis-Südwand. Eine hochalpine Via ferrata, deren Begehungssaison sehr kurz ist, wie der Engelberger Bergführer und Klettersteigspezialist Aebin Amstutz einräumt: «Bis die Wand ausgeapert ist, beginnen schon fast wieder die herbstlichen Schneefälle.» Schnee und Firn in der Südwand machen zudem den Verankerungen zu schaffen. Im Sommer 2001 werden kürzere Verankerungen eingebohrt und eine geschütztere Routenführung festgelegt. «So ist der Klettersteig weniger dem Schneedruck ausgesetzt.» Wenn er wieder begehbar ist, rüstet man sich mit dem nötigen Material aus und geht zum Beginn des durchlaufenden Drahtseils – im Sattel zwischen Klein und Gross Titlis. Denn das ist das Besondere an diesem Eisenweg: Er beginnt oben und endet unten, auf der unbekannten Rückseite des Titlis. Am Wandfuss klinkt man sich aus der eisernen touristischen Rettungsleine und steht auf dem

Wendengletscher. Und weil sich da und dort Spalten zeigen, nehmen wir das Seil aus dem Rucksack, seilen uns an – und steigen in die nächste Seillänge ein. Zum Beispiel in den Südsporn oder die Südwestwand des Klein Titlis. Beide sind noch nie begangen worden. Viel Glück!

Daniel Anker (Jahrgang 1954), Journalist, Buchautor und Herausgeber alpiner Kriminalromane. Auf dem Titlis stand er ein paar Mal, jeweils im Frühsommer mit Ski, aber ohne Seil. Das brauchte er hingegen für das Rotstöckli. Er lebt nicht weit weg vom Studerstein in Bern; von dort ist der Titlis sichtbar.

Schnee und Eisen: Der 1995 erstellte Klettersteig in der Titlis-Südwand ist nicht immer begehbar – das Material, das auf der Nordseite auf den Pisten und in der Halfpipe durchaus erwünscht ist, beeinträchtigt diese touristische Anlage nachhaltig.

Der Topografen-Berg:
Vom Triangulationssignal zum GPS-Fixpunkt

Die Triangulationssignale auf den schweizerischen Berghöhen sind Fixpunkte in der Landschaft und im Gedächtnis der Besucher. Allerdings: Mit dem Übergang zur satellitengestützten Vermessung haben sie ihre ursprüngliche Bedeutung verloren. Sie weisen heute mehr auf vergangene Zeiten hin, in denen Topografen das Vermessene wagten, das Hochgebirge auszumessen. Thomas Klöti hat den Titlis und seine Signale im Visier.

Schon in jungen Jahren erwanderte sich Joachim Eugen Müller (1752–1833) aus Engelberg die Gebirgswelt der Schweizer Alpen und lernte während seiner Arbeit als Zimmermann mit Holz und Gips umzugehen, zu modellieren und Abgüsse herzustellen. Wahrscheinlich gehörte Müller bereits zu den neun Gefährten, die an der zweiten Besteigung des Titlis von Maurus Eugen Feierabend, Pater Hieronymus Doppler und Bruder Konrad Stocker vom 14. September 1786 teilnahmen. Mit dieser Besteigung war der Zauberbann endgültig gebrochen, der bisher den geheimnisvollen Titlis umgeben hatte. Der englische Reiseschriftsteller William Coxe bemerkte zu dieser Besteigung: «Es ist schade, dass diese Unternehmung nur der Neugierde diente und dass der ausgezeichnete Arzt weder ein Thermometer noch ein Barometer mit sich führte.» Mit derartigen Instrumenten hätte nämlich eine erste genauere Höhen-

bestimmung des Titlis durchgeführt werden können.
In den Jahren 1785/86 begegnete Müller zum ersten Mal dem Luzerner Generalleutnant Franz Ludwig Pfyffer (1716–1802), der auf der Grundlage von Messungen und Zeichnungen die Zentralschweiz in einem Relief darzustellen suchte. Vermutlich lockte Pfyffer die Nachricht von der gelungenen Titlisbesteigung nach Engelberg, wo er Müller als Führer engagierte. Pfyffer soll viermal auf dem Titlis gewesen sein, wohl immer in Begleitung Müllers. Der Engelberger Historiker Georg Dufner stellt die Frage: «Hatte sich Müller vorher schon an Reliefdarstellungen versucht, oder wies ihn Pfyffer auf diese Bahn?» Und die Kartenforscherin und Alpinbibliothekarin Viola Imhof schreibt, Müller müsse «über eine unge-

Vermessungskünstler: Joachim Eugen Müller mit der zweiten Ehefrau Katharina Amstutz und Sohn Josef; vor ihm ein Alpenrelief, im Hintergrund das Kloster Engelberg. Zeichnung von Ludwig Vogel, 1824, 22 x 27 cm (oben). Müllers Arbeiten im Gelände und am Tisch standen am Anfang einer Entwicklung, die den heutigen Weltruf der Schweiz punkto genauer Landesvermessung begründen half. Noch heute sichtbarer Ausdruck davon sind, wie hier auf dem Brienzer Rothorn, die Triangulationssignale; in der Falllinie der Spitze sehen wir die Kuppe des Titlis (linke Seite).

Vermessungskunst: «Luft-
bild» des Engelberger-
Reliefs von Joachim Eugen
Müller aus dem Jahre 1811
im Massstab 1:20 000 und
dem Ausmass von 85 x 98
cm. Müller hat das Relief
dem Kloster geschenkt. Der
Titlis ist oben in der Mitte
erkennbar. Keiner hat zuvor
seine Form und Lage, die
der andern Berge und überhaupt der Landschaft so
gut erfasst wie Müller. Und
das zu einer Zeit, als man
noch keine Luftbilder
machen konnte.

wöhnliche Begabung für das Erfassen geo-
grafisch-räumlicher wie im besonderen
auch geometrischer Zusammenhänge
verfügt haben».

1787: Sternstunde
der Schweizer Kartografie

Joachim Eugen Müllers Leben änderte sich
im Jahre 1787 vollständig. Seine Berufung
fand er bei einer Begegnung, die auf dem
Titlis stattfand: Der Aarauer Seidenfabrikant Johann Rudolf Meyer (1739–1813),
der auf eigene Kosten ein grossmassstäbi-
ges Relief der Schweizer Alpen herstellen
liess, kam in Begleitung des Strassburger
Kartografen Johann Heinrich Weiss
(1758–1826) nach Engelberg. Meyer heuer-

te Müller als Bergführer und Träger auf
den Titlis an und erkannte dabei dessen
ungewöhnliche Kenntnisse der schweizerischen Gebirge. Der Aargauer Unternehmer
setzte alles daran, Müller neben Weiss als
Mitarbeiter zu gewinnen – mit Erfolg. Im
März 1788 traf Müller in Aarau ein und
brachte auch gleich ein Reliefmodell der
Talschaft von Engelberg mit. In den beiden
folgenden Sommern schickte ihn Meyer
zur Ausbildung nach Bern, wo Müller bei
Johann Georg Tralles (1763–1822), Physiker und Vermessungsingenieur an der Berner Hochschule, als Messgehilfe arbeitete
und Basismessungen bei Thun und Aarau
sowie Winkelmessungen im Mittelland und
namentlich im Grimselgebiet ausführte.
Die Methode, mit der Müller das Gelände
aufnahm, beschreibt man am besten als
grafische Triangulation, wobei er im Gelände auch kleine Gipsmodelle anfertigte.
Während der Wintermonate modellierte er
dann aufgrund seiner Aufzeichnungen in
Aarau ein grosses Relief. Dieses Meister-
werk im Massstab 1:60 000 diente Johann
Heinrich Weiss als Stechervorlage für die
gebirgigen Teile des «Atlas Suisse», eines
sechzehnblättrigen Kartenwerks der
Schweiz im Massstab 1:120 000, das zwischen 1796 und 1802 erschien und als
Meilenstein der Kartografie gilt. Bis zur
Herausgabe der Dufourkarte in der Mitte
des 19. Jahrhunderts blieb der «Atlas
Suisse» unübertroffen!
Nach Beendigung der Arbeiten für Meyer
kehrte Müller 1797 nach Engelberg zurück,
wo er sich weiterhin mit der Anfertigung
topografischer Reliefs befasste. Einige davon wurden in Engelberg und an anderen
Orten ausgestellt, wo sie für ein Eintritts-
geld besichtigt werden konnten. Viele
Reliefs verkaufte Müller im In- und Ausland; sie zeugen noch heute von den hervorragenden Fähigkeiten des Engelberger

Bürgers und Topografen, dem erstmals eine einigermassen naturgetreue Darstellung der Schweizer Alpen gelungen ist.

1835: Ein Holzsignal für die Eidgenossenschaft

Die topografischen Aufnahmen am Ende des 18. Jahrhunderts waren noch auf private Initiative hin erfolgt. Die folgenden Vermessungen des Titlis hingegen begannen mit dem 1832 erfolgten Beschluss zur Erstellung des ersten offiziellen Schweizer Kartenwerks, der nach ihrem Herausgeber Guillaume-Henri Dufour benannten topografischen Karten im Massstab 1:100 000. Aus den Akten des Geodäsiearchivs des Bundesamts für Landestopographie in Wabern bei Bern lässt sich ersehen, wann und wie der Titlis in die Vermessungs- und Revisionsarbeiten einbezogen wurde. Schon für die «Triangulation primordiale», also die Bestimmung eines Netzes von Referenzpunkten über die ganze Schweiz für die späteren Detailvermessungen, spielt der Titlis eine wichtige Rolle. In diesem Zusammenhang wurde in den Jahren 1835 und 1837 auf dem nordwestlichen Vorgipfel des Titlis ein hölzernes Triangulationssignal für die Winkelmessungen aufgestellt. Dabei bestimmte man auch den Ostgipfel, den höchsten Punkt des Bergs. Im Jahre

Vermessungsprodukte:
Drei Karten mit dem Titlis im Mittelpunkt. Atlas Suisse, auch «Meyer-Weiss-Atlas» genannt, ca. 1:120 000, Blatt 7, 1796, sowie Blatt 11, 1800; ausgerechnet der Gipfel des Titlis wird aber nicht bezeichnet (oben). Dufourkarte, 1:100 000, Blatt 13, 1864 (Mitte). Landeskarte der Schweiz, 1:100 000, Blatt 37, 1993 (unten).

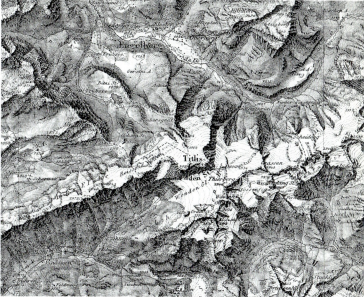

Vermessungsarbeit: Die Vermessung hoher Alpengipfel wie des Titlis war vor dem Helikopter-Zeitalter eine mühsame Arbeit. Zuerst mussten das Signal und der zylindrische Beobachtungspfeiler erstellt und dann wegen der Witterungsschäden immer wieder verbessert werden; eine Trägerkolonne schleppte 1923 Zement, Sand und anderes Material auf den Gipfel (rechts Mitte und unten). Und schliesslich war die eigentliche Vermessungsarbeit mit dem Theodolit ein langwieriges Unterfangen; stunden- und tagelang musste auf günstige Bedingungen gewartet werden, damit die Winkel über lange Distanzen gemessen werden konnten (oben). Doch das Werk der Vermesser ist auch als Fotosujet multifunktional: Alpinistinnen und Alpinisten gruppier(t)en sich gerne ums Signal auf dem Titlis; umso schöner, wenn die Foto noch für einen Abreisskalender verwendet wurde wie hier im Jahre 1917 (links unten).

1857 folgten dann Vermessungsarbeiten im Rahmen der kantonalen Triangulation. Die Höhe des Titlis stand nun fest, und die topografischen Aufnahmen für die Dufourkarte waren abgeschlossen – nicht aber die Vermessungsarbeiten: Mit dem Anschluss an das Vermessungsnetz des benachbarten Auslandes sollte die Schweizer Geodäsie auf eine neue Grundlage gestellt werden.

1863: Maurerarbeiten für Mitteleuropa

Die 1861 gegründete Schweizerische Geodätische Kommission führte zwischen 1862 und 1891 im Rahmen der mitteleuropäischen Gradmessung eine neue Triangulation erster Ordnung mit neuen Basismessungen durch und erstellte von 1864 bis 1891 das erste Präzisionsnivellement der Schweiz. Im Rahmen dieser Arbeiten wurde der Titlis am 16. Juli 1863 von Engelberg aus bestiegen. Zusammen mit dem eidgenössischen Geniehauptmann Andreas Kündig machten sich 17 weitere Personen auf den Weg, darunter zwei Führer, vier Träger und zwei italienische Maurer. Diesmal wurde der Hauptgipfel als Signalpunkt gewählt. Der frühere Messpunkt der eidgenössischen Triangulation lag hingegen auf dem eisbedeckten Vorgipfel, was eine allmähliche Verschiebung des hölzernen Signals zur Folge hatte. Dem neu als Signal am Rande der gegen Süden abfallenden Kalkfelsen auf eis- und schneefreiem Boden aufgerichteten Steinmann sollte dies nicht widerfahren: Er war «trocken, aus Stein gemauert, 9–12 Fuss hoch, unten bis 7 Fuss, oben noch ca. 2 Fuss im Durchmesser, also von konischer Form» (Kündig). In den folgenden Jahren bestiegen dann Vermessungsingenieure wie Henri L'Hardy, Wilhelm Jacky-Tayler, Otto Gelpke und Ludwig Pfändler den Gipfel des Titlis, um Beobachtungen für die Gradmessung durchzuführen. Ihre Arbeiten wurden aber durch

ungünstige äussere Bedingungen behindert. So konnte Dufours Schwiegersohn L'Hardy zwar am 27. und 28. August 1865 die gegen Norden und Osten liegenden Punkte einschneiden, doch war es ihm nicht möglich, das Signal auf dem Hangendgletscherhorn oberhalb von Innertkirchen zu entdecken, weil dort, wo früher Firn und Schnee gelegen hätten, in den warmen Sommern der Felsen freigelegt worden sei. Um das Signal erkennen zu können, sei ein weisser Farbanstrich erforderlich.

L'Hardy, Jacky und Gelpke versuchten im folgenden Sommer mehrmals ohne Erfolg, ihre besondere Tätigkeit auf dem Titlis zu vollenden. «Nicht die Grossartigkeit der Gebirgswelt galt es zu geniessen, eine interessante Gletscherpartie als Abwechslung in's alltägliche Leben einzureihen, einen neuen Gipfel dem alphabetisch geordneten Register schon erstiegener beizufügen», erklärte Gelpke im Artikel «Ein Sommer im Hochgebirge bei Anlass der Beobachtungen für die europäische Gradmessung» anschaulich die buchstäblich andere Sicht der Vermessungsingenieure. «Wir hatten nach der Arbeit des Aufsteigens die wirkliche Arbeit erst zu beginnen, keine Minute durfte hiefür versäumt werden. Stundenlang, von Früh 7 Uhr bis Abends 4 Uhr mussten wir, stehend auf dem Signale, dem eisigen Winde voll preisgegeben, ohne Murren ausharren, um nur jeden günstigen Moment zu einer Visur erhaschen.» Und dann zählte Gelpke die Bedingungen auf: «Der Gipfel, auf dem stationirt wurde, musste natürlich frei sein von Nebeln, die fernen Spitzen am Horizonte zur gleichen Zeit ihren Nebelflor abwerfen, die Atmosphäre selbst einen grossen Grad der Reinheit und Durchsichtigkeit besitzen, um tiefer gelegene Punkte von so kleinen Dimensionen wie Signale, bei Entfernungen von 30–80 000 m über-

DÉCEMBRE ✠ DEZEMBER

21 ☽ 28

27

Jeudi & Donnerstag

Sommet du Titlis
Titlisgipfel

Vermessungssignal: Seit dem 19. August 1889 markiert ein eisernes Triangulationssignal den Gipfel des Titlis – Erkennungszeichen für unzählige Besucher und Betrachter. Die Ansichtskarte malte Zemo Diener vor 1908; damals wurde der zylindrische Betonpfeiler unter der Metallpyramide erstellt, in den zuoberst der Vermessungsbolzen eingelassen war.

haupt noch zu erkennen, der Wind, der in diesen Höhen nur selten schweigt, musste verstummen; in seinem scharfen Hauche erstarren sonst bald die Glieder und erstirbt das feinere, für Ausführung von Beobachtungen so nöthige Gefühl.» Der Titlis nur als Arbeitsplatz. Erst am 31. Juli und 1. August 1867 gelang es Gelpke, die erforderlichen Winkel zu messen. Als Zeugen für die Gradmessung dienten der Steinmann sowie zwei in den Stein gehauene Kreuze zur millimetergenauen Vermessung vor Ort – und zur Sicherheit, wenn der Steinmann beschädigt werden sollte. Diesen aber brauchten die Vermesser, wenn sie von anderen Punkten aus den Titlis anvisierten. Die Arbeiten am Titlis wurden schliesslich durch Ingenieur Pfändler während der Messkampagne von 1875 zu einem guten Ende gebracht – vorläufig wenigstens.

1889: Drei Arbeitstage für das Triangulationssignal

Innerhalb der hierarchisch in drei Stufen aufgebauten Landesvermessung gehörte der Titlis zum so genannten Triangulationsnetz 1. Ordnung, das aus 70 Fixpunkten bestand, die in einem Abstand von 30 bis 50 Kilometern über die ganze Schweiz verteilt waren. Als Ingenieur Robert Rudolf Reber den Berg am 17. August 1889 erstieg, um die Errichtung eines neuen Signals vorzubereiten, fand er den alten Steinmann zerstört vor. Nach langem Suchen entdeckte er noch einen untersten Steinring im Schnee und endlich auch die beiden Versicherungskreuze. Die kontrollierten Masse stimmten, und so konnte ein Zentrum für das neue Signal festgelegt werden – diesem, einer dreiseitigen eisernen Pyramide, fehlte an der Stelle des bisherigen der Platz. Ingenieur Reber liess einen viereckigen Eisendorn von 36 Zentimetern Länge und 2,5 Zentimetern Kantenlänge in den Felsgrund einbohren. Das Signal selbst, das 360 Kilogramm wog – die drei Streben allein je 48 Kilogramm –, wurde von der Werkstätte Chappuis, Wolf & Cie. in Nidau fabriziert und zum Preis von 200 Franken nach Stansstad befördert. Für den Weitertransport und die Errichtung auf dem Titlis – «ein tüchtiges Stück Arbeit» – erhielten die Träger je 7.50 Franken und 3 Liter Wein. Die Gesamtkosten für diesen zweiten Teil des Transports beliefen sich auf 197.10 Franken. Am 19. August 1889 richtete man das Signal bei «schaurigem Föhn und Nebelsturm» auf. Sämtliche Streben wurden einen Meter hoch solide einzementiert, die Füsse 80 Zentimeter tief in den Fels eingebohrt und mit quer-

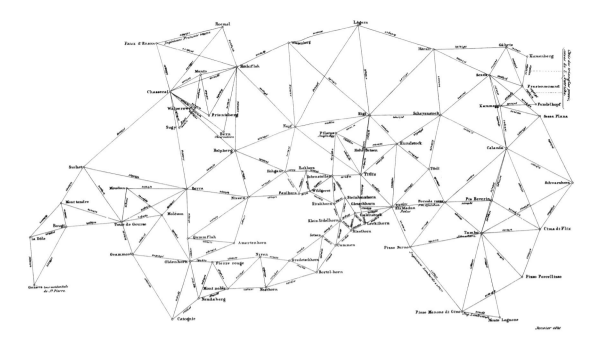

stehenden, festen Eisennägeln verankert. Doch trotz dieser Vorkehrungen vermochte das Signal im Laufe der Jahre den Naturgewalten nicht ohne Schaden zu trotzen. Am 4. Juli 1908 berichtete Ingenieur Karl Leutenegger anlässlich einer Rekognoszierung, dass die Pyramide auf dem Titlis verrostet sei und durch einen Blitz vor sechs Jahren stark gelitten habe. Eine Strebe sei um 20 Zentimeter eingeknickt und der Beton des Strebenfundaments weggewittert. Das Signal wurde notdürftig repariert, die

Streben erhielten einen neuen Betonmantel. Das eigentliche Vermessungszentrum am Boden, der Eisendorn nämlich, war noch intakt. Um zukünftige Vermessungen leichter durchzuführen, baute man darüber aus Stampfbeton einen zylindrischen Beobachtungspfeiler auf, in den oben der neue Vermessungsbolzen eingelassen wurde. Anlässlich der Beobachtungen für die Neutriangulation 2. Ordnung der Zentralschweiz fand Ingenieur Emil Hunziker am 8. August 1911 Pyramide sowie Pfeiler in-

Vermessungslinien: Das über die Schweiz verteilte Dreiecksnetz der «Triangulation primordiale» zeigt, dass der Titlis schon früh ein wichtiger Punkt mit vielen Visuren war. Dieses Netz, rund ein Jahrzehnt vor 1848 gemessen, stellt als vermessungstechnische Basis den Beitrag Dufours und seiner Mitarbeiter zum werdenden Bundesstaat dar (oben). Die genauste Vermessung wird verfälscht, wenn der Messpunkt nicht ganz präzis bezüglich Distanz und Winkel festgelegt ist; beim Bau des eisernen Signals 1889 musste ein neues Zentrum berechnet werden (unten). Vom Titlis ist der Horizont schier grenzenlos; in einer klaren Winternacht ist sogar der Widerschein der Grossstadtlichter in der italienischen Po-Ebene sichtbar (folgende Doppelseite).

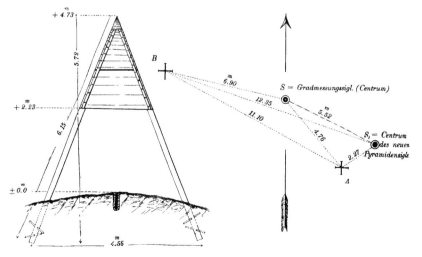

takt vor. Doch Sturm und Frost nagten ununterbrochen an den Vermessungsinstallationen. In den 1960er-Jahren meldete der Berichterstatter nach Bern: «Um die sich wiederholenden und kostspieligen Reparaturen einzusparen, wäre ein eventueller Abbruch des Beobachtungspfeilers, analog wie auf Rigi und Hörnli, in Erwägung zu ziehen.» Gesagt – getan: Am 10. September 1969 wurde der zylindrische Betonpfeiler bis 7 cm über dem Boden abgebrochen; als Messpunkt zementierte man einen Hochbolzen in diesen Sockel ein. Die Pyramide selbst wurde neu gestrichen. Und so steht das Triangulationssignal noch immer oben auf dem Titlis (3238.3 m). Gefahr drohte ihm inzwischen von ganz anderer Seite.

1994: Schrecksekunde für die Titlisvermessung

Mitte der 1980er-Jahre stellte das Bundesamt für Landestopographie seine Vermessungen von der herkömmlichen Triangulation auf satellitengestützte Methoden um: Mit Hilfe des Global Positioning System (GPS) wurde die Schweiz bis 1995 neu vermessen (LV 95) – die Pyramiden auf den Berghöhen hatten damit für die Landesvermessung ausgedient. (Da allerdings die amt-

Vermessungspunkt: Bei Nebel zeigen Signal und Panoramatafel den (Ski-)-Bergsteigern, dass sie den höchsten Punkt erreicht haben (oben). Bei guter Sicht konnten die Vermesser den Theodolit auf den Beobachtungspfeiler stellen; 1969 wurde dieser abgebrochen, weil Frost und Sturm ständig daran genagt hatten (unten).

liche Vermessung – früher als «Grundbuchvermessung» bezeichnet – weiterhin Anzielpunkte für Triangulations- und Polygonmessungen benötigt, dürften die Signale während einer gewissen Übergangszeit ihre ursprüngliche Funktion noch nicht ganz verlieren.)

Auch für die neue Landesvermessung behielt der Titlis vorerst seine Schlüsselrolle. Im Jahr 1991 wurde der neue, bei der Bergstation der Luftseilbahn im Fels angelegte Hauptpunkt der LV 95 eingemessen und in das neue Fixpunktnetz integriert. Bald darauf setzte allerdings ein unglückliches Ereignis der über 150-jährigen Tradition ein abruptes Ende: Im Zusammenhang mit der Erweiterung der Bergstation wurde der Fels mit dem GPS-Fixpunkt, dessen Bedeutung den Bauverantwortlichen offenbar nicht bekannt war, weggesprengt. Seit 1994 besteht zwar ein Ersatzpunkt – doch dieser befindet sich nicht mehr auf dem Titlis, sondern auf der nördlich über dem Tal von Engelberg gelegenen Fürenalp (1840.3 m). Der neue Messpunkt ist gegenüber dem Horizont offen für den Empfang der Satellitensignale, liegt

auf solidem Untergrund und erleichtert den Vermessungsingenieuren erst noch die Arbeit. Es besteht ohnehin die Tendenz, neue Punkte nicht mehr auf Berggipfeln anzulegen.

2001: Eisernes Zeichen der Vermessungskunst

Das Triangulationssignal auf dem Titlis sollte eigentlich abgebrochen werden, denn das Bundesamt für Landestopographie will künftig nur noch etwa 20 Pyramiden an touristisch interessanten und auch leicht zugänglichen Orten behalten und mit Informationstafeln versehen – und zu jenen zählt der Titlis nicht. Der zuständige Nachführungsgeometer für den Kanton Obwalden hat sich jedoch für die weitere Existenz des Signals eingesetzt; nun muss der Kanton für den Unterhalt sorgen.

Damit wird die Pyramide auf dem Titlis auch im 21. Jahrhundert ein Zeichen setzen: ein Zeichen für die Höchstleistungen der Vermessungsingenieure des 19. und 20. Jahrhunderts. Und so darf sie heute durchaus als Denkmal, als Kulturgut von nationaler Bedeutung verstanden werden.

Thomas Klöti (Jahrgang 1952) ist Geograf und Mitredaktor der Fachzeitschrift «Cartographica Helvetica». Er betreut in der Stadt- und Universitätsbibliothek Bern die Kartensammlung Ryhiner und leitet im Bundesamt für Landestopographie in Wabern ein Projekt zur Erschliessung der Kartensammlung. Mit der Ausstellung «Der Weltensammler» im Schweizerischen Alpinen Museum vermittelte er 1998 «eine aktuelle Sicht auf die 16 000 Landkarten des Johann Friedrich von Ryhiner (1732–1803)». In seinen Publikationen befasst sich der in der Stadt Bern lebende Autor vorwiegend mit kartengeschichtlichen sowie sozial- und wirtschaftsgeschichtlichen Themen. Dazu gehört zum Beispiel der Beitrag «Und extra will ich ein schönes Postbüreau!» im Buch «Meine Vielgeliebten» (Chronos Verlag, 1999).

Vermessungszeuge: Das Signal steht immer noch auf dem 3238.3 Meter über Meer gelegenen Gipfel, wird aber für die eidgenössische Vermessung nicht mehr gebraucht. Und nachdem 1994 bei Bauarbeiten der drei Jahre zuvor installierte GPS-Fixpunkt bei der Bergstation der Luftseilbahn versehentlich weggesprengt wurde, hat der Titlis seine frühere Schlüsselrolle in der Landesvermessung verloren.

Der Künstler-Berg:
Aus der Ferne, aus der Nähe

Das Kloster Engelberg und die Titlis-kuppen sind Zeichen und Bestandteile einer langen gemeinsamen Kultur- und Kunsttradition im Hochtal Engelberg. Markus Britschgi zeigt, wie und warum sich Blick und Darstellungsweise immer wieder verändert haben.

Im Jahre 1574 schrieb Josias Simler (1530–1576), der erste Enzyklopädist der Alpen: «Völkerschaften [belegten] die ihnen zunächst liegenden Gebirgskämme mit Bezeichnungen aus ihrem Sprachschatz; die einzelnen aufzuzählen, dürfte zweifellos eine schwierige und überflüssige Arbeit sein.» «Engelberg» heisst heute das Dorf und war einst der Name des Hahnen. «Nollen» wurde der «höchste Berg im Schweizerland» bis ins frühe 19. Jahrhundert genannt. Danach verdrängte die Kurzform «Titlisgebirg» die ältere Bezeichnung für dessen höchste Erhebung. Felix Mendelssohn-Bartholdy (1809–1847) erwähnte den Berg 1831 als «den runden mit Schnee belasteten Titlis, der den Fuss in den Wiesen hat». Heute steht «Titlis» weit über der Bezeichnung des Berges, gilt als Begriff und Bild für einen geografischen Raum. Die Titliskuppen wurden zum Zeichen einer ganzen Talschaft.

Die Eiswüsten der Berge blieben lange «terra ignota», unbekanntes Land; kein Thema für Reisende und Wissenschaften. Beschreibungen der Wege, der alpenquerenden Routen und frühe Karten dienten dazu, das «schreckliche Gebirge» möglichst direkt und unbeschadet zu überwinden. Die Berge, soweit sie dargestellt wurden, sind uniforme Haufen, Zuckerstöcke, aufgereiht entlang der Täler. Das Engelbergertal erscheint erstmals in der «Tabula nova Heremi Helvetiorum» (Neue Karte der Schweizer Einöd, 1495/97) von Konrad Türst. Auch die Ägidius-Tschudi-Karte von 1538 zeigt die Berge in den Zentralalpen, den «summus alpae», in ihrer Mehrzahl als Haufenberge ohne Namen. 1578 benannte, beschrieb und zeichnete der Berner Stadtarzt Thomas Schöpf ein gutes Dutzend Berge im Oberland. Der «Topographia Helvetiae, Rhaetiae et Valesiae; das ist Beschreibung und Eigentliche Abbildung der vornembsten Stätte und Plätz in der hochlöblichen Eydgnoszschafft, Grawbündten, Walisz, und ettlicher zugewanten Orten» (1642) von Matthaeus Merian sind zwei Kupfertafeln aus Unterwalden beige-

Doris Studer: Der Blick aus dem Atelier auf den Titlis. Und während sie von Marco Volken fotografiert wird, skizziert sie den Berg; 2001, Filzstift auf Papier, 30 x 42 cm (rechte Seite).

Johann Jakob Scheuchzer: «Reisender begegnet einem Lindwurm». Radierung in seinem Werk «Ouresiphoites Helveticus; sive, Itinera per Helvetia alpinas regiones», 1723 (oben).
Franz Schmied: La Vallée d'Engelberg & le mont Titlis depuis Storegg, Aquatinta alt koloriert. 13,5 x 20 cm (rechte Seite oben).
Johann Jakob Sperli: «Horben, im Engelberger-Thal, Canton Unterwalden», Aquatinta alt koloriert, 7 x 10,5 cm (rechte Seite unten).

geben: eine Vogelschaukarte von Stans in Richtung Brünig sowie eine Darstellung des alten Klosters Engelberg. Im Text verweist Merian darauf, Engelberg liege «2 Meilen Wegs» von Beckenried.

Nebel drinnen und draussen

Beginnend im späten 17. und zunehmend durch das ganze 18. Jahrhundert hindurch besuchten Historiker und Naturforscher das Kloster, Wahrzeichen für das Engelbergertal. Sie näherten sich den weissen Bergen, hielten aber ehrfürchtig Distanz. Sie beobachteten die Natur, sammelten Steine und Pflanzen, beschrieben Phänomene, ordneten, systematisierten. Nach einem Besuch des Klosters Engelberg und seiner Altertümer zogen sie meist über das Joch nach Engstlenalp und weiter in Richtung Berner Oberland. Zwangsweise rückte der Titlis damit in den Blick der Reisenden, wenn er nicht im Nebel verborgen war. Immer wieder beschwor man den Nebel als Metapher dafür, dass die Natur nicht entdeckt sein wolle. Es war Josias Simler, der diesen Topos aus der antiken Literatur entlehnt und den Mythos einer von Nebeln umhan-

genen Bergwelt in die moderne Reiseliteratur eingebracht hatte. Was man nicht sehen kann, ist nicht zu beschreiben und kann bildlich auch nicht zur Darstellung gelangen. Es sei denn unter speziellen Aspekten, etwa als Karte der Grenzverläufe des Klosters und seiner Nachbarn. (Mehr dazu im Kapitel: Der Grenz-Berg). Der vielleicht bedeutendste Alpenforscher des 17. und frühen 18. Jahrhunderts, der Zürcher Johann Jakob Scheuchzer (1672–1733), kam über den Surenenpass ins Engelbergertal. Auch er botanisierte und erweiterte seine steinkundliche Sammlung. 1701 publizierte er die Reiseroute Nr. 1 – über den Surenenpass nach Engelberg – in seinen «Schweizerischen Bergreisen». Gegen den Titlis und seinen Gletscher wagte er sich nicht. Denn wieder verhinderte der Nebel das Vorhaben! Sein wissenschaftliches Interesse richtete sich auf vieles, auch auf schreckliche Drachen oder den Gletscherspiritus. Diesen beschreibt Pfarrer Hans Rudolf Rebman (1566–1605) aus Muri bei Bern in einem Buch, das er als Gespräch zwischen dem Niesen und dem Stockhorn abfasste:

«Der Gletscher reinigt sich von
Stein und Sand; […]
Auch zu Arznei das Volk ihn b'halt
Heiss Fieber, und vom roten Schaden
Kann er damit sich wohl entladen …

Noch floss das Wasser unbeachtet, sprudelte aus sieben Quellen im Tal, strömte für viele weitere Jahre ungefasst aus den Gletschertoren hoch oben am Titlis. Noch stand der Nutzung der Ressource Natur die Furcht vor dem Gebirge im Wege. Der Luzerner Stadtarzt Moritz Kappeler (1685–1769) untersuchte erstmals und systematisch Quellen, suchte die Heilkraft der kalten Wasser zu klären.

Joseph Reinhard: «Costumes
d'Engelberg, dans le Canton
d'Unterwalden», 1802,
Umrissstich koloriert, nach
den 132 Porträts der Personen in Nationaltracht
(1789–97), 22 x 16,5 cm.

bei. Hell strahlend wurde die Kunde
von der Freiheit in den Alpentälern durch
die Kunst in ganz Europa verbreitet.

… und auf die Alpen

Ein Porträt dieser freien, demokratischen
Bauern zeichnete der aus Horw bei Luzern
stammende Joseph Reinhard (1749–1824)
im Auftrag des Aarauer Industriellen und
späteren eidgenössischen Senators Johann
Rudolf Meyer (1739–1813). Seine 124
«Trachtenbilder» aus den Jahren 1787 bis
1797 sind Abbilder der ländlichen Schweizer Gesellschaft. Viele von ihnen veröffentlichte er in Stichfolgen, so auch die Darstellung eines Engelberger Trachtenpaars. Als
Kulisse dient hier nicht mehr das Kloster im
Talgrund, Reinhards Engelberger Trachten-
leute atmen frei: Bereits vor der formellen
Entlassung in die bürgerliche Freiheit durch
Abt Leodegar Salzmann im Jahr 1798, am
Vorabend der Schweizer Revolution, sind
sie vor den Hintergrund des Titlis gestellt.
Dieser Paradigmenwechsel fand auch
literarischen Nachhall: «Nun bin ich im
freien Helvetien, wo jeder Sterbliche sich
gleich fühlt und denkt […]. Mit Recht dürft
ihr die Bewohner der wenn gleich beeisten
Alpen beneiden», schrieb der Landschaftsmaler und Radierer Joseph Anton Koch
(1768–1839) im Jahr 1791 in sein Reise-
skizzenbuch.
Die Schweiz rief die Reisenden, lockte sie
durch eigene Berichte und Kunstexporte. Sie
war bereit für das grosse Geschäft mit
den bald anrückenden Touristen. Auch über
das Engelbergertal und seinen berühmtesten Berg, den Titlis, wurde bald emsig
geschrieben, wurden «Blätter der Erinnerung», Schilderungen von Gipfelbestei-
gungen und Kunstblätter mit Aussichten
vom Titlisberg produziert.
An der Wende zum 19. Jahrhundert, während der sozialen und politischen Umbrüche

Freie Sicht aufs Mittelland …

Um die Mitte des 18. Jahrhunderts drangen
Mutige vor ins ewige Eis. Engelberger
Klosterknechte stiegen 1744 erstmals auf
einen vergletscherten Alpendreitausender,
den Titlis. Der Weg war geöffnet, bald standen Topografen, Geometer und Zeichner
auf dem Titlisgipfel. Alle waren sie fasziniert vom doppelten Blick: Richtung Mittelland ein fast unendlich weiter Ausblick,
im Rücken die kaum zählbaren Alpengipfel.
Diese Rundsicht wollte gezeichnet sein –
im Panorama. Die Naturwissenschaft stand
ihm Pate. Als sich der wissenschaftliche
Blick auf die Berge etablierte, trugen Poli-
tik, Literatur und Kunst ihren Teil zur Mor-
genröte einer frühen Alpenbegeisterung

in der alten Eidgenossenschaft (1798/1803), erschien der Schweizer-Atlas von Johann Rudolf Meyer, der auf den Vermessungen von Joachim Eugen Müller (1752–1833) aus Engelberg beruhte. Meyer regte das Unternehmen an und finanzierte es, so wie er zuvor die Serie der Trachtenbilder von Reinhard finanziert hatte. Für den Schweizer-Atlas fertigte Müller im bis anhin wenig erkundeten inneren Alpenraum Hunderte von realistischen Umrisszeichnungen der Berge in topografischen Zusammenhängen (mehr dazu im Kapitel: Der Topografen-Berg). Die Zeit der Zuckerstockberge war damit beendet. Auf der Grundlage seiner Zeichnungen konnte Müller um 1800 perfekte 3D-Panoramen bauen.

Hautnah und doch am Rand

Der Titlis wurde nun, am Ende des 18. Jahrhunderts, oft begangen; einige Bilder aus dieser Zeit haben sich erhalten. Glet-

scherabbrüche und Eisspitzen betonen die Gefährlichkeit der Besteigung und den Wagemut der frühen Alpinisten.

In einer fein kolorierten Umrissradierung gibt Caspar Leontius Wyss (um 1762–1798) die Gletscher am Titlis wieder. Unmittelbar vor dem Eisstrom mit seinen Abbrüchen, in noch sicherer Distanz, beobachten drei Männer den Gletscher und die daraus entspringenden Wasser. Noch stehen die Berggänger auf sicherem Fels. So auch bei Caspar Wolf (1735–1783) in seinem Gemälde «Hochaufragende Felswände am Titlisgletscher», 1774/77 – mit dem bemerkenswerten Unterschied allerdings, dass sich hier zwei Forscher von der Gruppe abgesetzt und in die Schneefelder hinaufgewagt haben. Eine andere Darstellung des Aargauer Künstlers, der «Blick von der Kreuzegg in das Tal von Engelberg» von 1775, zeigt in einer frühen panoramatischen Sicht Hahnen und Titlis. Der gewähl-

Caspar Wolf: «Blick von der Kreuzegg in das Tal von Engelberg», 1775, Öl auf Leinwand, 54 x 82 cm.

Heinrich Zeller-Horner:
«Blöcke auf dem Titlisgletscher», 1833, Lithografie
koloriert, 11 x 16 cm
(rechts oben).
Joachim Eugen Müller:
Dorfansicht von Engelberg,
1810, aquarellierte Federzeichnung, 23,5 x 39,5 cm
(rechts unten).
Caspar Leontius Wyss: «Le
Glacier du Tuttlisberg près
d'Engelberg, Canton de
Schweitz», Umrissstich
aquarelliert, 15 x 22,5 cm
(rechte Seite oben).
Caspar Wolf: «Hochaufra-
gende Felswände am Titlisgletscher», um 1774/77, Öl
auf Leinwand, 26 x 39 cm
(rechte Seite unten).

te Standort ermöglichte es dem Maler, die
beiden bedeutendsten Berge des Tales in
einem einzigen Werk zu zeigen. Er geht auf
Distanz. Im Vordergrund, auf einer erleuch-
teten Felspartie, bläst ein Landmann
den Büchel. Dieser ist nicht bloss Staffage,
sondern zeugt auch von Wolfs Respekt
vor dem Landmann und dem Gebirge.
Der neue Blick auf die Berge setzte sich
aber noch nicht überall durch: In der
populären Druckgrafik behaupteten sich
bis weit ins 19. Jahrhundert hinein oft
stereotyp wiederholte Darstellungen des

Klosters Engelberg mit der vorgelagerten
kleinen Dorfsiedlung und dekorativ in
die Tiefe des Raumes gestreuten «ärmli-
chen Hütten» – so in den «15 Ansichten»
von 1817, in Kupfer gezeichnet von einem
Amateur (Carl Urban Keller), und bei
Gabriel Lory fils (1784–1846) in seinem
Engelberg-Blatt der Sammlung «Souvenir
de la Suisse» (1829); hier abgebildet
auf Seite 43. Der Titlis ist hier bestenfalls
schmückendes Beiwerk; er dient
der Dramaturgie und soll den Blick zum
Kloster im Talgrund hinführen.

Heinrich Keller: «Engelberg-
Panorama (vom Kirchbühl)»,
Farblithographie,
10,5 x 47,5 cm (oben).
Beischriften zu den Vignet-
ten: «Titlis vom Rigi aus
gesehen» (Mitte), «Titlis
von der Nider-Surenen-
Alp gesehen» (unten).

Der Berg rückt ins Zentrum

Aus den in grosser Zahl erhaltenen Stichen
und grafischen Blättern lässt sich aber
doch eine allmähliche Veränderung der
Sicht auf Kultur und Geschichte heraus-
lesen. Um den mächtigen Titlis vom Talboden aus zu erfassen, war der traditionelle
Blick von Osten gegen das Kloster nicht
geeignet, und der barocke Klosterbau
interessierte den Sammler kaum mehr.
Romantische Naturbegeisterung bestimmte
im frühen 19. Jahrhundert das Schaffen
der Zeichner, Aquarellisten, Maler und
Reisenden, wie dies die Ansicht von Johann

Jakob Sperli (1770–1841) belegt, eine
kolorierte Aquatinta, die den Blick von
Horbis Richtung Titlis wiedergibt. So entstanden nicht nur aus der Höhe, sondern
auch vom Talboden aus gezeichnete, gesto-
chene und aquarellierte Panoramen. Zur
neuen Bildgattung zählt auch die kleine
Ansicht des Engelbergertales und der
umliegenden Berge, die Franz Schmied
(1796–1851) auf der Arnialp aufgenommen
hatte. Neben dem als schwarze und kolorierte Fassung publizierten Aquatintablatt
sind quadrierte Vorzeichnungen seiner
Hand und weitere Studien erhalten
geblieben.

Immer wieder war der Titlisberg mit seiner
leuchtend weissen Kuppe auch aus dem
Mittelland zur Darstellung gebracht wor-
den, hatte er doch schon früh die Blicke der
Forscher magisch angezogen. Der Genfer
Jacques-Barthélémy Micheli du Crest
(1690–1766) setzte in seinem Panorama
(1754) von der Festung Aarburg aus den
Titlisberg 1803 Pariser Fuss hoch an. Von
Basel und aus dem Elsass soll er zu erkennen sein, sicher sieht man ihn durch die
Albislücke von Zürich aus. Der Zürcher
Karten- und Panoramamaler Heinrich Keller
(1778–1862) fügte zu seiner berühmten
Ansicht des Talbodens von Engelberg mit
dem Titlis im Zentrum in kleinem Rechteck
eine weitere Ansicht des Titlishaupts hinzu,
die er auf der Rigi skizziert hatte: Nähe
und Ferne rücken in einem modernen
Patchwork zusammen.

Darstellungen der Berge aus dem Hochtal Engelbergs gibt es bald zuhauf, besonders als Druckgrafik, während Gemälde berühmter Maler, zumal der bekanntesten schweizerischen Landschaftsmaler des 19. Jahrhunderts, weitgehend fehlen. Die Route über Engstlen und Joch nach Engelberg wurde als eine der klassischen Reiserouten ins Gebirge auch im «Baedeker Schweiz» von Auflage zu Auflage empfohlen. Und doch ist einzig von Albert Lugardon (1827–1909), der in der romantischen Tradition der Genfer Schule von François Diday und Alexandre Calame malte, ein romantisches Panorama mit Alpsee, Hirtin und zwei Kühen bekannt geworden – ein Bild des Engstlensees mit dem dahinter dramatisch in die Höhe ragenden, beeisten Titlis.

Reproduktionen für die Massen

Die Besteigung des Titlis galt schon im 19. Jahrhundert als vergleichsweise einfach – über einen «Salonfirn» sei er zu begehen, sagte Xaver Imfeld (1853–1909), der gestählte Ingenieur und Topograf. Ihm wurde der Titlis bald zu populär, der Gipfel zu gut erschlossen und zu laut. Das stete Kommen und Gehen der Karawanen irritierte ihn. Und doch profitierte er von der Begeisterung der Massen, bot er doch als moderner Nachfahre Joachim Eugen Müllers den Berggängern und Bewunderern Kleinstreliefs – in Eisen gegossene Miniaturen des Bergs – sowie sein berühmtes lithografiertes Panorama an. Imfeld empfahl den Reisenden, nicht zu früh am Morgen zu starten, um die Sicht in die Weiten des schweizerischen Mittellandes im hellsten Sonnenlichte zu geniessen. Romantisch und vom Licht her für eine Titlisersteigung geeignet waren aber auch die Vollmondnächte. Eine solche wählte der Landschaftsmaler und ehemalige Bäcker Johann Baptist Marzohl (1792–1863) für seine

Albert Lugardon: «Alpenseepanorama mit Hirtin und zwei Kühen», 1877, Öl auf Leinwand, 133 x 101 cm (oben).

Johann Baptist Marzohl (1792–1863): «Gegend bei Engelberg», Aquatinta, 15 x 18,5 cm (unten).

Adolphe Braun: «Sommet du Mont Titlis», 1866 (ganz oben); «Tente laboratoire installée au sommet du Mont Titlis», um 1864 (oben). Albumblatt von 1878: Fotos mit den beiden ersten Grand-Hotels von Engelberg («Titlis» und «Sonnenberg»), des Titlisgipfels und zweier Bergsteiger-Gruppen (rechte Seite oben). Anonyme Fotografie des Hochtals von Engelberg, um 1865 (rechte Seite unten).

Aquatinta: Das Bild zeigt den Titlis vom Vollmond hell erleuchtet in einer einzigartigen Nachtstimmung.

Seit der Mitte des 19. Jahrhunderts, kurz vor der ersten Blütezeit in Engelberg und parallel mit dem Bau der ersten Grand-Hotels, wurde der Titlisberg durch die Fotografie kommerzialisiert. Schnell und radikal setzte die Fotografie zu ihrem Siegeszug an. Sie verdrängte als neuestes Medium bald Malerei, Zeichnungen und Stiche und bot einem breiten Publikum neue visuelle Beschreibungen des Tales an. So erschienen bald auch schon Fotopanoramen und -ansichten des Titlisgebirges, wie jene von Carl

A. Koch (1845–1897) der sich als Autodidakt auf Gebirgsaufnahmen spezialisierte und seine Kollodiumplatten vor Ort selbst zu giessen pflegte, oder von Adolphe Braun (1811–1877), der das Hochtal mehrfach besuchte, dabei «Cartes de visite»-Ansichten publizierte und in der geschützten Mulde am Übergang vom Klein- zum Grossgipfel des Titlis den ersten alpinen Foto- oder Souvenir-Shop einrichtete. Auch die Kurärzte Cattani, die grossen Promotoren des Kurorts Engelberg, setzten auf glaubhafte, reale Bilder: Schon 1869 liess Dr. Carl Cattani in eine Werbeschrift für «seinen» Kurort Fotografien einkleben. Eben war das erste Grand-Hotel der Cattani, das «Regina-Titlis», eröffnet worden.

Und dann kamen sie, die gerufenen Heerscharen, und sie verlangten nach Bildern, nach Karten und bald auch Postkarten. Um 1900 war Engelberg der bestbesuchte Ort der Schweiz; in einer kurzen Sommersaison zählte er über 100 000 Übernachtungen. Alle wollten Erinnerungsstücke. Die Berge im Hochgebirge und ihre Firne waren entmystifiziert. An die Stelle der gefährlichen Berge trat «die Wohltat der Berge», wie dies Heinrich Federer in seinem 1911 publizierten Bestseller «Berge und Menschen» formulierte. «Sie machen ernst und nachdenklich und zwingen zur Selbsteinkehr. Und dann säubern und läutern sie mit ihrer klaren Luft und ihrem Fegewind und strecken das krüppelige und bucklige Wesen in uns aufrecht zu ihren Gipfeln empor. Alles wird grösser bei diesen grossen Gesellen, unser Denken, Urteilen, Lieben.»

Maler und Foto-Grafiker

Willy Amrhein (1873–1926) war Fotograf und Maler. Er arbeitete für den Kurverein Engelberg und lieferte diesem herausragende Bilder, speziell frühe Studien von Skifahrern im Gegenlicht. Bei aller Beschäftigung

Engelberg 1876

1876.

Titlis.

mit der Fotografie blieb er stets Maler. Er
legte seine Lichtbilder als neuartige Skizzen
an, wanderte im Winter mit Skifahrern im
Hochgebirge, eröffnete neue Routen. Amrhein signierte seine Fotos, nahm seine
Bewegungsstudien als Vorlage für eigene
Gemälde. Wie für jenes realistisch-drama-
tisch gemalte Winterbild einer «Bergrettung
am Grassen» (1912). Im fahlen Licht des
späten Abends zieht unter der bedrohlich
steilen Ostwand des Titlis eine Rettungs-
kolonne zur Kapelle auf der Blackenalp.
Karl Meuser (1899–1969) übernahm nach
1928 die Aufgaben des Hausfotografen
beim Kurverein. So prägte er bis in die
1970er-Jahre das Image des Ortes und
schuf viele klassische Ansichten des Titlis.
Zusammen mit dem Plakatkünstler und
Grafiker Herbert Matter (1907–1984) gestaltete er Prospekte, fotografierte den Titlis
vom Brunni aus mit dramatischem Tiefen-
blick ins Tal und machte ihn mit seiner weissen Kuppe zum Signet für Engelberg. Werke
von Amrhein, Meuser und Matter sind in
diesem Buch immer wieder zu entdecken.
Emil Schill (1870–1958), der grosse
Schweizer Spätimpressionist, richtete sich
während vieler Sommer auf Melchsee-Frutt
ein. Dort skizzierte und malte er, empfing

seinen Basler und Obwaldner Freundes-
kreis. Besonders Cuno Amiet (1868–1961)
schätzte Schills Engelberger Bilder. In den
Jahren um 1900 entwickelte Schill sein
Kompositionsschema: Er wählt einen leicht
erhöhten Standpunkt, von wo aus er seinen
und des Betrachters Blick in die Tiefe lenkt.
Das Spiel des Lichts auf der Fläche ver-
stärkt diesen Effekt. Einzig am Horizont be-
grenzen Berge und Bergketten den Blick,
verweisen diesen zurück in den Bildmittel-
grund, auf die Kapelle Melchsee. Schill ist
eher ein Schilderer des Lichtes als ein Darsteller von Rundsichten. Der Titlis mit seinen typischen Schneefeldern reiht sich bei
ihm am linken Bildrand völlig undramatisch
in die Kette der Berge ein.
Franz Bucher (*1940) verbringt wie Emil
Schill regelmässig seine Studienwochen im
Gebirge. Nicht dass er Alpenmaler wäre.
Das Licht auf den Karrenfeldern der Frutt,
auf den letzten sommerlichen Schneefeldern, auf den verschneiten weichen
Flächen um die Erzegg fasziniert ihn und
führt zu spontanen Aquarellen, die mit-
unter in sich schnell und dramatisch ver-
ändernden Lichtverhältnissen entstehen.

Franz Bucher: «Bannalp–
Titlis», 1999, Aquarell,
24 x 32 cm.

Am Ende des 20. Jahrhunderts erscheint
wieder der Nebel, lenkt den Blick auf Wahr-
nehmbares, verdeckt Reales, lässt den Betrachter mit Erfahrungen, seinen eigenen
und fremden Stimmungen allein. Franz
Bucher schildert in seinen herausragenden
Aquarellen, welche direkt auf Melchsee-
Frutt entstehen, eine Bergwelt, die abseits
des Rummels etwas von der «Heilkraft
der Berge» hat bewahren können.

Innenwelt der Aussenwelt

In den letzten 30 Jahren sind auch in Engelberg vermehrt bildliche Reflexionen des
eigenen Naturraums entstanden. Aus der
täglichen Begegnung nähert sich Doris
Studer (*1929) dem Titlis, gestaltet die
hellen und die dunkeln, die abweisenden
und die rufenden Seiten des Berges in ihren
speziellen Erdfarben. Stets offen für Neues,
gibt sie Antwort, hört auf die Stimme
des Berges. Aussen- und Innensicht finden
zusammen.
Eugen Bollin (*1939), Maler und Dichter,
lebt als Benediktiner im Kloster Engelberg.
In seinen Bleistift- und Farbstiftzeichnun-
gen findet sich der Titlis mit der markanten
Kuppe auffallend oft; ein Beispiel auf S. 21.

Bollin, der Chronist des Lebens im Kloster
und in der Welt, variiert, fügt bei, verändert, erinnert sich, betrachtet «seine» Berge, wie er die Schemen der Klostergebäude
einfügt als Symbole des Geistigen und der
realen Welt. Seine hochgerühmten Zeichnungen reflektieren Kunst- und Kulturgeschichte in freier Art. Alte Dualitäten
zwischen Innen und Aussen, Dorf und Kloster, Geist und Welt sind überwunden. Ihre
Zeichen stehen in seinen Zeichnungen
gleichberechtigt da. In frühen Zeiten waren
Bilder des Klosters auch die Zeichen der
Talschaft. Die Titliskuppen in der Verkür-
zung zum Signet – entwickelt von Reto
Grimm 1992 in Basel – sind die neuen
Zeichen der Region. Beide sind sie Bestandteile einer langen gemeinsamen Kultur-
und Kunsttradition im Hochtal Engelberg.

Markus Britschgi (Jahrgang 1953), Kunsthistoriker,
geboren in Sarnen, lebt in Luzern. Freier Kurator, seit
1988 Konservator des Tal Museum Engelberg. Er
lehrt Kunstgeschichte, Fotografie und Medien an der
Hochschule für Gestaltung und Kunst in Luzern sowie
an der Hochschule für Technik und Architektur in
Horw und hat zahlreiche Publikationen zur Kunst,
Kultur- und Fotografiegeschichte der Schweiz verfasst.

Der Dichter-Berg:
Pommes, Patres und Poeten

Ein Wintersonntag auf dem Titlis passt zu Conrad Ferdinand Meyers epischer Dichtung «Engelberg» wie heisser Käse zur Blues-Brothers-Statue im Pisten-restaurant Trübsee. Beat Hächler fährt in den Spuren alpin angehauchter Schriftsteller, in der Höhe und im Tal.

«Und endlich dann und endlich
Nach mancher schweren Stund',
Aus tiefem Busen athmend,
Ich auf der Kuppe stund.»

«Auf der Spitze des Titlis», abgedruckt in:
«Helvetiens Naturschönheiten», 1856

«So laß uns jetzt zu Berge steigen», sagt die Heldin Angela zu Held Kurt in Conrad Ferdinand Meyers Versepos «Engelberg». Der Dichter selbst stieg im Alter von 32 und 34 auf den Titlisberg. Die Foto, aufge-nommen mit 57 Jahren, lässt den Bergsteiger Meyer kaum mehr erahnen (oben). Schemenhaft ebenfalls die Figur des Fotografen in der Eisgrotte auf dem Klein Titlis (linke Seite). Doch das blaue Bergbild bleibt bestehen.

Ich stehe an diesem Sonntagmittag gedul-dig in der Warteschlange. Die Pommes-Düfte sind zum Greifen. Vor mir ein Sports-freund mit Handy am Gürtel, der seine Spaghetti Bolo an den Blues Brothers vor-bei der Kasse entgegenschiebt. Ich drücke mir ordentlich Ketchup auf den Teller und gönne mir ein dunkles Weizenbier, ein Hacker-Pschorr aus München – aus purer Sentimentalität. Der Schweizer Conrad Ferdinand Meyer (1825–1898) hielt sich nämlich im Oktober 1858 ebenfalls in der Biermetropole auf, als er seiner Schwester Betsy in einem Brief anvertraute: «Du zürnst es nicht, liebes Kind, wenn ich mei-nen Morgenrapport fortsetze. Wir haben herrlich Wetter und ich muss unwillkürlich an den Titlis denken.» Natürlich hatte CFM allen Grund zu solch alpinem Sehnen. Doch um diese Geschichte zu erzählen, brauche ich erst einen Sitz- und Leseplatz auf der Terrasse. Ich halte Ausschau nach etwas Talblick (Richtung Kloster), viel Bergblick (Richtung Titlis) und Platz für Bücher, Pommes und das Münchner Pschorr. Apropos: Wussten Sie, dass Josephine Pschorr, die Brauerstochter, 1864 in Mün-chen Franz Strauss heiratete und dass aus dieser Verbindung Richard Strauss hervor-ging, der der Welt den «Rosenkavalier» schenkte und diesen ausdrücklich der Brauersfamilie Pschorr widmete? Hopfen und Malz, Gott erhalts. Leider hat der DJ an der Cüplibar an diesem Sonntag null Bock auf Rosenkavaliere. Stattdessen wummern die Bässe. Und aus den Boxen spricht zum wuselnden Skivolk lautstark der Rastaman Alpha Blondy, auch er ein Dichter. Daher: Skiwachs in die Ohren und volle Konzent-ration. Der Dichterberg ruft.

«Der Schnee, der am Ge-
klüfte hing zerstreut, / In
hundert Rinnen rieselt er
davon, / Und aus der
schwarzen Feuchte schim-
mert heut / Der Soldanelle
zarte Glocke schon.» Die
zweite Strophe des Gedichts
«Himmelsnähe» – eines der
Wasser rinnt heute aus
dem C.F.-Meyer-Brunnen,
der «Dem Sänger zu Ehren»
1929 im Dorf Engelberg
aufgestellt wurde. Es gibt
Leute, die holen sich dort
Wasser und Inspiration
(oben).

Die Silberzacke

Zur Vorgeschichte. Conrad Ferdinand Meyer
zieht es in den Jahren 1857 bis 1860 immer
in Grossstädte wie Rom, Paris oder München – und in die Berge. Um es genau zu
nehmen: an und auf den Titlis. In den Sommern 1857 und 1859 steht der nicht eben
durchtrainiert wirkende Dichter höchstper-
sönlich auf dem Gipfel. Schwester Betsy,
die CFM 1857 und 1859/60 nach Engelberg
und auf die Engstlenalp begleitete, rappor-
tiert im ersten Titlis-Sommer ihrer Tante:
«Schön ist's freilich […] da der liebe Conrad sehr gern hier ist und sich in der herr-
lichen Luft mit starken Märschen in den
Alpen stärkt und erquickt. Er war bei

wolkenlosem Himmel auf dem Titlis.» In
den Gedichten «Das weisse Spitzchen»,
«Firnelicht» und «Himmelsnähe», die parallel zur Arbeit an «Engelberg» entstehen,
glauben bergkundige Literaturexperten von
heute, Titlisspuren zu erkennen. Der Berg
mit der Eiskappe taucht bei CFM als «das
weisse Spitzchen», «der Schneeberg», «das
Silberhorn» oder «die Silberzacke» auf.
Letzteres müsste heute im Grunde auf allen
Skitageskarten stehen: «Titlis. Die Silberzacke». Aggressive z- und k-Laute schaffen
bekanntlich eine hohe Aufmerksamkeit, das
weiss heute jedes Werbekind.

«In meiner Firne feierlichem Kreis
Lagr' ich an schmalem Felsengrate hier,
Aus einem grünerstarrten Meer von Eis
Erhebt die Silberzacke sich vor mir.»

Heikler wirds, wo der stadtfliehende Dichter
die Gipfelruh betont, etwa in der Zeile:
«Was schaffst du noch unten im Menschen-
gewühl? Hier oben ist's einsam! Hier oben
ist's kühl!» Die charmanten Hostessen in
der Rotair-Gondel weisen die über den Glet-
scherschründen dahinschwebenden Gäste
in freier Seelenverwandtschaft zu CFM auf
die «coolen Pisten» hin und schwärmen von
der neuesten Liftanlage, dem «Ice Flyer», als
wärs das alte «Firnelicht». CFM's Versfüsse
erleben ihr freizeittaugliches Redesign. Und
oben angekommen, wie steht es da mit der
hehren Einsamkeit, die unseren Dichter so
nachhaltig erquickte? Easy, Freunde! Sie
hat sich wie der Gletscher nur etwas zurück-
gezogen. In den Toiletten ist sie noch zu
finden (Piktogramme beachten!).

Der Greis im Kreis

Weltliterarisch gewichtiger ist, dass CFM
bei seinen Titlistouren einen Sagenstoff
entdeckte, den er in mehrjähriger Pickelei,
bis 1872, zur epischen Dichtung «Engelberg» formte. Das Epische lässt sich aus
begreiflichen Gründen hier nur bruch-
stückhaft wiedergeben. Es sei versucht:

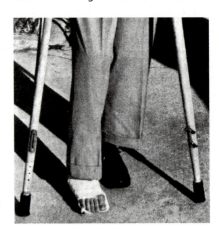

Engelberg im 13. Jahrhundert. Ein Mönch des Klosters findet in den Felsenklüften des Engelbergs oder Hahnen (schräg vis-à-vis vom Titlis) ein Kind, das er den Schwestern im benachbarten Nonnenkloster mit der Erklärung übergibt, es sei ein Englein vom Himmel, das in der Wolkenbarke (eine frühe Ahnung der Rotair-Gondel?) keinen Platz mehr gefunden habe. Tatsächlich ist Angela ein unschuldiges Kind schuldbeladener Eltern (unehelich gezeugt, gehörnter Ehemann, man bringt sich um, Mutter stirbt bei Geburt). Angela wächst als Gehilfin der Klosterpförtnerin heran und wird eines Tages Zeugin des grauslichen Selbstmordes der adligen, schönen Jutta, die nicht ihren jungen Kyburger heiraten durfte, sondern ins Kloster versenkt wurde. Angela flieht entsetzt aus den Klostermauern in die Berge, lernt so ihren Zukünftigen kennen, den Bündner Outlaw Kurt («Des sichern Auges scharfe Helle / ruht auf dem Mägdlein an der Welle»), und wird bald Mutter von vier Söhnen. Wie gewonnen, so zerronnen, denkt der Leser. Mann und Söhne sterben in einer unglücklichen Serie, und zuletzt zieht sich Angela wie eine Zenmeisterin auf den Berg zurück, um wieder ganz Engel zu werden. Die Berge rahmen die Handlung auf wunderbare Weise ein.

«Genüber throhnte silberbleich
Der Titlis in der Lüfte Reich.
Leis schwebt' ihn an ein Rosenglimmer,
Ihn überfliegt ein Freudeschimmer
[…]
Den Purpurmantel nimmt der Greis
Dann weckt er seiner Diener Kreis.»

Und als Angelas Kurt auf dem Jochpass steht und in die Bergwelt schaut, dichtet CFM gewandt:

«Hinaus ins tiefe Himmelblau
Hell jauchzt er, dass die Öde schallt
Sein Jubel dröhnend widerhallt
Und Antwort kommt von allen Enden
Aus beider Tale Felsenwänden.»

Sässe der Dichter heute am Tisch, notierte er auf dem Bierdeckel: «Alpha Blondy ist verklungen, Marley Bob hat nun gesungen.» Und zum Roots Reggae mischten sich die piepsenden Klänge des Tischnachbarn, der eben sein ultraflaches Telekommunikationsspielzeug zückt und laut und vernehmlich spricht: «Hoi Schatz, wo bisch? Ich bi am Foode, Spaghetti Bolo im

«Ältere Skisäuglinge auf dem ‹Idiotenhügel›»: Originallegende aus August Truebs «Skivolk» zum Bild mit den Skiläuferinnen auf der Ochsenmatte vor dem Kloster Engelberg. Das 1937 publizierte Buch überrascht mit dreisprachigen Texten, schwarz-weissen Fotos, zarten Zeichnungen und einer ungewöhnlichen Aufmachung. Freud und Leid der Städter im winterlichen Hochgebirge der Zwischenkriegszeit – cool erfasst und im Gegensatz zum Meyer'schen Versepos noch heute ziemlich goutierbar.

«Der Berg ist der König des Tales. Kein Gemsjäger hat noch den Gipfel erklommen. Wenn einer aus dem Kloster das könnte, der erste wäre? Müsste das nicht dem Krummstab des Abtes neues Ansehen geben?» Autor Franz Odermatt (unten) lässt seinen Grosskellner noch in der gleichen Nacht als veritablen Bergturbo aufbrechen. Bruder Columbans Intarsienarbeit im Barocksaal des Klosters (oben) erinnert heutige Besucher diskret an den «König des Tales». Der Grosskellner hätte den Berg fraglos in die Mitte platziert.

Trüebsee. Verstahsch?» Die Gnade der frühen Geburt hat CFM die Begegnung der technischen Art erspart. Keine piepsenden Handys, keine rotierenden Gondeln, keine zurückschnellenden Tageskarten-Gummibänder, keine Pistenbeschneiungsanlagen und kein Ketchup aus hängenden Infusionsflaschen. CFM starb 1898, fünfundzwanzig Jahre nach der Erfindung der ersten Eismaschine, die die Bierkühlung von Braumeister Pschorr revolutionierte, und neun Jahre bevor ein anderer Dichter, Franz Odermatt, seinen Kloster- und Titlis-Erstbesteigungsroman «Der Grosskellner» unters Volk brachte.

Der König der Berge

«Er sah in das Tal hinab, auf das weite Klostergebäude und auf die kleinen Häuser und Ställe im Dorfe und im Tale, wo sie wie kleine folgsame Schäflein zerstreut waren.» Odermatts Klosterbruder und Oberhirte zeigt uns, wo es jetzt langgeht. Nach dem Bergblick von oben folgt der Bergblick von unten. Aus dem Talgrund Engelbergs. Bruder Benedikt empfängt die vierköpfige Besucherschar punkt 16 Uhr zur öffentlichen Führung durchs Kloster. Wir erhalten Einlass an der schmiedeeisernen Pforte. Über grossplattige schwarze Schieferböden

geht es durch die hallenden Klostergänge. Vorbei an den Zellen der Patres (man lese nach in Otto F. Walters «Die Zeit des Fasans» – am Rande ein Roman über die unglückliche Internatszeit des jugendlichen Thom), vorbei an hellen Fenstern, die einen Blick in den verschneiten Klostergarten im Innenhof gestatten, hinein in den barocken Festsaal mit dem kunstvollen Parkettboden und den Einlegearbeiten des Intarsienkünstlers Bruder Columban Louis (1887–1966). Bruder Benedikt erläutert in knappen Sätzen die Entwicklung des Klosters, das nach dem Grossbrand von 1729 nahezu vollständig neu aufgebaut werden musste. Dabei soll der damalige Grosskellner, wie der Chefökonom des Klosters heisst, eine wichtige Rolle gespielt haben. Das mag auch unseren Dichter zu Titel und Hauptfigur seines ersten grossen Romans inspiriert haben.

Franz Odermatt (1867–1952) liess in seiner Schriftstellerlaufbahn ein Dutzend weiterer Werke folgen, mit Titeln wie «Volkskraft», «Das Milieu» oder die Bergtragödie «Der Tod versöhnt», die heute allesamt in den Gletscherspalten der Schweizer Literatur begraben liegen. Hauptberuflich wirkte Odermatt jahrzehntelang als Nidwaldens Landschreiber. Als Liberaler «mit unbändiger Kampfeslust», wie der Berner «Bund» im Nachruf schrieb, machte er sich über die Region hinaus einen Namen. Und noch

85-jährig, hiess es posthum im «Land-
bote», «war der Nestor unseres Schrifttums
erdrüchiger, markanter Erzählungen fähig».
Wer wollte dies ernsthaft bezweifeln.
Doch zurück ins Kloster.

Nicht zufällig lässt Odermatt seinen Grosskellner, Pater Ambrosius, im ausgehenden
18. Jahrhundert in die Bergarena treten.
Odermatt wählt die Zeit des gärenden Um-
bruchs, in der die Klosterökonomie zunehmend unter Druck geriet und die Auswirkungen der Französischen Revolution nicht
mehr lange auf sich warten liessen. Symbolisch für den klösterlichen Machtanspruch
der Alten Ordnung ist des Grosskellners
Ehrgeiz, noch vor dem aufmüpfigen Tal-
bauern und Rivalen Maurus den Titlis, den
«König der Berge», erstzubesteigen. Die
Botschaft ist klar; Wer zuerst oben auf dem
Titlis steht, verlangt auch im Leben
zuoberst zu stehen. Odermatt mischt, wie
sichs für das Genre des Heimatromans
gehört, noch einen Schuss Priestererotik
dazu, und fertig ist die träfe Schreibe. «Die
Leiber der Berge» und das Weib des Maurus versetzen den Grosskellner in weltliche
Wallung. «Der Pater sass am Fenster. […]
Sein Blick ging nach den Bergen. Im Tale
schlich die Nacht. In der Höhe aber wurde
es reiner und heller. Die Gletscher glänzten
in einem wunderbaren Licht. […] Und wo
der Gletscher aufhörte, die nackten Rippen
des Berges zu kleiden, waren die schweren,
dunkelgrauen Formen der Felsen noch eine
Strecke weit von dem Silberglanz beleuchtet.» Noch in der gleichen Nacht bricht
der Grosskellner als Erstbesteiger mit zwei
Knechten zum Titlis auf.

«Dann rötete sich der Himmel wie ein unschuldiges Mädchen beim ersten Kuss. […]
Endlich standen sie auf dem Gipfel. […] Er
zog ein rotes Tuch aus dem Sack, wand es
um den Bergstock und schwenkte die Fahne», nicht zum Kommunistengruss, sondern

um dem Klosterabt unten im Tal den Erfolg
seines Kraftakts anzuzeigen. Doch auch der
Grosskellner wird später merken, dass der
PR-Trick mit dem Berg ihn und die Alte
Ordnung nicht mehr retten kann, Maurus
hingegen wird als Talbauer frei in die
Zukunft schauen. «Eine riesenstarke Wache
sind die Berge diesem Tal und doch zu
schwach und doch zu klein, um es zu
schützen vor dem verderblichen Einfluss
des neuen Zeitgeistes.»
Bruder Benedikt lenkt inzwischen die Aufmerksamkeit auf das Klostermodell in Holz,
das im Festsaal steht. «Hier, im Schultrakt
des heutigen Internats, befindet sich das
Hallenbad, und dort, im Ökonomietrakt,

**«Bruder Gabriel Egloff,
Zeremoniar und Gärtner»:
Foto von Michael Freisager
aus dem Buch «Kloster
Engelberg. Gesichter im
Licht – Gesichter im Dun-
kel» aus dem Jahre 1997.**

«Aufstehen! – Ihr Faulenzer da unten im Tal, – aufstehen –, heraus aus den weichen Betten und Decken! Hier oben ist das Leben reiner und gewaltiger! Franz schrie es in der Richtung des Talbodens, aber wer würde diesen Ruf in dem vom Wind zerzausten Äther wohl hören?» Wir vernehmen den Ruf von August Trueb und schmunzeln beim Anblick seiner Fotos. Zum obersten Bild notierte er «einsam und sturmsicher». Fürwahr!

haben wir soeben eine Schaukäserei eingeweiht.» Ein Vorzeigestück in der Tat. Es steht mit seiner modernen Architektur in alten Mauern für die geglückte Verbindung von altem Klosterhandwerk und zeitgenössischen, touristischen Bedürfnissen. Nicht in allen Bereichen haben die neue Zeit und die Klostertradition so harmonisch zusammengefunden. Beim Nachwuchs fällt die Erneuerung offensichtlich schwer. Das Kloster zählt heute keine 50 Mönche mehr.

Das Durchschnittsalter der Mönche ist hoch.

Unser Klosterrundgang mit Bruder Benedikt, auch er zählt 80 Jahre, ist im Refektorium angelangt. Von dort geht es ins kleinere Speisesäli nebenan, wo Bruder Columban ebenfalls eine ganze Galerie kunstvoller Intarsienbilder einheimischer Pflanzen gestaltet hat: den Roten Klee,

die Rosskastanie, die Hyazinthe und – unverkennbar – den einheimischen schwertblättrigen, blühenden Hanf. Mens sana in Marihuana, wie Bob Marley auf Trübsee vorschnell interpretieren würde? Bruder Benedikt lässt die Möglichkeit, dass es Hanf aus dem Klostergarten sei, einmal offen. Aus Hanffasern dreht man bekanntlich Seile. Zum Beispiel Kordeln für Mönchskutten. Oder Bergsteigerseile für Titlispoeten.

Beat Hächler (Jahrgang 1962) ist Historiker und Ausstellungsmacher im Stapferhaus Lenzburg. Literatur und Landschaft beschäftigten ihn bereits im Buch «Das Klappern der Zoccoli. Literarische Wanderungen im Tessin» (Rotpunktverlag 2000), Roots Reggae und Bob Marley seit der Ausstellung «a walk on the wild side. Jugendszenen in der Schweiz von den 30er Jahren bis heute» (Chronos Verlag 1997). Der Autor lebt in Bern.

Der Lifestyle-Berg

1937 erschien im Stuttgarter Verlag «Der Tazzelwurm» ein besonders schräges Stück Titlis-Literatur. «Skivolk». Ein Bilder- und Geschichtenbuch für Erwachsene, getextet und gestaltet von August Trueb. Die Aufmachung war und ist bemerkenswert: ein Einband in Orange statt Dackelbraun, eine knappe Story, die gleichzeitig auf Deutsch, Englisch und Französisch erzählt wird, viele Leica-SchwarzWeiss-Fotos, die meistens aus der Hüfte heraus geknipst worden sind, ein kühnes Layout, das manchmal so weiss wie Titlisschnee daherkommt, Strichzeichnungen, die eigentlich überflüssig sind, und das Ganze im rucksacktauglichen Pocketformat. Inhaltlich, auch das ist keine Überraschung, bietet «Skivolk» mehr Tiefschnee als Tiefsinn. Doch das stört wohl niemanden wirklich. Trueb lässt einen skiverrückten Peter Labhart aus der deutschen Grossstadt (gemeint ist Stuttgart) mit dem Zug ins verschneite Engelberg aufbrechen und dort an den Titlishängen den Lifestyle auf Skibrettern ausleben. Klar, dass der Macho-Skiwettbewerb von drei Möchtegern-Schneehelden für einen in der

Titlis-Gletscherspalte endet. Moral fährt mit.

Rückblickend liest sich aber die quere Text-Foto-Montage wie ein Leitfaden zur Fun-Kultur der zweiten Skigeneration. Die Ferien- und Wochenendfluchten junger Leute aus dem Alltag der Dreissigerjahre führen in ein Skihüttenambiente, in dem die Frauen rauchen, Hot Jazz aus der Gitarre scherbelt und die Geschlechter auf den Kajütenbetten kuscheln. Freizeitfreiheit in den Bergen. Das Heisseste aus jenen Wintertagen sind die Leica-Schnappschüsse, die so lebendig wirken, als seien die Dreissigerjahre eben erst zu Ende gegangen. Unter anderem zeigt Trueb Engelbergs beliebten Idiotenhügel, die Ochsenmatte, wo heute noch Anfänger ihre ersten Fahrten wagen – mit dem einzigen Unterschied vielleicht, dass es dort inzwischen einen Skilift gibt. Und der gehört dem Kloster.

Beat Hächler

«Skivolk»: Fibel der Titlis-Ski-Generation, als es Handy, Internet und Video noch nicht gab. Doch gestylte Brillen waren schon damals ein Must.

«Es gibt Leute, die mit einer umständlichen Skiausrüstung in die Berge fahren. Ein Liegestuhl hätte vollständig genügt.» Bonmot von Trueb.

Der Ski- und Snowboard-Berg:
Vom Tiefschnee auf die Piste und zurück

Aufbruch und Abfahrt: Nach dem Winter 1904/05 kamen immer mehr Skifahrer und Skifahrerinnen nach Engelberg mit seinen zu Skihütten umfunktionierten Alphütten, um Spuren im Tiefschnee zu hinterlassen (links). Daran hat sich bis heute nichts geändert, manchmal nicht mal die Ausrüstung (linke Seite). Am Titlis ist Telemark-Skifahren sehr en vogue.

Eine der ersten Skitouren in den Alpen führte 1893 von Innertkirchen über den Jochpass nach Engelberg. Und bereits am 23. Dezember 1904 erreichten 28 Skiläufer und zwei Skiläuferinnen den Titlis: Das war der Start zu einer rauschenden skitouristischen Schussfahrt. Seither gilt der Titlis als einer der heissesten Ski- und heute auch Snowboardberge der Schweiz – mit schwarzen Pisten und noch schwärzeren Variantenabfahrten. Wer im 1000 Meter hohen Hang «Laub» die ersten Spuren in den Neuschnee zaubert, hat doppeltes Glück. Daniel Anker schultert die Latten.

«Am nächsten Morgen wurde punkt 4 Uhr bei Vollmondschein aufgebrochen und schon um halb 9 Uhr standen die Ersten auf dem sonnbestrahlten Gipfel. Freilich ging es nicht bei sämtlichen Teilnehmern so schnell; doch gelangten alle mit der Zeit zu ihrem Ziele.» So berichtete E. P. Meinecke aus München im «Allgemeinen Korrespondenzblatt», einer Beilage zum «Ski» des Schweizerischen Ski-Verbandes, über den Skikurs in Engelberg vom 19. bis 23. Dezember 1904. Veranstalter war der erst ein Jahr zuvor gegründete Sport-Club Engelberg, Ziel des Kurses die Verbreitung des noch jungen Skisportes. Ein voller Erfolg: 92 Teilnehmer, wovon 55 von auswärts kamen. Am 22. Dezember, nach drei Tagen Skischule mit den ausländischen Kursleitern Theodor Herzog (1880–1961) aus

1712 (Engelberg) Titlisgipfel 3240 m. ü. M.
Blick gegen Berneralpen

Mann und Frau: Der Norweger Leif Berg raste am 23. Dezember 1904 in 29 Minuten vom Titlis-Gipfel nach Trübsee hinunter – und beeindruckte mit dieser Rekordfahrt und seinem Stil die Zeitgenossen sehr (oben). Am gleichen Tag erreichten erstmals zwei Skifahrerinnen das Triangulationssignal – leider sind ihre Namen nicht bekannt, so wenig wie derjenige der jungen Frau, die die Aussicht und den frühsommerlichen Schatten geniesst. Ansichtskarte aus den 30er-Jahren (oben rechts).

Freiburg im Breisgau sowie Thorleif Björnstad und Leif Berg aus dem norwegischen Christiania, stiegen 60 Teilnehmer von Engelberg zum Trübseehotel hinauf. Die Hälfte von ihnen durfte sich zutrauen, anderntags auf den Titlis zu steigen. «Noch mehr aber spricht für die vorzügliche Leitung der Tour, dass auch alle ohne irgend einen ernsteren Unfall glücklich wieder hinunter gelangten, und das will bei einer solchen Anzahl von immerhin ungleichwertigen Skiläufern auch auf einem Damenberg, wie dem Titlis, etwas bedeuten, zumal die Kuppe und manche andere Stellen des Berges verharscht und vereist waren.» Harscheisen, die Halt in solchem Gelände geben, kannte man damals noch nicht, geschweige denn eine Seilbahn. Deshalb ist es nicht nett, dass Berichterstatter Meinecke den Titlis als Damenberg bezeichnete – solche Begriffe gelten normalerweise für anspruchslose Gipfel. Aber vielleicht hat er es ja auch anders gemeint. Denn unter den 30 Skibesteigern des Titlis befanden sich zwei Frauen, die wahrscheinlich als erste Frauen mit Ski auf einen Dreitausender gestiegen waren. Der Basler Textilindustrielle und Heimatschutzaktivist Fritz Otto (1874–1935) hat diese skihistorische Tatsache besser gewürdigt. In seinem Bericht über die denkwürdigen Engelberger Skitage schrieb er: «Ein dreifaches Ski-Heil zu Ehren der ersten Ski-

Besteigerin des Titlis war in den Lüften verklungen, während ihr aus weiter Ferne die weissen, im silbernen Glanze der frühen Morgensonne strahlenden Gipfel ihre Huldigung entgegengebracht hatten.» Ein bisschen Romantik tut immer gut, vor allem wenn es, wie wohl an jenem Dezembermorgen, eher kalt war. Aber auch Fritz Otto, Skierstbesteiger des Piz Bernina, hätte die Namen der beiden Skipionierinnen ruhig nennen dürfen.

«Eine geradezu bewundernswerte Abfahrt»

Einen Mann hingegen erwähnten beide Kursteilnehmer in ihren Berichten: den Norweger Leif Berg. Wie viele andere war auch Meinecke von ihm beeindruckt: «Eine geradezu bewundernswerte Abfahrt machte der eine unserer norwegischen Gäste, Herr Leif Berg; er fuhr in einer halben Stunde vom Gipfel des Titlis (3239 m) bis zum Trübseehotel (1790 m) ab! Der norwegische Ski scheint in den Alpen doch nicht so unbrauchbar zu sein, wie behauptet wird; es kommt nur darauf an, wer ihn am Fuss führt.» Eine Erkenntnis, die auch noch im Zeitalter der Carvingski gilt. Und Leif konnte nicht nur Ski fahren, sondern auch springen. Am ersten Grossen Skirennen der Schweiz vom 21./22. Januar 1905 in Glarus machte Berg – ausser Wettbewerb – den

schönsten und längsten Sprung: 27 Meter.
Es waren die Glarner Skifahrer um Christof
Iselin gewesen, die Berg und Björnstad als
Skilehrer in die Schweiz geholt hatten.
Einen Winter lang zogen die beiden knapp
20-jährigen Skiapostel gegen Vergütung
der Reiseauslagen und bei freiem Unterhalt
von Skikurs zu Skikurs in Glarus, Engelberg,
Andermatt, Grindelwald, Les Avants,
Lenzerheide, Zuoz und St. Gallen. «So wurden auf einen Schlag rund 700 patente
Skifahrer in die Welt gesetzt», behauptet
Max Senger in «Wie die Schweiz zum Ski-
land wurde». Björnstad übrigens eröffnete
in Bern ein Skisportgeschäft, Leif Berg
starb 1916 in Norwegen an Tuberkulose.
Leif Bergs Schussfahrt vom Titlis nach Trübsee hinterliess einen bleibenden Eindruck.
In «Zehn Winter mit Schiern in den Bergen» mokierte sich 1909 der holländisch-
deutsche Skipionier Henry Hoek mit späte-
rem Wohnsitz in der Schweiz: «Es war viel
– wir wollen einmal sagen – Redens von
diesem ‹Schiberge› gemacht worden. Und
daß Leif Berg in 29 Minuten vom Gipfel bis
Trübsee gefahren ist, steht bereits in jedem
Aufsatz über das Schilaufen zu lesen.»
Hoek traf schlechte Schneeverhältnisse an
und wurde vom angeblich schönsten aller
Skiberge «grausam enttäuscht». Ein anderer Skipionier, der Engländer Arnold Lunn,
rechnete nicht mit dem Berg ab, sondern
die Durchschnittsgeschwindigkeit von
Bergs Downhill über 1449 Höhenmeter
aus: «This works out at just under one met-
re (0,83) per second.» Ganz nah dran war
jedoch Theodor Herzog in der Schlüsselstel-
le der ganzen Tour, im Steilhang zwischen
dem Rotgrätli und der Rotegg, also genau
dort, wo noch heute Skifahrern und Snow-
boardern der Atem stockt, wenn sie plötzlich viel Luft unter der Lauffläche haben –
und manchmal auch Eis. Im Beitrag «Skitouren um Engelberg» für die «Deutsche

Alpenzeitung» beobachtete Herzog den
Norweger Skiprofi: «Er kam in voller Fahrt
vom oberen Gletscher her an diese Stelle
und bemerkte das Eis erst, als er schon darauf war. Natürlich gab es da kein Halten
mehr. So schoß er den ca. 30grädigen Hang
über das Eis hinab und machte direkt
darunter im Pulverschnee einen Christia-
niaschwung, aus dem er, ohne dabei anzu-
halten, direkt in Slalomfahrt überging.»
Schade eigentlich, dass Herzog keine
Videokamera bei sich hatte – die Cracks
aus dem 21. Jahrhundert würden staunen.
Herzog war nach eigenen Angaben übrigens der erste deutsche Skifahrer, «der
einen sauberen Telemark hinsetzte». An
deutschen und schweizerischen Skirennen
gewann er erste Preise im Stilfahren.

Bahn und Berg: Was nützt
das vielversprechendste
Skigelände in den Bergen,
wenn die schick gekleideten
Städterinnen nicht jederzeit
und komfortabel in die
aussichtsreiche Höhe fahren
können? Plakat von Herbert
Matter für die Stansstad–
Engelberg-Bahn, 1926.

SPORT-, KUR- UND GESELLSCHAFTSZENTRUM

ENGELBERG

DIREKTE BAHNVERBINDUNG BIS 1800 M. ÜBER MEER

PERSONENLUFTSEILBAHN
GERSCHNIALP - TRÜBSEE ERÖFFNET

Hotel-Verzeichnis

Hotel	Besitzer	Bettenzahl	Minimalpreis
Grand Hotel & Kurhaus	Gebr. Cattani	325	Fr. 17.—
Terrace Palace Hotel	G. Fassbind	160	" 17.—
Regina Hotel Titlis	Gebr. Cattani	180	" 15.—
Parkhotel Sonnenberg	H. Häfelin	130	" 15.—
Hotel Bellevue-Terminus	Gebr. Odermatt	130	" 14.—
Hotel Hess	Gebr. Hess	120	" 13.—
Hotel Edelweiss-Belvédère	A. O. Pauli	80	" 13.—
Hotel Schweizerhof	Ad. Waser-Cattani	60	" 13.—
Hotel Schönthal	Fam. Gander	60	" 12.50
Hotel Alpina	Schwestern Fischer	20	" 11.—

Das übliche Bedienungsgeld ist im Pensionspreis nicht inbegriffen

Winter und Sport: Den Aufenthalt in den Bergen in vollen Zügen geniessen, vom Skijöring bis zum Tanz mit Jazzmusik. Der Engelberger Künstler Herbert Matter gestaltete diese Rückseite des offiziellen Fremdenblattes von Engelberg vom 16. Dezember 1927, rechtzeitig zur Eröffnung der Luftseilbahn Gerschnialp–Trübsee und perfekt umsetzend, was die Vorderseite versprach: «Es ist eine Freude, in Engelberg zu sein.»

«Für den Skiläufer geradezu ideal»

Der Titlis mit seiner «idealschönen und auch technisch interessanten Abfahrt» (Herzog): Seit den Dezembertagen 1904 und der anschliessenden ersten Wintersaison (mit geöffneten Hotels) wusste man davon. Meinecke hat dies eiskristallklar erfasst: «Zum erstenmal ist Engelberg als Wintersportplatz in die Öffentlichkeit getreten. Dass es nicht längst neben St. Moritz, Grindelwald, Caux und anderen Orten der Schweiz sein ständiges Winterpublikum hat, erscheint fast unbegreiflich.» Und dann fügte der Berichterstatter aus München noch einen Satz an, den der Tourismusdirektor von Engelberg noch heute sofort unterschreiben würde: «Engelberg ist sehr leicht zu erreichen und ist auch für

Winterbesuch ganz trefflich eingerichtet; vor allem aber ist seine Umgebung für den Skiläufer geradezu ideal.» Auch Herzog war des Lobes voll: «Etwas schöneres kann man sich nicht wünschen, als Engelberg im Winter.»

Natürlich hatten Auswärtige schon vor dem Winter 1904/05 gemerkt, dass Engelberg und seine Umgebung sich zum Skilauf eignet. Im Dezember 1893 sah das Klosterdorf einige der ersten Skifahrer in der Schweiz. Die Haslitaler Hans Immer, Melchior Thöni und Johann von Bergen überquerten mit Ski von Meiringen aus den Jochpass nach Engelberg: 1600 Meter Aufstieg, 1200 Meter Abfahrt, 25 Kilometer Distanz. Schon ein Jahr früher hatten Hans Immer und sein Bruder Albert mit dem Engländer Knocker auf Ski von Meiringen die Engstlenalp unterhalb des Jochpasses erreicht.

«Einige Purzelbäume vorgemacht»

Im Winter 1894/95 kamen zwei Skifahrer nach Engelberg, um den Titlis zu besteigen. Hätten sie es geschafft, dann wäre er der erste Skidreitausender der Westalpen gewesen. Es gelang den beiden Vorwitzigen nicht, im Gegenteil: «Sie nahmen zwei Führer mit, klommen die steile Pfaffenwand hinauf, trugen aber die Ski bis Trübseealp. Andern Tags machten sie ihren Führern dort einige Purzelbäume vor und trugen die Ski wieder nach Engelberg hinunter. Zur Popularisierung des Skisportes haben diese Bergfexen also herzlich wenig beigetragen.» Das sah der Engelberger Willy Amrhein ganz richtig. Deshalb lassen wir ihn in «Wie sich der Skisport in Engelberg entwickelte» gleich weiter erzählen: «Im Jahre 1896 haben dann laut Mitteilung in der Skichronik 1909 die Herren E. Clément, Dr. Balck, Hettich, Schneider und Seubert Versuche auf Ruckhubelhütte und Urirotstock, sowie auf den Titlis gemacht, wobei

Kamera und Ski: Willy Amrhein machte den Skilauf in Engelberg populär, als Skiläufer und -lehrer, als Fotograf, Plakatgestalter und Journalist, als Skiklubgründer und Organisator. Die drei Fotos vom Skigelände rund um den Trübsee erschienen im Jahrbuch des Schweizerischen Ski-Verbandes von 1911, damals der massgebenden Publikation. Die Originallegenden lauten: «Christiana, Quersprung, Telemark», «Die Sennhütte als Looping-Hügel», «Telemärklen!» (von oben nach unten). Das Ausrufezeichen ist zu Recht gesetzt.

Gross und Klein: Eine Anzeige aus dem British Ski Year Book von 1937 zeigt den Skilehrer mit seinem Zögling auf dem flachen Talboden von Engelberg – «A great success is the Engelberg Ski School» (rechts). Kein Zweifel: Um am Titlis erfolgreich Ski zu fahren, war und ist eine gründliche Ausbildung nötig. Zwei Fotos von Karl Meuser (rechte Seite) offenbaren die «famous down-hill runs (thanks to the railway) with no ascent» sowie die «glorious ski-excursions». Besonders famos im oberen Bild die Spuren in der Pfaffenwand unterhalb Hotel und Bergstation Trübsee; dort ist das Skifahren heute streng verboten. Und glorreich im unteren Bild die Abfahrt Nr. 9 übers Laub – schon in den 50er-Jahren, als die Bahn auf den Klein Titlis erst als Projekt eingezeichnet ist, eine herausfordernde Linie durch den Tiefschnee.

infolge schlechten Wetters nur der Jochpass erreicht wurde. 1902 und 1903 kamen einige Herren vom Skiklub Schwarzwald, hielten sich jeweilen ein paar Tage auf der Trübseealp auf und unternahmen von dort aus kleinere Touren. Auch dem alten Titlis beabsichtigten sie einen Besuch abzustatten, doch dieser wollte von dem neuen Verkehrsmittel immer noch so wenig wissen wie die alten Engelberger selbst.»

Doch wer erreichte wann zum ersten Mal den Titlis auf Ski?

Die erste Skibesteigung erfolgte laut Skipapst Arnold Lunn im Jahre 1899 durch Oth. Schmid und Ritterhofer. In einer späteren Skichronik von Lunn wechselte Schmid seinen Vornamen von Oth[mar] zu Otto, und daraus machte Max Senger in seiner Chronologie einen Herrn Otto. Immerhin setzte er noch ein Fragezeichen hinzu. Zu Recht. Denn der Schweizer Marcel Kurz, ein grosser Kenner der Skiliteratur, schrieb in «Le skieur dans les Alpes», der 1925 erstmals erschienenen Bibel des Skialpinismus: «1902: Le Titlis, course facile et si souvent répétée depuis, fut gravi pour la première fois cet hiver; relativement tard si l'on con-

sidère son importance actuelle.» Namen nannte Kurz nicht. Das tat dafür die Alpinistin Felicitas von Reznicek im Heimatbuch über ihren Wohnort Engelberg; nach ihrer Information bestieg der Engelberger Bergführer Josef Kuster mit dem Gast Grossmann an Weihnachten 1903 den Titlis erstmals mit Ski. Willy Amrhein hingegen gab in seinem Rückblick den Januar 1904 an; leider verrät auch er nicht die Namen der Skierstbesteiger.

Wichtiger als verlässliche Angaben zum ersten Aufstieg mit Ski auf den Titlis ist ohnehin der Aufstieg von Engelberg «zu einem der ersten schweizerischen Winterkurorte» (so die Einschätzung des 376-seitigen Führers «Winter in der Schweiz» von 1912). Und dazu brauchte es Events wie den Skikurs vom Dezember 1904 und die nötige Infrastruktur wie Hotels und Hütten mit heizbaren Zimmern. Am 22. Dezember 1905 meldete zum Beispiel das «Allgemeine Korrespondenzblatt», eine Beilage des «Ski», Herr Hess als Besitzer des Hotels Trübsee habe «in seiner dortigen Dependance für Skifahrer ein extra Lokal eingerichtet für Nachtlager, einen Kochherd erstellt mit nötigem Kochgeschirr, und Holz wird zur Verfügung gestellt». Damit war das Basislager für individuelle winterliche Titlistouren bezugsbereit.

«Kaum 100 Meter vor mir ging eine Lawine nieder»

Der einheimische Pionier in Sachen Skilauf war Willy Amrhein (1873–1926), Kunstmaler, Fotograf und Jäger. 1902 weilte er an der Kunstakademie München, kam aber an Weihnachten nach Hause, sah ein paar Skiläufer auf der Ochsenmatte beim Kloster fahren und stürzen, probierte es selbst aus, holte sich eine Bänderzerrung am Knie und – wieder in München – den nötigen Unterricht beim dortigen Skiklub. Am 22. März

	4 Skilift Bitzi	10 Gross-Sulzli-Abfahrt
SPORTHOTEL TRÜBSEE	5 Skilift Jochpass	11 Klein-Sulzli-Abfahrt
(1800 m) modernes Berghotel	6 Jochstöckli-Skilifts	12 Sommerweg-Abfahrt
	7 Projekt Luftseilbahn Klein-Titlis 3050 m	13 Jochpass-Abfahrt
rahtseilbahn Engelberg-Gerschnialp	8 Titlis Abfahrt (Riesenslalom)	14 STANDARD-Abfahrt n. Engelberg
kilift Gerschnialp	9 Laub-Abfahrt	15 FIS-Abfahrt n. Engelberg
ftseilbahnen Gerschnialp-Trübsee		

**Sprung- und Slalomlauf:
Die erste Sprungschanze am
Fuss des Titlis wurde im
Winter 1904/05 gebaut; Karl
Meuser fotografierte den
Sprungläufer um 1935
(ganz oben). Er hielt auch
die Startvorbereitungen für
den Titlis-Riesenslalom
fest, der von 1936 bis 1939
durchgeführt wurde und
vom Gipfel nach Trübsee
hinabführte (oben) –
1400 m Höhenunterschied,
der zuerst im Aufstieg
bewältigt werden musste.**

1903 kehrte er mit einem neuen Paar
Fischerski in sein Hochtal zurück, am Tag
darauf stieg er über steile Hänge zum
Juchlipass (2171 m) hinauf. Dort wollte er
den Wildhüter und Bergführer Otto Durrer
treffen, der von der andern Seite, aus dem
Melchtal, aufstieg. Amrheins erste Skitour
in seiner Heimat wäre fast die letzte geworden: «Die Sonne brannte heiss, und der
Schnee war nass und krank; kaum 100 Meter vor mir ging eine Lawine nieder.» Am
24. März kehrten die beiden übermütigen
Skitourenfahrer (aber was wusste man damals schon von Lawinen – fast nichts!)
über Melchsee-Frutt, Engstlenalp und Joch-

pass nach Engelberg zurück. Fazit von
Amrhein: «Es sollte dies eine eigentliche
Reklamefahrt für die Verwendbarkeit der
Ski sein, aber die erhoffte Anerkennung
blieb noch aus.» Schlimmer noch: Amrhein
und andere Skifahrer wurden von den Dorf-
bewohnern tüchtig ausgelacht. Hatten
die Startschwierigkeiten vielleicht auch mit
dem Material zu tun? Die Ski, die ein einheimischer Schreiner um die Jahrhundertwende zimmerte, gehörten nach Aussage
eines Gebrauchers jedenfalls «eher in die
Folterkammer als aufs Schneefeld».
Amrhein liess sich nicht beirren. Am 20. Dezember 1903 gründete er zusammen mit
Otto Durrer und 18 weiteren Interessierten
in der Bierlialp den Sport-Club Engelberg,
der auf regen Zuspruch stiess. 17 Mitglieder unternahmen im Januar 1904 die erste
Clubtour – auf der gleichen Strecke wie
Amrhein und Durrer, nur gerade in der andern Richtung. Nach einem Jahr zählte der
Sportclub (seit 1934 heisst er Ski-Club) bereits 67 Mitglieder. Ein voller Erfolg – auch
sonst, und zwar gleich doppelt im Winter
1904/05: Bau der ersten Schanze (Vorläufer der grossen Titlisschanze, auf der
heute jeweils Ende Dezember die Internationale FIS-Weltcup-Tournee Halt macht)
und die Durchführungen des Skikurses (mit
der Titlisbesteigung durch Leif Berg und
Gefährten). Man blieb nicht untätig: Im
Winter 1905/06 wurde die Schuljugend
jeden Donnerstagnachmittag von Willy
Amrhein und Karl Feierabend unentgeltlich
im Skilauf unterrichtet – der Grundstein für
die vielen hervorragenden einheimischen
Skifahrer und Snowboarder, die seither am
Titlis und anderswo ihre Spuren hinterlassen. 1995 startete die Schweizerische
Sportmittelschule Engelberg mit damals
15 Nachwuchsathleten; Fränzi Aufden-
blatten wurde 2001 Junioren-Welt-
meisterin im Riesenslalom.

«Massenbesuch an schönen Sonn- und Feiertagen»

Am 20. Februar 1904 hatte der Sportclub Engelberg mitgeholfen, den Schweizerischen Ski-Verband zu gründen. Vier Jahre später führten die Engelberger das vierte Schweizerische Skirennen durch (mit Dauerlauf, Sprunglauf, Militärlauf, Hindernis-Rennen, Stilfahren und Damenlauf). Das war der Start zu vielen andern Skirennen, nationalen und internationalen. 1938 fanden die Weltmeisterschaften in Abfahrt und Slalom statt; auf der FIS-Abfahrt durchs Kanonenrohr erreichten die Schnellsten eine Durchschnittsgeschwindigkeit von über 70 km/h. Noch schneller waren die Besten auf der Strecke Jochpass–Trübsee unterwegs, wo in der Zwischenkriegszeit die populären Osterskirennen stattfanden. Ebenfalls im Frühling wurde der Titlis-Riesenslalom durchgeführt, in den Jahren 1936 bis 1939, mit Start auf dem Gipfel und Ziel beim Hotel Trübsee – da waren Können und Kondition gefragt. Mit der Durchführung des 1. Titlis-Sommerslaloms 1969 begann der Sommerskibetrieb an der Gipfelkuppe; nach einem Unterbruch Mitte der Neunzigerjahre jumpen dort oben nun die Snowboarder um die Wette. 1992 fand zudem die erste Telemark-Ski-WM statt. All das dank der 1968 eingeweihten Seilbahn auf den Klein Titlis. Zur Erinnerung: Seit 1927 fuhr die Seilbahn nach Trübsee. Sie wurde, wie schon die unterste Sektion auf die Gerschnialp, für die Wintersportler erbaut. Der Reiseführer «How to be happy in Switzerland (Winter Sports)» empfahl denn auch 1928: «One of the thrills of the district is the recently-constructed aerial railway up to Trübsee, and no skier should fail to transport himself and his skis up to the 6,000 ft. line by this exciting method.» Die Skifahrer schätzten offenbar die mühelose Erreichbarkeit des «hochalpinen Ski-

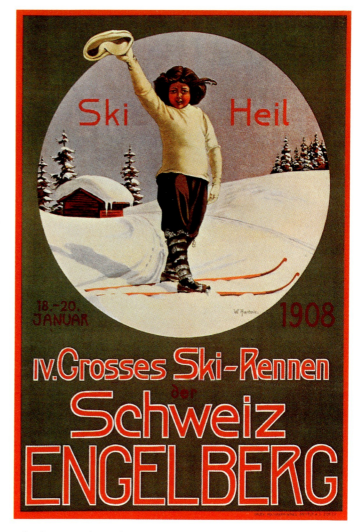

geländes von Trübsee» (so der «Allgemeine Skitourenführer der Schweiz» von 1932). «Die mit Recht berühmte Abfahrt von der Jochpasshöhe nach Engelberg erhält an schönen Sonn- und Feiertagen Massenbesuch», warnte der Luzerner Oskar Allgäuer im SAC-Führer. Am Titlis war der Andrang nicht weniger gross. Oskar Hug im «Schneehasen», dem Jahrbuch des massgebenden Schweizerischen Akademischen Skiklubs, von 1927: «Die winterliche Titlisbesteigung ist heute zur wahren Schlaraffenfahrt geworden.» Und wer wollte da nicht mitgeniessen? Die Route von Trübsee über den Rindertitlis in die stotzige Gletschermulde zwischen Rotegg und Rotstöck-

Werbung und Wirkung: Skiwettkämpfe am Titlis haben eine lange Tradition, vom «vierten Grossen Ski-Rennen der Schweiz» von 1908 – Willy Amrhein schuf das Plakat – bis zur Telemark-Skiweltmeisterschaft 1992 und zum FIS Super-G, der seit 1993 am Jochpass durchgeführt wird. Nur im März 2001 mussten die Schweizer Meisterschaften alpin wegen Schneemangels abgesagt werden.

abfahrten am Titlis, dem «wohl rassigsten und meist betretenen Skiberg der Zentralschweiz» (SAC-Skitourenführer Zentralschweiz 1962), eröffnet worden. Weitere sollten folgen, zum Beispiel das Laub.

«Einer der schönsten Tiefschneehänge der Alpen»

Wer zum erstenmal durchs Laub, jenen 1000 Meter hohen, durchschnittlich 33 Grad geneigten Nordwesthang zwischen dem Laubersgrat und der Gerschnialp kurvte, ist nicht bekannt – wahrscheinlich wurde diese Variante zur gleichen Zeit wie die Steinberg-Abfahrt entdeckt. Sicher ist: Nach dem Zweiten Weltkrieg mehrten sich hier die Spuren. Die Aufmacherfoto von James Riddell im Klassiker «The Ski Runs of Switzerland» aus dem Jahre 1957 zeigt den Titlis – und ein ziemlich verspurtes Laub. Auch Walter Pauses Bildband «Skiparadies Schweiz» von 1974 präsentiert das gleiche Bild, das die zugehörige Legende von der «meist ungespurten Laub-Abfahrt» gleich widerlegt. Von «einem der schönsten Tiefschneehänge der Alpen» schwärmte 1980 Andreas Z'Graggen in der «Weltwoche», wo er «Tips für Tiefschneefahrer» preisgab. Im gleichen Jahr nahm der Sessellift auf den Laubersgrat den Betrieb auf, womit das Laub, «das Paradestück des Klosterdorfes», ohne mühsame Querungen zugänglich wurde. Weitere Superlative von Z'Graggen: «1200 Höhenmeter, die einer da fast in der Vertikalen herunterkurvt. Und unten, auf der Gerschnialp, im Café ‹Ritz›, gibt's erst noch den besten Kafi Träsch von ganz Engelberg.» Wesentlich nüchterner Riddells Einschätzung: «Laub provides real ski-ing.» Dieses wirkliche Skifahren suchen Einheimische und Auswärtige: «Im Laub versammelt sich mit schöner Regelmäßigkeit der ganze Schwung der Pulverschnee-Experten,

Schnee und Eis: Spuren im Schnee von gestern, als noch keine Bahn auf den Klein Titlis fuhr. Karl Meuser fotografierte den Traumskihang des Laub (oben), die Tiefschneepiste unterhalb vom Stand (rechte Seite) und die verdiente Rast unterm Gipfelsignal. Und wenn der Schnee schlecht war, konnte man und frau auf der Eisbahn von Trübsee locker kurven.

li und dann über den Titlisgletscher zum Stotzig Egg und zum Gipfel glich oft genug einer (von den Skiläufern selbst gemachten) Piste. Grund genug, unverspurte Hänge zu suchen – die Sucht nach dem ultimativen Tiefschneekick ist so neu auch wieder nicht. Im März 1937 fuhren Edith Büchi und Willy Liesch aus Engelberg über den westlichen Arm des Titlisgletschers und den Steinberg ins enge Hochtal des Sulzli hinab; die Gletscherabbrüche konnten nur an einer schmalen, sehr steilen Stelle beim Hinteren Titlisjoch überwunden werden. Damit war eine der klassischen Variantenab-

Hals- und Beinbruch: Da staunten die Zuschauer auf der Panoramaterrasse des Titlis über den akrobatischen Sprung hoch über dem Sommerschnee (oben). Und da staunte nur der Fotograf, als Marcel Steurer in das extrem steile Ostwandcouloir einfuhr (rechte Seite). In beiden Fällen haben die Akteure viel Luft unter den Laufflächen, doch beim Extremskifahrer wäre ein Sturz der letzte.

wie von einem Magnet angezogen. Allen voran Geni Hess, Hotelier, Skilehrer, Titlis-König», ist im Bildband «Sterne im Schnee» von 1987 zu lesen. Und seitdem das Tiefschneefahren mit dem Snowboard und dann mit den Carvingskis noch ein bisschen leichter geworden ist, lockt das Laub noch mehr. Der Unterschied zwischen einer normalen Piste und der Laub-Abfahrt sei etwa «so wie zwischen Händchenhalten und Richtig-Liebe-Machen», zitierte die «Sonntags-Zeitung» einen älteren Mann, bevor er sich in den lawinenschwangeren Hang stürzte. Absperrungen und Bedenken wegen Schneebrettern werden einfach weggewischt. Am ersten Tag nach Schneefall ist das Laub innert Stunden zerfahren, selbst wenn das Lawinenbulletin vor «erheblicher Lawinengefahr» warnt. Die amerikanische Skizeitschrift «Powder», die ihren Lesern am Titlis «6000 vertical feet of fresh» versprach, gab denn auch den Rat: «Don't be late.»

«Auf dem Titlis hatte ich einfach Pech»
Lieber zu spät als umkommen. Im Laub sind schon einige Könner fast oder ganz begraben worden. Wenn das Schneebrett losbricht, wird aus dem «no risk, no fun» vieler Tiefschneefahrer innert Sekunden ein zu ernstes Spiel mit dem Tod. Doch am Titlis lauern nicht allein Lawinenfallen, sondern auch Gletscherspalten. Zum Beispiel im Steinberghang, den man von der Rotair-Kabine so gut und verlockend sieht. Eine erste Spur, und schon gibts kein Halten mehr. «An schönen Wochenenden fahren an die 2000 Alpinfahrer und Snowboarder diesen Hang hinunter», gab Christoph Bissig, Pistenchef der Titlisbahnen, der «Schweizer Illustrierten» zu Protokoll. Die Zeitschrift brachte im März 2000 die Story eines Snowboarders, der 30 Meter tief am Brett in der Gletscherspalte hing und nach zwei Stunden aus seiner misslichen Lage befreit wurde. «Ich liebe das Risiko. Auf dem Titlis hatte ich einfach Pech», meinte

Spass und Risiko: Die rassigen Neuschneehänge am Titlis locken Freerider mit einem Brett und deren zwei unwiderstehlich (rechte Seite). Spalten- und Lawinengefahr – die Warnungen bei der Einfahrt in den 1000 Meter hohen Laubhang sind eigentlich unmissverständlich (rechts) – werden weggewischt wie Pulverschnee auf dem Handschuh. Und wer gar noch eine erste Spur ziehen kann wie Marcel Steurer unterm Klein Titlis (folgende Doppelseite), dem lachen Sonne und Herz erst recht. Doch unten kann das Verderben lauern.

der Gerettete. «Freeriden ist genial. Am nächsten schönen Weekend gehe ich wieder boarden.» Aber hoffentlich nur, wenn es die Verhältnisse erlauben.

«Eine meiner extremsten Abfahrten»
Drei andere Titlis-Routen abseits der Piste erfordern ebenfalls sichere Verhältnisse: Galtibergabfahrt, Rundtour und Südwand. Aber nicht nur stabile Schneeschichten sind da gefragt, sondern auch sichere Fahrer. Auf der Galtibergabfahrt gibt es am Ende des gleichnamigen Gletschers – dort, wo man schon tief unten im riesigen Kessel in der Titlis-Nordseite steckt und den Himmel fast nicht mehr erblickt – eine heikle Querung oberhalb von Felsen. Sie wird «in Anlehnung an die Eigernordwand-Terminologie ‹Götterquergang› genannt – wohl, weil man hier unter Umständen besonders schnell bei den Göttern ist» (so der Tiefschnee-Verkünder Z'Graggen). Anders gesagt: stürzen verboten. Dieses Gebot gilt noch viel mehr in der Südwand, die erstmals am 18. April 1970 von Bergführer Ueli Blatter und Skilehrer Geni Hess befahren wurde. Wer auf dieser bis 45 Grad steilen Route auf hartem Schnee stürzt, hat keine Chance mehr. Erschwerend kommt hinzu,

dass der Weg zum Wendengletscher hinunter nicht leicht zu finden ist. Trotzdem wird die Südwand immer öfter befahren – schliesslich sind die Ski und ihre Benützer seit den Zeiten von Amrhein und Berg schon eine Spur besser geworden. Nur die Courage, Neues zu wagen, blieb gleich. Mut und das richtige Material braucht es auch für die so genannte Titlisrundtour. «Grossartige, lange Skitour», bemerkte der SAC-Führer Urner Alpen West von 1980, der die Rundtour zusammen mit der Galtibergabfahrt und der Südwand zum ersten Mal vorstellte. Für die Rundtour muss man nicht nur sehr gut Ski fahren oder snowboarden, sondern auch mit dem Seil umgehen können. Um felsige Steilstufen zwischen den Titlisjöchern und dem Tal von Wenden zu überwinden, sind Abseilmanöver nötig. Verankerungshaken fürs Seil sind vorhanden, aber zuerst muss man sie finden, und das Abseilen mit klobigen Schuhen und aufgebundenen Brettern brachte schon einige Wintersportler ins Schwitzen. Schweiss erzeugt auch die anschliessende Nordabfahrt vom Biwak am Grassen über den Firnalpeligletscher nach Herrenrüti hinab – vor lauter Schwingen im Pulverschnee bleibt fast keine Sekunde übrig,

Sulz- und Pulverschnee: «Hier herrscht das reinigende Licht, die beschwingte Seele und das aufgestaute Menschenherz. Hier tollt es sich aus. Hier gibt es keine Grenzen für alle Lust», frohlockte die Werbebroschüre «Trübsee – Himmel u. Schnee» vom Anfang der 30er-Jahre. «Reisse die wohlgeformte Linie in die blanke stiebende Flur. Zeichne Band und Zirkel in die Silbersteppe. Da ist man Wegelagerer, Glücksritter und Märchenprinz in einer Person.» Er ist bereits unterwegs, auf einem Board (rechte Seite). Und die Schneeprinzessin wartet schon; Foto von Herbert Matter (oben).

zur hoch aufragenden Ostwand des Titlis zu blicken. Ein Schneecouloir durchreisst diese Riesenwand in ihrem südlichen Teil: 600 Meter hoch, bis 65 Grad steil, von senkrechten Stufen unterbrochen. Nicht ganz das, was man sich unter Traumskigelände vorstellt. Am 30. April 1999 wagten sich dort die Bergführer Marcel Frank und Marcel Steurer mit den Ski runter. Kommentar von Steurer: «Eine meiner extremsten Abfahrten.» Man glaubt es ihm gerne. Eine weitere Erstbefahrung am Titlis gelang Steurer am 13. März 2000 mit einer «brutal ausgesetzten» Verbindungsroute vom Laubersgrat in den Galtibergkessel – Nachahmung nur bedingt empfehlenswert. Schon geeigneter ist die direkte, bis 50 Grad steile Südwand vom Titlisgipfel, die der Luzerner Steurer zwei Tage vor dem Exploit in der Ostwand gefahren ist. Kurz darauf wiederholte sein Gefährte Frank diese Abfahrt – mit dem Snowboard. Schwierige Abfahrten mit einem Brett oder deren zwei: Es kommt offenbar nur darauf an, wer sie am Fuss führt.

«Schneeweisse Gletscher in durchsichtiger Luft»

Leif Berg konnte Ski fahren. Und Theodor Herzog darüber schreiben. Beide haben dazu beigetragen, den Ruhm vom Titlis als Skiberg zu verkünden. Elsa Hauthal von Engelberg kam mit den langen Latten wahrscheinlich auch zurecht. Sonst wäre sie wohl nicht Mitglied des Schweizerischen Damen-Skiklubs gewesen. 1939 feierte der S.D.S. sein zehnjähriges Bestehen mit der Herausgabe des Buches «Frohe Stunden im Schnee». Darin erzählte Elsa Hauthal im Text «Titlis im Schnee»:

«Wir steigen mühsam. Ein Sonnentag schwebt mir vor, eine blaudünstige Ferne, schneeweisse Gletscher in durchsichtiger Luft. – Ruhen und Rasten – Huh, wie der Wind durch die Kleider dringt. Im weissen Wehen sehe ich meinen Bruder. Gleichmässig spurt er durch den tiefen Schnee. Aufwärts, immer aufwärts. ‹Bald sind wir oben›, sagt er froh. Nun geht es stark abwärts. Eine kurze Senkung. Der Gipfel! Dort ist der Gipfel! Durch die rasenden Nebel sieht man ab und zu etwas auftauchen, verschwinden. Ja ja, das ist das Gipfelsignal! Lustig blicken wir uns an. Oben sind wir nun doch.»

Der Bau-Berg: Von Ställen über Hütten und Hotels zum Shopping-Center

Am Berg hat der Mensch gern ein Dach über dem Kopf. Zum Übernachten und Übersommern, zum Ausspannen und Einkaufen. Am Titlis, der im Richtplan explizit als touristisch genutztes Gebiet ausgeschieden ist, hat der Mensch schon in frühester Zeit viel Geld in Bauten investiert. 120 Millionen Franken alleine in den letzten 25 Jahren. Beat Christen hat den Bauplatz besichtigt.

Stehen am Titlis oder Jochpass Bauarbeiten an, dann haben die Alpgenossen von Trübsee ein gewichtiges Wort mitzureden. Ohne ihren Segen geht da schon gar nichts. Die Alp Trübsee, auf deren Gebiet ein Grossteil der touristischen Anlagen am Titlis stehen, ist eine der acht Nidwaldner Gemeinalpen Arni, Sinsgäu, Lutersee, Trübsee, Dürrenboden, Steinalp, Bannalp und Kernalp. «Gemeinalpen sind», so der Nidwaldner Regierungsrat Leo Odermatt in seiner Dissertation über die Alpwirtschaft in Nidwalden, «privatrechtliche Personenverbindungen (juristisch: Genossenschaften mit Teilrechten) und haben den Zweck, ihren Mitgliedern (Alpgenossen) eine geordnete, auf die Dauer möglichst vorteilhafte Nutzung einer Alp zu sichern.» Auf der Alp Trübsee gelingt das bestens: Rund eine Viertelmillion Franken fliesst pro Jahr allein dank der Überfahrtsrechte der Titlisbahnen in ihre Kasse. An der jährlich stattfindenden Alpgenossenversammlung geht es vorab

um die Wahl des Hirten und der zwei Bannwarte, die für die Verwaltung der Alp zuständig sind, um die Genehmigung der Rechnung, die Festlegung des Alpzinses und der Stallgelder sowie die Beschlussfassung über Landverkäufe, Stall- und Hüttenbauten.

Alphütten für Alpenbesucher

Die Trübseer-Alpgenossen waren schon seit jeher für die Belange des Tourismus offen, auch wenn sie gerade in den 1990er-Jahren sehr oft am Verhandlungstisch gegenüber den Titlisbahnen die Muskeln spielen liessen. «Man möchte vom Goldvogel auch endlich einige goldene Federn haben», wurde an einer Alpgenossenversammlung moniert, als es um die Zustimmung zu einer Vertragsänderung mit den Titlis- und Jochpassbahnen ging, da diese eine Fusion

Geformt: Ob Wintersportler oder Bergler, beide schätzen eine schöne Bleibe. Das Bierzelt auf dem Jochpass ist rund und nur im Winter in Betrieb (linke Seite). Die Hütten auf der Gschneitalp sind eckig und bieten immer einen gerahmten Blick auf den Titlis; Ansichtskarte um 1900 (oben).

Gediegen: Nach 1919 wurde die Gerschnialp vorübergehend zum Golfplatz, und die Alphütten dienten mehr der Zierde als der Beherbergung von Hirt und Herde. Heute befindet sich der Golfplatz im Talgrund von Engelberg, immer noch mit den Spannörtern als Kulisse (rechts unten).

ins Auge fassten. Doch irgendwie fand man immer wieder den Rank und einigte sich. Dies war wohl früher auch nicht anders. Die Älpler, an das abgeschiedene Leben auf der Alp gewohnt, mussten erst lernen, dass der einsetzende Touristenstrom nicht nur Nachteile mit sich brachte. «Kamen Gäste vorbei, so hat man ihnen immer ein Glas Milch oder Suiffi [Molke mit Käserückständen] aufgetischt. Öfters haben bei uns in der Alphütte Titlisgänger im Heu übernachtet», erzählte jeweils Josef Christen-Waser aus Wolfenschiessen, der zu Beginn des letzten Jahrhunderts während beinahe 40 Jahren Älpler auf Trübsee war, seinen Enkelkindern. So erlebte er auch noch, dass von den insgesamt 17 alpwirtschaftlich genutzten Gebäuden mit Wohnungen immer mehr an Private vermietet wurden. «In den sieben vermieteten Alpgebäuden sind heute rund 70 Betten vorhanden», erklärt Leo Odermatt, Rechnungsführer der acht Nidwaldner Gemeinalpen, und ergänzt: «Dies sind nur unwesentlich mehr als beispielsweise noch vor 20 oder 30 Jahren.» Schon früh wurde auf Trübsee die Bitzihütte an den Ski-Klub Luzern und die Hüethütte am westlichen Ende des Stausees der SAC-Sektion Pilatus verpachtet – damals eine will-

kommene Einnahmequelle für die Alp. Die Traubodenhütte auf Gerschnialp, ursprünglich eine Sennhütte, wurde während Jahren vom Ski-Club Engelberg als Skihütte geführt, ehe sie in Privatbesitz überging.

Das Hotel «Trübsee» als Drehpunkt

Der sachte Übergang vom ursprünglichen Kurbetrieb im Dorf Engelberg zum Alpinismus führte im 19. Jahrhundert dazu, dass da und dort damit begonnen wurde, für die fremden Gäste Milch und Molken auszuschenken. Sehr oft entwickelte sich in der

Folge ein solcher Ausschank zum eigentlichen Gasthaus. Der einsetzende Tourismus brachte es mit sich, dass nicht nur im Tal selber, sondern auch in den Bergen immer mehr Gebäude zur Beherbergung von Gästen errichtet wurden. Die Initiative ergriff dabei der damalige Kur- und Verkehrsverein. Der Plan einer Klubhütte auf Rugghubel, der im November 1883 ins Auge gefasst worden war, sollte mit Hilfe des Schweizer Alpen-Clubs SAC realisiert werden. Anfang Mai 1884 erteilte die Generalversammlung dem Kurvereinsvorstand die Vollmacht zur Ausführung des Projektes, das 1885 vollendet wurde. Übrigens: Die Rugghubelhütte wurde anlässlich der Schweizerischen Landesausstellung von 1883 in Zürich als Modell aufgestellt, nach Ende der Ausstellung auf Empfehlung der SAC-Sektion UTO der Bergführerschaft von Engelberg geschenkt und schliesslich der 1877 gegründeten SAC-Sektion Titlis zu treuen Handen anvertraut. «Dieser Bau ist ein klares Engagement des Kurvereins auch für die Belange des Alpinismus», steht im Protokoll. Nun, wenn man weiss, dass dem besagten Kurvereinsvorstand Eugen Hess-Waser angehörte, erklärt dies schon vieles.

«Sager-Geni» – so nannte man Eugen Hess-Waser – war nicht nur Bergführer, sondern auch Tourismuspionier. 1884 erbaute und eröffnete er das Hotel «Hess» in Engelberg, und nur ein Jahr später liess er auf dem so genannten Staldiegg das Hotel «Trübsee» erbauen. Schon damals soll in der so genannten Bucher-Hütte, dem heutigen Restaurant «Alpstubli» bei der Talstation des Jochpassliftes, ein Milchausschank bestanden haben. Das 1885 eröffnete Hotel «Trübsee» seinerseits wurde immer mehr zum Dreh- und Angelpunkt für Titlisbesteigungen. «Auf wohlgebautem Reitweg erreicht man in einer Stunde, durch Wald ansteigend, die Gerschnialp und über diese und die steile, aber schattige Pfaffenwand in weitern 1½ Stunden das gutgehaltene Gasthaus Staldiegg, das für unsere leibliche Bedürfnisse aufs beste sorgt. Hier wird gewöhnlich übernachtet und am anderen Morgen ein paar Stunden vor Sonnenaufgang aufgebrochen», schrieb Albert Fleiner in seinem 1890 erstmals aufgelegten Reiseführer über Engelberg.

Geschwungen: Modern wirkt dieses Panoramabild aus den 30er-Jahren mit der im Dezember 1927 eröffneten Luftseilbahn von der Gerschnialp nach Trübsee, wo der Engelberger Eugen Hess-Waser, genannt Sager-Geni, das Hotel «Trübsee» erbauen liess. Es steht den Titlis-Touristen seit 1885 – und seit Dezember 1905 auch winters – zur Verfügung, als Etappenort oder auch als Ziel. Rechts oben die beiden Höcker des Titlis, links der spitze Bitzistock (oben).

Gemütlich: Hütte, Biwak-schachtel und Zelt – das Platzangebot wird jeweils kleiner, nicht aber das gute Gefühl, ausser wenn zu viele Köpfe zur Türe hinaus-schauten. Die 1936 auf dem Jochpass gebaute Jochhütte vor dem ersten Umbau; hinten der Graustock (rechts). Das 1970 erstellte Biwak am Grassen, die einzige alpine Unterkunft am Titlis (rechte Seite oben). Das Bergsteigerzelt auf dem Titlis-Gipfel – wenn im Tal unten die Lichter angehen, scheint die Sonne immer noch durch den Eingang (rechte Seite unten).

Biwak-Platz schon vorher bekannt

Lange Zeit war das Hotel «Trübsee» der letzte Ort auf dem Weg zum Titlis-Gipfel, wo die Berggänger ein Dach über dem Kopf erhielten. SAC-Hütten wurden dafür, wie bereits erwähnt, auf dem Rugghubel und 1880 am grossen Spannort durch die SAC-Sektion UTO eingeweiht. Ein Hütten-projekt sollte erst Jahrzehnte später ver-wirklicht werden – das Biwak am Grassen. Ein Brief, der erst in den 1980er-Jahren auf-tauchte, belegt, dass der damalige Präsi-dent der 1910 gegründeten SAC-Sektion Engelberg seiner Zeit weit voraus war. Willy Amrhein schrieb am 3. Februar 1911 an das «Titl. Central-Comitee» des SAC: «Die Sek-tion Engelberg erhielt keine Einladung sich über eventuelle Clubhütten-Bauplätze zu äussern. Wir kommen daher Ihrer Einla-dung in der ‹Alpina› umso freudiger ent-gegen, weil wir wirklich in unserem Gebie-te einen ganz vorzüglichen Platz für die Erstellung einer Hütte haben. Diese Hütte würde etwa in der Nähe des Fusses der Ostwand des Titlis zu stehen kommen. Ent-weder auf einem der Felsenköpfe, die dort aus dem Firnalpeligletscher hervorragen, oder direkt auf dem Wendenjoch bei Punkt 2604 oder 2644. Der Begehung der Ost-wand sowie der Südwand des Titlis würde

hier sehr entgegengekommen, aber nicht nur das, das ganze grosse und sehr interes-sante Gebiet der Wichelplankstöcke, des Murmelplankstockes, der Uratstöcke und Fünffingerstöcke würde dadurch erschlos-sen; zur Zeit sind dies noch fast unbekann-te Regionen. Dies vorläufig zu Ihrer gefälli-gen Notiznahme. Hochachtungsvollst mit Clubgrüssen für die Sektion Engelberg – der Präsident, Willy Amrhein.» Die Grund-steinlegung des Biwaks am Grassen am 23. Juli 1970 erlebte Willy Amrhein nicht mehr. Hätte der 1926 verstorbene Kunstma-ler, Fotograf und Jäger damals noch gelebt, Biwak-Initiant Ueli Blatter und seine Kolle-gen hätten nicht so lange nach dem idealen Standort suchen müssen. Das Biwak steht heute übrigens bei Punkt 2610 und ist bei Titlis-Rundtouren eine beliebte Schlafstelle.

Hütte für Alpinisten wird Beiz für Pistenfahrer

Nur noch sehr wenig von seinem ehemali-gen Charakter als Bergsteigerunterkunft hat das Berghaus «Jochpass» in die Neu-zeit hinübergerettet. Die Jochhütte, wie das Haus, das sich in der Zwischenzeit zu einem stattlichen Restaurant gemausert hat, auch heute noch genannt wird, wurde 1935 auf Initiative des Stanser Fotografen

Gebeugt: Den Arm hochnehmen, wie die Frau mit Sonnenbrille auf dem Plakat von Karl Meuser für Engelberg und Sporthotel Trübsee, um 1950 (oben). Oder beide Arme, wie die Person vor der Basis des 59 Meter hohen Fernmelde-Zweckturms auf dem Titlis. Zum Fotografieren – und vielleicht auch zur Abwehr (vorangehende Doppelseite).

Leonhard von Matt erstellt. Vor allem die Alpinisten entdeckten sehr schnell diese Hütte auf dem Kulminationspunkt des Jochpasses als idealen Ausgangspunkt für eine Besteigung des Titlis. Die beiden ersten Titlisbahn-Angestellten Sepp Arnold und Sepp Mathis wählten nicht zufällig die Jochhütte als Basis für ihre täglichen Gänge zum Titlis, wo sie mit Sondierarbeiten für die Seilbahnmasten beschäftigt waren. «Den Tipp, jeweils vom Jochpass und nicht von Trübsee aus aufzusteigen, gaben uns Bergführer», erzählte später Sepp Mathis und ergänzte mit einem schelmischen Lachen auf seinem Gesicht: «Man war hier halt schon näher beim Titlis.» Nun, er muss es ja wissen. Denn schliesslich hielt er dem Bahnunternehmen bis zu seiner Pensionierung 1992 während 30 Jahren die Treue. Die Sondierarbeiten von Sepp Arnold und Sepp Mathis auf dem Klein Titlis – sie waren gleichzeitig der Beginn einer regen Bautätigkeit am Titlis, der damit endgültig seine Unschuld verlor.

Seilbahntouristen im Panoramarestaurant

Mit der Bewilligung für die seilbahntechnische Erschliessung des Titlis wurde auch dem Bau eines Panoramarestaurants zugestimmt. Damit erfüllte sich für den eigentlichen Titlis-Pionier Adolf Odermatt ein Traum. Der Doktor der Volkswirtschaft, der 1999 auf der Jagd plötzlich starb, liess nie locker. Auch dann nicht, wenn der Weg oft verfahren und ein Ausgang nicht in Sichtweite war. «Der Titlis zeigte sich hartnäckiger als ursprünglich erwartet», meinte er einmal. Erst 1972, fünf Jahre nach der Einweihung der obersten Sektion der Titlisbahn, konnte auch das Panorama-Restaurant eröffnet werden, während der Restaurationsbetrieb auf dem Stand schon im Jahre 1966 seine Tore geöffnet hatte.

Die Bauarbeiten auf über 3000 Metern waren anstrengender, als die Planer angenommen hatten. Max Ammann aus Stansstad begleitete beinahe alle Bauarbeiten auf dem Titlis als Generalunternehmer. Er kann davon ein Lied singen. «Der menschliche Körper ist auf dieser Höhe nicht mehr in der Lage, die gleiche Leistung zu vollbringen wie unten im Tal.» Diesem Umstand mussten Ammann und die Bahnverantwortlichen bei allen Bauvorhaben Rechnung tragen. Und gebaut wurde viel in den vergangenen Jahren. 120 Millionen Franken wurden am Titlis in den letzten 25 Jahren für Bauten und Seilbahnanlagen ausgegeben. «Dabei stand immer das Wohl des Gastes im Vordergrund. Es war immer unser Bestreben», so der ehemalige Titlisbahn-Direktor, Eugenio Rüegger, «den Gästen ein einmaliges Bergerlebnis zu bieten.» Nach der 1999 abgeschlossenen Um- und Anbauphase wurde das Panorama-Restaurant mit einem wesentlich verbesserten Shopping-Angebot vor allem für Gäste aus Fernost ausgestattet.

Kein Shop on the Top

«Am besten ist es, Nachmittags aus dem Thale wegzugehen, um die Nacht in einer der höchsten Sennhütten zuzubringen.» Diesen Rat erteilte Johann Gottfried Ebel in der Zweitauflage seines umfassenden Reiseführers für die Schweiz von 1804. Viele Gäste von heute können diesen Rat nicht mehr befolgen, weil das Reiseprogramm gar gedrängt ist: gestern auf dem Eiffelturm, heute auf dem Titlis und morgen auf dem Petersdom. Um aus dem hochalpinen Kurzaufenthalt der Touristen noch mehr Gewinn zu schlagen, wollten die Titlisbahnen auf Ende 2000 das erste Alpen-Shopping-Center eröffnen. Südöstlich des heute bestehenden Panorama-Restaurants sollte für 11,5 Millionen ein viergeschossiger Bau

entstehen, 16 Meter hoch und 25 Meter breit. «Time-Station» wurde das Projekt genannt, weil die Besucher der Uhrenherstellung hätten zuschauen können. Aber eigentlich sprach man wegen des runden Baukörpers vom «Rondino». Naturschutzverbände liefen gegen dieses Projekt Sturm, in dem ursprünglich auch eine Kapelle enthalten war, um die auf dem Klein Titlis abhanden gekommene Stille der Alpenwelt zu erfahren. Zu einem richterlichen Entscheid wird es wohl nie kommen. Denn den Titlisbahnen eröffnete sich plötzlich ein anderer Weg, auf dem Titlis doch noch zu zusätzlichen Räumlichkeiten zu kommen.

Nutzungsänderungen für den Titlis-Turm

Nein, schön ist er nicht. So wie er trutzig fast zuoberst auf der Kuppe des Klein Titlis (3061 m) steht. Dafür ist er aber zweckmässig – der Fernmelde-Mehrzweckturm der Swisscom, der 59 m hoch in den Him-

mel ragt und schon bei der Anfahrt nach Engelberg die Blicke auf sich zieht. Die 1985 in Betrieb genommene Anlage erlaubte es, Richtstrahlverbindungen sowohl auf der Nord-Süd- als auch auf der West-Ost-Achse herzustellen. Sie stellte damit neben der Anlage auf dem Jungfraujoch die zweite Alpenüberquerung her. Doch die Zeiten haben sich geändert. Die neue Technologie macht keine grossen Anlagen mehr notwendig, weshalb sich die Swisscom von einigen ihrer Grossantennenanlagen trennen will – auch von jener auf dem Titlis. Grundsätzlich haben die Titlisbahnen ihr Interesse an diesem Turm angemeldet. «Die Überlegungen des Unternehmens gehen dahin», so Titlisbahn-Direktor Albert Wyler, «den Turm als Ersatz für das Rondino-Projekt umzunutzen.» Erste Pläne liegen auch schon bereit. Die oberste Plattform des Turmes als Panorama-Terrasse – toll! Weitere Räume könnten als Seminarlokale oder Kaffeestube verwendet werden. Der

Gebaut: Das mehrstöckige Gebäude auf einer Schulter des Klein Titlis, das seit der Einweihung der obersten Sektion der Titlis-Bahn 1967 immer wieder vergrössert wurde.

133

war nicht irgendein Hotel – es war um die Jahrhundertwende das Hotel schlechthin. Albert Fleiner spricht in seinem Buch davon, dass «das Hotel und Kurhaus Titlis seinen Gästen jeglichen Komfort eines Hotels ersten Ranges bietet». Die Dimensionen waren für damalige Verhältnisse gigantisch. Das im Jahre 1865 von Eduard Cattani in drei Etappen erbaute und später erweiterte Haus wies einen Speisesaal für 250 Personen, einen Restaurations- und Billardsaal, einen Gesellschaftssaal mit grosser Veranda, einen Lesesalon, einen Damensalon und einen grösseren Musiksaal auf. 135 Zimmer mit 200 Betten gab es – nebst einigen Privatsalons. Das Hotel – es wurde am 24. September 1968 durch einen Brand zerstört – besass als Novum für damalige Zeiten bereits einen Personenaufzug.

Da gab sich ein anderes Hotel mit dem Namen «Titlis» weit bescheidener. Am einst wichtigen Handelsweg von Engelberg über den Jochpass in Richtung Grimselpass und Wallis eröffnete es 1527 auf der Engstlenalp die Pforte. Dieses Gästehaus steht heute noch neben dem Hotel «Engstlenalp», das im Jahre 1893 erbaut wurde und gleichzeitig den Namen «Titlis» ablöste. Eine Gemeinsamkeit hatten beide Häuser – jenes in Engelberg im Kanton Obwalden und das auf der Engstlenalp im Berner

Zugang wäre über den bereits bestehenden Stollen zu dem schon heute touristisch genutzten Südwandfenster, der ehemaligen Bergstation der Bauseilbahn für das Fernmelde-Mehrzweckgebäude, gewährleistet. Ein Abbruch des Gebäudes kommt trotz seiner nun verloren gegangenen ursprünglichen Bedeutung nicht in Frage. Denn im Turm bleiben weiterhin wichtige Anlagen des Bundes installiert. Ein Teilabbau ist aus Gründen der Statik ebenfalls nicht möglich.

Wo der Titlis Pate stand
Der Titlis hat schon seit je eine ganz besondere Ausstrahlung auf den zu seinen Füssen liegenden Talkessel von Engelberg und dessen Bevölkerung ausgeübt. Klar also, dass eines der ersten Hotels im Ort den Namen des Hausberges trug. Und das Hotel «Titlis»

Geschichtlich: Das alte Gasthaus auf der Engstlenalp, als es noch «Titlis» hiess. Der Berg zeigt sich zwischen Dach und Tanne (ganz oben), das Gästebuch altehrwürdig (oben). Das Hotel «Titlis» in Engelberg, das Eduard Cattani 1865 erbauen liess; nach einer Erweiterung war es jahrelang das grösste Hotel am Platz, und auch eines der schönsten. Ein Brand zerstörte es 1968 (unten).

Oberland: In ihren Betten haben grosse Persönlichkeiten übernachtet. Im Sommer 1866 schrieb unter anderem der irische Gelehrte und Alpinist John Tyndall, Erstbesteiger des Weisshorns: «Bei einem Besuch des Hochgebirges ging ich zuerst nach Engstlenalp, einem der entzückendsten Orte der Alpen.» Aber auch Johann Wolfgang Goethe, Albert Einstein oder Conrad Ferdinand Meyer wussten um diesen «schönsten Ort der Alpen». In Engelberg übrigens erinnert unweit des Talmuseums ein Brunnen an den Aufenthalt von Meyer im Klosterdorf und auf dem Titlis.

Kapelle als Oase der Ruhe

Eine klassische SAC-Hütte, deren Mauern mit grossen, aus der Gegend stammenden Steinen errichtet wurde, sucht man in der Nähe des Titlis vergebens. Die Rolle der Alphütten rund um den Trüebsee übernahm das immer wieder erweiterte Hotel «Trübsee». Und inmitten all der touristischen Bauten steht auf Trübsee eine Oase der

Ruhe – die 1935 zur Ehre Gottes, der lieben Muttergottes, des heiligen Antonius des Einsiedlers und des heiligen Bernhard von Menthone erbaute Kapelle. Grund und Boden im Ausmass von 714 Quadratmetern trat die Alpgenossenschaft Trübsee unentgeltlich an die Römisch-Katholische Kapellenstiftung Obertrübsee als Eigentum ab. In Anpassung an die Bergwelt wurde die Kapelle nach den Plänen des Stanser Architekten Arnold Stöckli vollständig in Stein und als Rundkapelle gebaut. Während der Sommermonate halten die Benediktinerpatres vom Kloster Engelberg den Sonntagsgottesdienst für die Älpler – und für die Touristen.

Beat Christen (Jahrgang 1959) lebt in Engelberg und arbeitet als Redaktor bei der «Neuen Nidwaldner Zeitung», einem Kopfblatt der «Neuen Luzerner Zeitung». Er ist der Verfasser verschiedener Festschriften, unter anderem jener zur Eröffnung der ersten drehbaren Luftseilbahn der Welt, der Rotair. Weitere Publikationen sind die Broschüre «25 Jahre Biwak am Grassen» sowie die Biografie über den Skirennfahrer Urs Kälin aus Einsiedeln. Auf die Wintersaison 2001/2002 erscheint von Beat Christen die Geschichte des Skilaufs in Engelberg (Engelberger Dokumente, Heft 21).

Gerundet: Die 1935 vom Architekten Arnold Stöckli entworfene Alpkapelle auf Trübsee wartet mit Glasfenstern des Engelberger Künstlers Albert Hinter auf. Am Sonntag treffen sich hier Bergbauern und Wandersleut zum Gottesdienst.

Der Bahn-Berg: Vom Gehlift zur Rotair

5347 Drahtseilbahn Engelberg-Gerschnialp Talstation

Von der Drahtseilbahn zur Rotair: Die bahntechnische Eroberung des Titlis begann am 21. Januar 1913 mit der Inbetriebnahme der Drahtseilbahn von Engelberg auf die Gerschnialp (links). Heute parken immer noch schnittige Autos bei der Talstation, aber noch mehr verdreht die Rotair den Leuten den Kopf, wenn sie lautlos hoch über den Spalten des Titlisgletschers dem Gipfel zuschwebt (linke Seite).

Der Berg war nicht nur für die Alpinisten eine Herausforderung. Seilbahnpioniere gleich mehrerer Generationen schrieben Seilbahngeschichte, am Titlis und am Jochpass. Der Übergang zwischen Engelberg und Engstlenalp war bis Mitte des 20. Jahrhunderts Ausgangspunkt für Titlisbesteigungen. Und der Ort, wo sich die Gäste am Lift den Berg hochziehen liessen – im Sommer zu Fuss und im Winter mit Ski. Beat Christen ist mitgefahren.

20. Dezember 1992: Mit der Inbetriebnahme der ersten drehbaren Luftseilbahn der Welt schrieb Engelberg ein weiteres Kapitel schweizerischer Seilbahngeschichte. Begonnen hatte sie am 22. April 1911. An diesem Datum fand die konstituierende Generalversammlung der Drahtseilbahn

Engelberg–Gerschnialp AG statt – ausgelöst durch den schneearmen Winter 1910/11. Die prekären Schneeverhältnisse weckten (schon damals) den Wunsch nach der Erschliessung höher gelegener Skiregionen. Im Oktober 1911 reichte der Engelberger Gemeinderat daher der Bundesversammlung ein Gesuch um die Erteilung einer Konzession für eine Drahtseilbahn auf die Gerschnialp ein. Sechs Monate später lag die Konzession auf dem Tisch, und am 21. Januar 1913 konnte die Drahtseilbahn Engelberg–Gerschnialp ihren Betrieb aufnehmen. Der Bau dieser Bahn, die knapp 300 Höhenmeter überwand, fand damals über die Landesgrenzen hinaus grosse Beachtung, bescherte den Initianten aber auch einiges Ungemach. Es war nicht einmal möglich, die Betriebskosten, geschweige denn die Zinsen der Obligatio-

Die Eleganz der Konstruktion, die zweckmässige Gliederung aller Anlagen dieser Luftschwebebahn prägen die Eigenart und Einzigkeit dieses modernsten schweizerischen Verkehrsweges. Es mögen weitere Schwebebahnen gebaut werden, Trübsee wird die Priorität beibehalten.

Ein Blickfang in das stählerne Rädergefüge der Maschinen vermittelt einen überzeugenden Eindruck gebundener Kraft und technischer Vollendung. Die bauliche Anlage dieser ersten schweizerischen Luftseilbahn hat alle schwersten Prüfungen für Betriebssicherheit und Stabilität mit Bravour auf sich genommen und glänzend bestanden. Alle Möglichkeiten einer Betriebsgefährdung wurden erwogen und gegen diese alle Vorkehrungen angebracht oder eingebaut. Soweit menschliches Vorsehen reicht, wurde bei dieser Anlage alles aufgewendet zur Bequemlichkeit der Passagiere und zur Sicherheit des Verkehrs.

Von Zahnrädern und Menschen: Doppelseite aus der Werbebroschüre «Trübsee – Himmel u. Schnee» vom Anfang der 30er-Jahre (oben). Doch der «Eindruck gebundener Kraft und technischer Vollendung» konnte nur überzeugen, wenn Menschen ins Räderwerk eingriffen, wie Maschinist Walter Hess auf Trübsee (unten).

nenanleihe herauszuwirtschaften. Die Initianten der Bahn, Alfred Cattani, Eugen Hess-Waser und Gottfried Fassbind, waren aber eine verschworene Gesellschaft. «Das Bundesgericht stimmte dem Stundungsgesuch ebenso zu wie den Vorschlägen für eine durchgreifende Sanierung», schrieb der verantwortliche Beamte ins Protokollbuch, wohl selbst erstaunt über den Bundesgerichtsentscheid. Finanziell erholen konnte sich das Unternehmen aber erst mit der Eröffnung der Luftseilbahn Gerschnialp–Trübsee im Jahre 1927.

Die zweite Luftseilbahn

Fernab von Engelberg, in Grindelwald, nahm am 27. Juli 1908 der Wetterhornaufzug als erste Personenluftseilbahn der Welt den Betrieb auf. Der geistige Vater dieses ambitiösen Projekts, der Kölner Regierungsbaumeister Wilhelm Feldmann, ruinierte sich finanziell daran und kam 1906 unter traurigen Umständen ums Leben. Den Engelbergern hingegen verhalf seine Pendelbahnidee, die er 1902 international patentieren liess, mehr als zwanzig Jahre

später zum Durchbruch als Wintersportort. In kurörtlichen Kreisen des Dorfes erwachte der früher vielfach bewunderte Unternehmergeist Mitte der Zwanzigerjahre. Der nach dem Ersten Weltkrieg rasch zunehmende Wintersport veranlasste die Engelberger, einen weiteren Sprung um 500 Meter nach oben zu tun, um, wie die Initianten betonten, «noch besseren Schnee und reizvollere Abfahrten bieten zu können». Am 30. September 1926 gründete man so die Luftseilbahn Gerschnialp–Trübsee AG. «Ein unerschrockener Wagemut

Von Gerschnialp nach Trübsee: Die am 27. Dezember 1927 eingeweihte Luftseilbahn war die zweite in der Schweiz – die erste war der Wetterhorn-Aufzug in Grindelwald (1908–1914). Die Luftseilbahn Gerschnialp–Trübsee erfreute sich grosser Beliebtheit, gerade auch bei den immer zahlreicher werdenden Skifahrern. Die 17-plätzige Kabine (unten) musste grösseren Kabinen weichen; diejenige von 1938 mit den charakteristischen Streben (links) bot 32 Personen Platz; Foto Karl Meuser.

warf ein Seil von der klassischen Sportterrasse der Gerschnialp zur Höhe der Trübseealp. Ein Seil, geschickt über vier Stahlstützen aus Eisenkonstruktion geleitet, lässt zierliche Kabinen aufschweben über eine Länge von 2235 Meter dahingleiten, eine Steigung von 532 Meter überwindend. Eine Fahrt, die in uns Gedanken weckt, als ob wir uns selbst zu ätherischen Gebilden verflüchtigt hätten. Unter sich plötzlich in die Tiefe, über sich nur der dünne Einfall des Seils, und ohne Propellergeräusch, ohne Maschinenlärm, wie magisch angesaugt vom elektrischen Strom, fährt man in den blauen Winterhimmel hinein»: So jubelte das «Fremdenblatt Engelberg» bei der Eröffnung der zweiten Luftseilbahn in der Schweiz.

Die Luftseilbahn von der Gerschnialp auf Trübsee erfreute sich grosser Beliebtheit.

Im Jahre 1931 mussten die alten, für 17 Personen konstruierten Stahlblechkabinen durch 24-plätzige Aluminiumkabinen ersetzt werden, und schon nach sieben weiteren Jahren mussten diese Kabinen solchen für 32 Personen weichen. In der Zwischenzeit hatte sich Engelberg endgültig vom klassischen Sommertouristendorf zum Wintersportort entwickelt. «Engelberg hat den Vorzug», ist dem Zürcher Skiführer von 1933 zu entnehmen, «von Zürich aus auf schöner Straße im Auto bequem in 2 bis 2 1/2 Stunden erreichbar zu sein, und seine Skigäste mit Drahtseil- und Schwebebahn mühelos und in kurzer Zeit 800 Meter in ein prächtiges Skigebiet emporzuheben.» Im Frühjahr 1950 wurde die Drahtseilbahn auf die Gerschnialp ausgebaut: die beiden neuen Wagen boten 70 Personen Platz, 30 mehr als früher.

Von der Luft auf den Boden: 1959 erhielt die Luftseilbahn Gerschnialp–Trübsee eine Schwester, die heute manchmal noch fährt, während die alte Luftseilbahn 1984 der Gondelbahn weichen musste; Foto Karl Meuser (oben). Bevor die Bahnen jeweils gebaut werden können, sind langwierige Vorarbeiten für Stationen und Stützen nötig. Sepp Mathis half tatkräftig mit, die Weiterfahrt von Trübsee Richtung Titlis voranzutreiben (unten).

Die erste Parallel-Luftseilbahn

Der wintersportliche Andrang wuchs nach dem Zweiten Weltkrieg noch rascher, und schon bald einmal erwies sich die Förderleistung von 210 Personen pro Stunde nach dem Ausbau der Luftseilbahn im Jahre 1938 als ärgerlicher Engpass. An der Generalversammlung vom 9. Juni 1958 stimmten die Aktionäre dem Antrag des Verwaltungsrates der Betriebsgesellschaft für den Bau einer Parallel-Luftseilbahn deutlich zu. Nur wenige Meter neben der bereits bestehenden Luftseilbahn wurde eine zweite Anlage erstellt. Nach gut einjähriger Bauzeit konnte die erste Parallel-Luftseilbahn der Schweiz – damals ein Novum und gleichzeitig eine werbewirksame Attraktion – pünktlich auf die neue Skisaison 1959/60 hin in Betrieb genommen werden.

Die erste Sektion der Bahn auf den Titlis

Einmal auf Trübsee angekommen, war es ein verständlicher Wunsch, auch den Titlis mit einer Luftseilbahn zu erschliessen – wenigstens bei denen, die lieber abfahren als aufsteigen. Und solche Skifahrer gab es

in den 50er- und 60er-Jahren des 20. Jahrhunderts immer häufiger. Nach der Ausarbeitung zahlreicher Projekte entschloss man sich, die Luftseilbahn zum niedrigeren der beiden Titlisgipfel, zum so genannten Klein Titlis, zu erstellen. Nicht nur aus seilbahntechnischen, sondern auch aus skisportlichen Gründen wurde auf dem Stand eine Mittelstation mit eingeplant. Die Vorarbeiten begannen im August 1962. Sepp Arnold und Sepp Mathis stiegen damals insgesamt 51 Mal jeden Morgen schwer beladen vom Jochpass aus über die alte Route unter dem Reissend Nollen durch zum Klein Titlis auf. «Je nach Last benötigten wir für diesen Aufstieg zwischen 2 und 2 1/2 Stunden. Unsere Aufgabe bestand darin, Sondierungen für den Standort einer Seilbahnstütze vorzunehmen», erinnert sich Sepp Mathis.

Willi Sutter

Imprimé en Suisse · Printed in Switzerland by A. Frick & Cie. Aarau

Schweiz
Suisse
Switzerland

Parallel-Luftseilbahnen

engelberg

Trübsee   Jochpass   1050–2200 m   3000–7000 ft

Von unten nach oben: Willi Sutter schuf 1965 dieses Plakat für den Verkehrsverein Engelberg. Kein anderer Tourismusort in der Schweiz konnte eine Parallel-Luftseilbahn vorweisen, und deshalb musste mit dieser einmaligen Verkaufsposition geworben werden. Mit dem Jochpasslift gelangten die Touristen weiter ohne Anstrengung in die Höhe.

Die erste Sektion der Bahn von Trübsee auf den Stand konnte am 7. Juli 1965 eingeweiht werden. Und oben auf dem Titlis? Dort suchten die beiden Sepp verzweifelt nach einem Standort für die Seilbahnstütze. «Den Ort, wo heute die erste Stütze der Bahn steht, fanden wir erst im zweiten Anlauf», weiss Sepp Mathis. «Die erste Sondierung wurde 30 Meter weiter östlich vorgenommen. Doch nach 25 Metern Tiefe hatten wir nach wie vor nur Eis, aber keinen Felsen um uns herum.» Heute präsentiert sich die Landschaft rund um die Seilbahnstütze ausgeapert – eine Folge der Klimaerwärmung.

141

Vom Fliegen zum Schweben: Ein Helikopter bringt eine Kabine der Luftseilbahn Trübsee–Stand im Frühjahr 1965 an den Einsatzort (oben). In der Zwischenstation Stand wird in die oberste Sektion der Titlis-Bahn umgestiegen. Sie erreichte den Klein Titlis 1967 (ganz oben): Damit wurde der erste Dreitausender der Schweizer Alpen mit einer Luftseilbahn erschlossen.

Die erste Dreitausender-Luftseilbahn

Mit dem Bau der zweiten Sektion vom Stand zum Titlis betraten die Seilbahnbauer in mancher Hinsicht Neuland. Unter schwierigsten Bedingungen, bei Schneehöhen von bis zu 12 Metern und 100 Zentimetern Neuschnee in einer Nacht des extrem kalten Bausommers, hatten die Arbeiter während mehr als 20 Monaten eine beispielhafte Leistung an den Tag gelegt. Allein die Transporte des Bau- und technischen Materials mussten erst theoretisch

entwickelt, dann experimentell erprobt und am Ende – aus Wettergründen ohne festen Zeitplan – kurzfristig durchgeführt werden. Der Titlis zeigte sich hartnäckiger als angenommen, und auf Grund der Wettersituation war es kein Wunder, dass sich die Eröffnung der obersten Sektion um ein gutes Jahr verzögerte und damit auch die Baukosten zum Leidwesen der Alt- und Neuaktionäre gewaltig in die Höhe schnellten. Aus diesem Grunde wurde der Bau des Panorama-Restaurants auf dem Klein Titlis zurückgestellt.

Am 15. März 1967 war es dann so weit. Zum ersten Mal eroberte eine Luftseilbahn in der Schweiz einen Dreitausender mitten im (fast) ewigen Eis des Titlisgletschers. «Der ganz grosse Schreck fuhr dem gesamten Von Roll-Team und uns in die Knochen», hielt der damalige Technische Leiter Erich Felber in seinen Notizen fest, «als die belastete Kabine bei ihrer ersten Bergfahrt sanft, aber nachhaltig auf dem allzu hohen Schnee aufsetzte.» Im internationalen Vergleich reichte es der Titlisbahn allerdings nicht bis an die Spitze:

Den Höhenweltrekord der Luftseilbahnen
hielt damals bereits die im Jahre 1957 von
Willy Habegger gebaute Pendelbahn auf
den 4771 Meter hohen Pico Espejo in der
venezolanischen Sierra Nevada. Diese Bahn
löste die 1940 gebaute Anlage auf die
Aiguille du Midi ob Chamonix ab, deren
Bergstation der dritten Sektion zunächst
auf 3650 Metern Höhe stand und 1955
auf 3785 Meter verlegt wurde.

Die erste drehbare Luftseilbahn

Die Skigebiete am Titlis und Jochpass er-
freuten sich in den 70er-Jahren grosser Beliebtheit. Dem Ansturm von Fahrgästen war
allerdings die alte Drahtseilbahn unten am
Start der mechanischen Beförderungsan-
lagen nicht mehr gewachsen – an sonnigen
Wintersonntagen musste stundenlanges
Schlangestehen in Kauf genommen werden. An der Generalversammlung vom
30. Oktober 1982 stimmten die Aktionäre
einem Zusammenschluss der Drahtseilbahn
Engelberg–Gerschnialp AG und der Luftseilbahn Gerschnialp–Trübsee AG zur
neuen Aktiengesellschaft Bergbahnen
Engelberg–Gerschnialp–Trübsee AG zu.
Gleichzeitig wurde das Aktienkapital der
neuen Gesellschaft auf 6,25 Millionen
Franken erhöht und die Vollmacht zum Bau
einer Sechser-Gondelbahn mit direkter
Verbindung von Engelberg bis auf Trübsee
mit Zwischenstation auf der Gerschnialp erteilt. Die moderne Gondelbahn nahm kurz
vor Weihnachten 1984 ihren Dienst auf.
Mit der Eröffnung der ersten drehbaren
Luftseilbahn der Welt im Dezember 1992 –
auf der Fahrt von der Zwischenstation
Stand zur Bergstation auf dem Klein Titlis
rotiert das Innere der runden Rotair-Kabine
einmal um 360 Grad – war der Ausbau der
Anlagen noch nicht abgeschlossen. Nächster Fixpunkt war 1999 der Bau einer
kuppelbaren Sechser-Sesselbahn über den

Titlisgletscher – auf dieser Höhe in der
Schweiz eine absolute Neuheit. Entspre-
chend schwer taten sich die Fachleute im
Bundesamt für Verkehr. Aber heute steht
der «Ice Flyer» und transportiert vorwiegend Sommersnowboarder und Gäste
aus Fernost über die Gletscherspalten.

Die rekordverdächtigen
Materialbahnen

Das Südwandfenster auf dem Titlis ist das
letzte Erinnerungsstück an eine rekord-
verdächtige Seilbahn, die eigens für den
Bau des Fernmelde-Mehrzweckgebäudes
erstellt wurde. Das grösste Spannfeld dieser 4,7 Kilometer langen Bauseilbahn zwischen Feldmoos (1600 m) im bernischen
Gadmertal und der Bergstation (3026 m)
mass 3476 Meter. Als die 7,5 Millionen

**Vom Kurven zum Drehen:
Die erste drehbare Luftseilbahn der Welt ist die Rotair.
Sie wurde im Dezember
1992 eingeweiht und bringt
im Winterhalbjahr nicht wenige Tiefschneefahrer auf
den Berg, die dann im spal-
tenreichen Titlisgletscher
ihre Spuren hinterlassen.**

143

Der Kalk-Berg:

Am 8. August 1996 trottete ich gemütlich vom Sporthotel Trübsee über den Laubersgrat zur Mittelstation Stand, ausgerüstet mit der Kartiertasche und dem obligaten Geologenhammer, um mein Arbeitsgebiet zu erkunden. Schon nach der ersten Wegkurve traf ich einen Mann, der sich als Bauleiter der Titlisbahn zu erkennen gab. Meine Ausrüstung verriet den Geologen, und meine Absicht, den Titlis geologisch zu kartieren, kam ihm gelegen. Eben hatte er die Bohrkerne für die Stützen des neuen «Ice Flyer»-Sessellifts vom Rotstöckli zum Klein Titlis im Dachboden der Station Stand eingelagert und war mit dem planenden Ingenieur froh, dass ein Fachmann die Kerne beschrieb und den zugehörigen Schichten zuordnete.

Unerwartet stand ich mitten in meinen Aufnahmen, überrascht, so auch die verborgenen Schichten unter dem Gletscher kennen zu lernen. Das Ziel der Geologie ist es nicht nur, den Baugrund zu qualifizieren, Vorhersagen über den Untergrund zusammenzutragen, sondern auch aus den Gesteinen der Erdoberfläche die Erdgeschichte zu entziffern. Dies geht natürlich in einem dreidimensional aufgeschlossenen Sedimentklotz wie dem Titlis besser als im Flachland. Wichtig ist dabei die Suche nach Fossilien und Mineralen, um das Alter und die Art der Bildung der Gesteine zu bestimmen und ihre Überschiebungen und Verlagerungen zu erkennen. Dies erlaubt, das Leben und die Prozesse der verschiedenen Erdabschnitte zu erfassen und ihre Entwicklung nachzuzeichnen. Ursprünglich bildeten sich die Gesteine entweder aus abkaltenden Schmelzen im Erdinnern oder aus Ablagerungen, so genannten Sedimenten, im Meer oder Süsswasser. Da die Platten der Erde sich ständig bewegen, wandern die Gesteine, prallen an Plattengrenzen zusammen und türmen sich zu Gebirgen auf. Die Granite und kristallinen Gesteine, auf denen der Titlis ruht, wurden bei der vorletzten Gebirgsbildung vor rund 300 Millionen Jahren

zusammengeschoben. Anschliessend entstanden die verschiedenen Sedimente des Titlis; sie wurden bei der Bildung der Alpen vor etwa 20 bis 30 Millionen Jahren verfaltet und aufgepresst. Auch die darunter liegenden kristallinen Gesteine erlitten nochmals eine Verschuppung und zuletzt eine Hebung. Die folgende Verwitterung und die Arbeit der Gletscher zernagte darauf den Gesteinsklotz. Härtere Sandsteine und kristalline Schiefer schützten die weicheren Kalke und Tonmergel, was zu den heutigen grandiosen Wänden und Zähnen führte.

Die meisten Sedimente des Titlis wurden auf dem Kristallin abgelagert, wo sie heute noch fast an Ort liegen. Aber bereits die beiden Rotstockschuppen sind durch den Druck der afrikanischen Platte vom Südrand des Aarmassivs nach Norden verfrachtet worden. Und vom Laubergrat über den Rindertitlis wieder zum Jochstock hinauf verläuft die Südgrenze der so genannten Wildhorn-Decke. Dieser Sedimentstapel liegt zuerst verkehrt (die jüngsten Schichten zuunterst) und ab dem Jochpass normal auf dem Untergrund; er wurde aus einem tieferen Meeresbecken weit im Süden über die Titlissedimente überschoben. Die ältesten Sedimente des Titlis liegen am Wendenjoch, ein leicht kohliges Karbonsediment, einst in feuchtheissen Regenwäldern in Süsswassertrögen abgelagert. Nach einer Festlandphase überflutete ein Flachmeer langsam das Kristallin, am Süd- und Ostfuss des Titlis treten Sand-

steine, dann ein gelbes Dolomitband auf (Trias-Zeit), darüber folgen Schiefer und Spatkalke des Doggers mit einem Fossilhorizont im Dach. In einem tieferen Meer entstanden schliesslich die Sedimente der Malm- und ältesten Kreidezeit, die als Hochgebirgskalke die mächtige Südwand des Titlis aufbauen. Sie ist im oberen Teil von grünen und orange Karsttaschen durchzogen, ein Hinweis auf die Festlandzeit der Kreide. Schliesslich folgen auf der Nordwestseite des Titlis (Hohgant-)Sandsteine eines Flachmeeres mit Kleinlebewesen, dann tiefermarin gebildete (Globigerinen-)Schiefer. Die jüngsten Sedimente bestehen aus Flysch: Sandsteine und Schiefer (Dachschiefer), die mit tigerfarbigen, vulkanischen Ablagerungen abwechseln (Taveyannaz-Sandstein). Das klingt nicht nur kompliziert, sondern ist es auch – für Nichtgeologen. Für Bauleiter ist es aber wichtig, wo sie ihre Werke verankern, im Tonmergel oder im kristallinen Schiefer.

Benno Schwizer (Jahrgang 1934) arbeitete viele Jahre als Wissenschafter am Geologischen Institut in Bern und betreute vor allem den stratigrafischen und mikropaläontologischen Bereich. Er benützt die Sommermonate zur Aufnahme geologischer Karten, unter anderem im Fürstentum Liechtenstein, um Davos und zur Zeit die Region des östlichen Berner Oberlandes einschliesslich des Titlis.

Profil durchs Titlismassiv

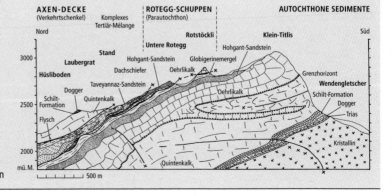

Franken teure Anlage ihre Aufgabe erfüllt hatte, wurde sie wieder abgebrochen, obwohl sie dem touristisch entwicklungsfähigen Gadmertal auf einen Schlag ein hochkarätiges Ausflugsziel und Skigebiet erschlossen hätte – ihre zeitlich befristete Konzession war mit der ausdrücklichen Zweckbestimmung einer Bauseilbahn erteilt worden. Das gleiche Schicksal widerfuhr der Materialbahn für den Bau des «Ice Flyers», die nicht nur 1,5 Kilometer länger war als die Bauseilbahn des Fernmelde-Mehrzweckgebäudes, sondern mit 2000 Metern auch eine grössere Höhendifferenz überwand. Als «verrückteste Materialbahn des Jahres 1999» bezeichnete sie Konstrukteur Sepp von Rotz. Die Erschliessung beider Baustellen mit Materialbahnen und unabhängig vom touristischen Verkehr habe sich trotz Mehraufwendungen voll bewährt, sagt der ehemalige Titlisbahn-Direktor und Erfinder der Rotair, Eugenio Rüegger: «Helikopter-Transporte wären nicht nur wetterabhängig gewesen, sondern hätten auch den touristischen Betrieb sowohl auf dem Titlis wie auch im ganzen Tal empfindlich gestört.»

Die verrückten Jochpass-Bahnen

Der Jochpass war schon in frühester Zeit ein wichtiger Handelsweg. So verwundert es nicht, dass das anhaltende Bahnfieber zu Beginn des 20. Jahrhunderts allerhand Bahnprojekte hervorbrachte. Eines davon war eine Weiterführung der Stansstad–Engelberg-Bahn via Trübsee über den Jochpass nach Meiringen. In die Planung miteinbezogen war eine Anschlussbahn auf den Titlis. Das entsprechende Konzessionsgesuch wurde beim eidgenössischen Eisenbahnerdepartement 1906 eingereicht. Doch die einst starke Flamme verkümmerte allmählich zum Flämmchen, bis in den 1930er-Jahren die Studiengesellschaft für

eine Schmalspurbahn Meiringen–Engelberg AG aus dem Schweizerischen Handelsamtsblatt gestrichen wurde. Ebenfalls keine Chance auf Erfolg hatte der im Jahre 1909 in Planung genommene Luftschiffbetrieb zwischen Engelberg und Meiringen – schade eigentlich, das wäre doch eine touristische Sensation wie die Rotair gewesen. Aber auch so war der Tourismus nicht mehr aufzuhalten. Die Eröffnung der Schwebebahn Gerschnialp–Trübsee machte das Jochpassgebiet für die Skitourenfahrer und Wanderer noch bekannter. Es war der 31. Mai 1943, als unter dem Vorsitz des Präsidenten der Schweizer Reisegesellschaft, Werner

Von Bern nach Obwalden: 1979 bis 1985 führte von der bernischen Sustenpassstrasse eine Luftseilbahn direkt auf den mehrheitlich zu Obwalden gehörenden Titlis. Die eindrückliche Bahn transportierte aber keine Touristen, sondern Material für den Bau des Fernmelde-Mehrzweckturms.

vom Jochpass zum Jochstock und erhielt seinen Namen vom Bronzemedaillengewinner in der Abfahrt an den Olympischen Winterspielen in St. Moritz 1948, Ralph Olinger. Verschwunden ist hingegen der Tellerlift der Jochpass–Jochstock AG, der genau der ungeraden Kantonsgrenze Nidwalden/Bern entlangführte. Ein schwerer Schlag für das heute ebenfalls zu den Titlisbahnen gehörende Unternehmen am Jochpass war die Gewitternacht vom 13. auf den 14. Juli 1987. Durch einen Blitzschlag brannte die Talstation des Jochpassliftes vollständig nieder. Noch im selben Monat wurde dem Bau einer kuppelbaren Vierer-Sesselbahn zugestimmt, im Sommer 1994 wurde dann auch die Sesselbahn Engstlenalp–Jochpass durch eine moderne Anlage ersetzt. Und auch die Tage der beiden Skilifte auf den Jochstock sind gezählt: Schon 2002 sollen sie durch eine moderne kuppelbare Hochleistungs-Sesselbahn mit Windschutzscheiben ersetzt werden.

Ja, und dann gibt es noch einen flachen Lift am Titlis. Einer, der keine Passagiere nach oben und teilweise wieder nach unten bringt. Sondern sie horizontal befördert, von der Station Trübsee über den Trüebsee bis zur Talstation der Jochpassbahnen. Lange Jahre war dies ein berühmt-berüchtigter Schlepplift, von dem Anfänger auf einem Brett (und auch auf deren zwei) gleich reihenweise kippten. Seit dem Winter 2000/ 2001 nun transportiert eine Sesselbahn die Wintersportler hin und her – schön bequem und etwas langweilig. Ihre Masten sind fest im Boden verankert; die Stützen des Schlepplifts hingegen standen noch im Trüebsee und mussten im Frühling jeweils entfernt werden – damit die Seespaziergänger freien Blick zum Titlis hatten.

Vom Ski- zum Sessel- und Gehlift und zur Luftkabelbahn: Der Jochpasslift wurde ab Winter 1944 als Skilift betrieben (oben); Foto Karl Meuser. Im Sommer aber wurden die Bügel durch andere Konstruktionen ersetzt (rechte Seite): Während man auf dem Sessel Kind und Pudel einigermassen bequem transportieren konnte und sich die zwei Personen in der Kabine wohl etwas auf den Füssen herumgestanden sind, dürfte die Frau auf dem Gehbügel sicher ein paar sehnsuchtsvolle Gedanken an die kalte Jahreszeit gehabt haben.

Hunziker, auf Trübsee die Gründungsversammlung der Genossenschaft Jochpasslifte erfolgte. Diese wollte von Trübsee aus auf den Jochpass im Winter einen Skilift und im Sommer einen Sessellift betreiben. Erbauer war der Zürcher Henri Sameli-Huber. «Seine Sesselkonstruktion beeinflusste nachhaltig das Design seiner Nachfolger auf Jahrzehnte», sagt Seilbahnhistoriker Dieter Schmoll. «Ein Jahr später entwickelte das heute fast vergessene Genie vom Zürichsee am gleichen Ort eine tonnenförmige überdachte Stehkabine für zwei Personen, die mit zwei Klemmen fest am Seil hing, und einen Spezialbügel, den sich Fussgänger als Aufstiegshilfe unter das Gesäss klemmten.» Der legendäre Gehlift wurde am 15. Juli 1944 eröffnet, während der Sessel- respektive Kabinenlift erst drei Wochen später seinen Betrieb aufnahm.

Auf dem Jochpass entstanden in der Folge weitere Skilifte. Den Olingerlift gibt es heute noch; er führt auf Berner Hoheitsgebiet

Der Reiseführer-Berg: Vom Bericht zum Topo

Wie kommt man auf welcher Route auf den Titlis? Eine Frage, die sich spätestens nach der Erstbesteigung stellte. Tourenschilderungen, allgemeine Reise- und spezialisierte Alpinführer gaben und geben ganz unterschiedliche Antworten. Dabei ändert sich die Art der Beschreibung ganz entscheidend: Vom persönlich gefärbten Bericht bis zu trockenen Wegbeschreibungen und zu Zeichnungen, die Worte fast überflüssig machen. Daniel Anker hat in einigen Büchern geblättert.

Ganz am Anfang, und immer wieder, bis heute: der Blick von unten auf den Berg. «Gegen Süd-Ost, wenn man zum Closter hinaus sieht, sieht man den Titlis-Berg sein Haupt zwischen Wolken emporheben. Er ist mit beständigem Schnee und Eis bedeckt und wird insgeheim vor den höchsten in der Schweitz gehalten.» So sah der Zürcher Alpenforscher Johann Jakob Scheuchzer 1702 den Berg: hoch, vereist, unnahbar. Die Frage einer Besteigung stellte sich nicht. 42 Jahre später betraten erstmals Menschen den Titlisgipfel. Aber da die vier Erstbesteiger keinen eigenen Bericht über ihre eigentlich Aufsehen erregende Tat machten, vergingen noch Jahre, bis man durch Berichte zweiter und dritter Hand davon vernahm. Zum Beispiel beim deutschen Philosophieprofessor Christoph Meiners: «Vor wenigen Jahren kletterten drey Engelberger freylich nach unsäglichen Gefahren

und Mühseligkeiten auf die oberste Spitze des Titlis und steckten zum Andenken ihrer Unternehmung, die lange unnachahmlich bleiben wird, eine Fahne auf.» 1783 weilte Meiners in Engelberg, im Jahr darauf kamen seine «Briefe über die Schweiz» heraus. Und im September 1785 erfolgte die Zweitbesteigung des Titlis durch Maurus Eugen Feierabend und Gefährten; sein Bericht erschien nur einen Monat später im «Luzernischen Wochenblatt». Damit wurde in der Berichterstattung über den Titlis eine neue Seite aufgeschlagen.

1. Seite: «Ein schrecklicher und majestätischer Anblick!»
Jede Tour, auch die schwierigste, ist eigentlich ganz einfach: Vorbereitung, Aufstieg, Gipfel(aussicht), Abstieg. Die Chronologie einer Bergbesteigung. Auch der nacherzählte Erstbesteigungsbericht «Beschreibung einer Reis auf den Titlisberg» folgt diesem

Weganlage: Dort ist der Gipfel, da bin ich. Und wie komme ich dort hinauf? Das scheint sich der einsame Wanderer in Lorenz Hubers Pastell «Titlis vom Trübsee aus» zu fragen; 1999, 61 x 46 cm (oben). Für den Begeher des Klettersteigs in der Südwand des Titlis stellt sich die Frage nicht mehr – wenn er einmal die eiserne Anlage tritt- und griffbereit vor sich hat (linke Seite).

Engelberg. Panorama vom Titlis. 3239 m.ü.M.

Engelberg mit Titlis.

Schema (vgl. Kasten «Der Kloster-Berg», S. 42); Aussicht und Abstieg werden sehr kurz gehalten. Das beeindruckende Panorama konnte damals weder von den Alpinisten noch vom Chronisten in Worte gefasst werden – sie kannten ja auch kaum die Berge. Anders Feierabend: «Die ersten Gegenstände, die unsre Aufmerksamkeit auf sich zogen, waren die Alpen von Wallis, Bern und Savoyen mit ihren Gletschern und Eisthälern. Ein schrecklicher und majestätischer Anblick!» Mit andern Worten: ein Erlebnis für den Schreibenden – und für den Leser. Er konnte und kann sich vorstellen, was ihn erwartet: schweisstreibender Aufstieg, schwindelerregende Aussicht und nebensächlicher Abstieg. Der ist kein Thema – runter muss man ja immer vom Berg. Die Titlisberichte der nächsten Jahrzehnte gleichen sich darin.

Besonders schön ist die Beschreibung einer Titlis-Besteigung aus dem Jahre 1856, abgedruckt in den «Gedenkblättern aus dem Alpenkurort Engelberg» von 1862, einem Buch, das Carl Cattani und August Feierabend für die Touristen zusammenstellten. «Was ist der Rigi mit seiner Aussicht so ruhig, so leicht orientirbar, so konservativ gegen das rebellische Auf- und Niederwogen, gegen das geborstene Riesen-Chaos, diese gewaltige Trümmerwelt, welche man in Nah und Fern vom Titlis überschaut?» Das fragte ein St. Galler Alpinist sich und den Leser, gleich eine weitere Frage anfügend: «Soll ich ein ellenlanges Namensregister hier aufzählen, das man zur Genüge in jedem Reisehandbuche als Panorama-Litanei aufgeführt findet?» Diese Aufgabe überliess er den Reiseführern. Stattdessen verwies er auf zwei Möglichkeiten, das Panorama erklärt zu bekommen: durch die Person des Bergführers oder durch das Faltpanorama von Heinrich Zeller-Horner, das 1832 erstmals publiziert worden war

und dem Reiseführer über Engelberg von Carl Cattani beigelegt wurde. Ein bisschen Reklame für eigene Werke schadet nie, mag sich Cattani gedacht haben.

Die Titlis-Berichte häuften sich mit der Anzahl der Titlis-Besteigungen. Wie also in Worte fassen, was schon hundertmal geschildert wurde? Glück hatte um 1890 ein Mitglied der SAC-Sektion Bachtel: «Auf einen neuen Vorzug unseres Nebels wurde ich aufmerksam gemacht: mein Besteigungsbericht könne sich der schwersten Aufgabe, nämlich der Aussichtsschilderung, nun mit guter Ausrede entziehen (was ich natürlich anmit dankbarst profitire).» Und auch in diesem Fall verwies der Berichter-

TITLIS-GRÜSSE

statter auf ein publiziertes Panorama, auf dasjenige von Xaver Imfeld. Warum das schildern, was ohnehin bekannt und greifbar ist? Lieber interessante Begebenheiten der Tour erzählen – beispielsweise das Essen unterwegs, wie in diesem Reisebrief von 1871: «Auf dem sogenannten ‹Stande›, einem Vorberge des Titlis, eine halbe Stunde unter dem Gletscherübergang des Titlis, wird das Frühstück serviert: Der Teller besteht aus einer alten Zeitung, in welche die Mahlzeit eingewickelt ist, der Tisch in dem Tornister des Führers, und dieser selbst macht den Kellner und schneidet mit seinem ‹Hegel› den Braten zurecht.» Oder besondere Begegnungen wie für Professor Hermann Zähringer aus Luzern, Mitglied der 1864 gegründeten SAC-Sektion Pilatus: «Abends traf ich noch 4 Luzerner Handwerker, welche über die Surenen nach Altdorf zu wandern gedachten [...]. Allen Respekt vor Handwerkern, welche eine Gebirgswanderung einer schalen Kneiperei vorziehen und in der reinen Alpenluft Stärkung für

Wegbereiter: Auch Bergsteiger müssen schlafen, und die bequemsten Betten fanden sich in den prächtigen Hotels im Dorf Engelberg, gut zu sehen auf der Ansichtskarte des fleissigen Künstlers C. Steinmann (linke Seite unten). Die Ansichtskarten dienen nicht nur der Mitteilung, dass der Absender oben war, sondern zeigen auch – für diejenigen, die bei Nebel unterwegs sind, eine nicht unwichtige Information –, wie es oben aussieht (linke Seite oben). Das machen auch touristische Prospekte; hier einer von 1928, als die Trübsee-Bahn eine Titlisbesteigung bereits wesentlich verkürzte (oben). Da blieb mehr Zeit, die Zeitschrift «Titlis-Grüsse» des Klosters zu lesen (unten).

Wegkarte: Warum viel schreiben, wenn es eine gute Karte mit eingezeichneten Routen (Aufstieg und Abstieg sind teilweise unterschiedlich) und sogar Zeitangaben gibt? Heinrich Zeller-Horners «Plan des Titlisgebirgs» erschien 1833 als sehr nützliche Beilage zu seinem Panorama. Und gleichzeitig als eine der ersten Routenkarten in der Geschichte des Alpinismus. Fehlt nur noch blauer Himmel!

Plan des Titlisgebirgs

mit Angabe des Weges, welcher bey der Ersteigung seines Gipfels des Nollen, den 15 August 1832, genommen wurde

Von Engelberg auf den Nollen steigt man in 6 Stunden namlich: auf die Trübseealp 2 St., Rotheck 2½ St., über Gletscher auf den Gipfel 1½ St.

ihre Tagesarbeit suchen!» Ob die Handwerker wohl auch einen Bericht verfassten, verfassen mussten?

Wenn gewöhnliche Worte nicht mehr hinreichten, kam die Poesie zum Zug. Ebenfalls in den «Gedenkblättern» zu finden ist das Gedicht «Auf der Spitze des Titlis». Ausschnitt: «Und endlich dann und endlich / Nach mancher schweren Stund', / Aus tiefem Busen athmend, / Ich auf der Kuppe stund.» Wunderbar, aber heute kaum mehr

goutierbar. Dann lieber der prosaische Ton von Margherita Nugent aus Florenz, die vom 28. auf den 29. August 1911 im Hotel Trübsee übernachtete, dem meistens gewählten Stützpunkt für eine Besteigung des Titlis von Engelberg aus: «Alle 21 andammo a letto, non prima peraltro di aver messo le pellicole nella macchina fotografica» – das Bereitstellen der Kamera für die Dokumentation einer (erfolgreichen) Besteigung als erwähnenswerte Handlung.

Bevor handliche Kameras erfunden wurden, hatte der Bericht auch die Funktion der Beglaubigung: genaue Ortsschilderung bewies, dass der oder die Schreibende dort war. Die Kamera nahm ihm diese Arbeit ab. Und heute stellt man einfach ein paar Fotos in die Webseite. Eine Französin setzt bei ihrer «Ascension du Titlis» – mit der Bahn selbstverständlich, und der Gipfel ist die Bergstation – immerhin noch ein paar Sätze zu ihren Bildern: «Si vous souhaitez d'autres infos, n'hésitez pas à m'envoyer un E-Mail, je me ferais un plaisir de vous répondre» (users.skynet.be/foudurail/vo/titlis.html). Dieter Hartig braucht für seine Titlis-Tour vom 26. Juni 1999 keine Buchstaben und keine Zahlen mehr. Noch zehn Bilder sind da, die man per Klick vergrössern kann (www.dieter-hartig.de/titlis/). Die Beschreibung hat ausgespielt.

2. Seite: «Nur bewahre man seine Augen»

Wenn man wissen will, wie es live auf dem Berg oben aussieht, klickt man auf www.titlis.ch. Tag und Nacht. Diese Verfügbarkeit kannte man früher nicht. Es gab eine andere: jene der Reiseführer. Sie vermittelten den Benützern alle nötigen touristischen Informationen für die Besteigung des Bergs. Kurz und bündig, ohne dass sich die Reisenden durch den mehr oder weniger ausschweifenden Bericht zu kämpfen hatten – einen Bericht zudem, der meistens nicht verfügbar war, weil er in einer Zeitschrift, einem Jahrbuch eines alpinistischen Vereins publiziert worden war.

Der erste Reiseführer allerdings versagte kläglich. «Auf dem Tittlisberg ist eine der herrlichsten Aussichten», heisst es bloss im «Handbuch für Reisende durch die Schweitz» von 1790. Das offensichtliche Informationsdefizit behob Johann Gottfried Ebel in seiner erstmals 1793 publizierten

Wegweiser: Bergführer Karl Waser wartet mit zwei Touristen, bis Margherita Nugent aus Florenz die Foto für ihren Bericht gemacht hat (ganz oben). Auf dem Trüebsee wartet das Boot, um die Gäste zur Luftseilbahn zu bringen (oben).

Wegzeichen: Carl Cattani publizierte 1852 den ersten Reiseführer, der wirklich Angaben für eine erfolgreiche Besteigung des Titlis lieferte (rechts). Zudem enthielt er das Panorama von Heinrich Zeller-Horner – unverzichtbares Hilfsmittel für alle Besteiger, um die Zinnen am Horizont bestimmen zu können. Zum Beispiel (rechte Seite oben, von links) der breite flache Alphubel, die sechs Spitzen der Mischabel, dann wuchtig das fast voll besonnte Hintere Galmihorn und rechts davon munzig und dunkel das Matterhorn; darunter der grosse, sanft geneigte Schneehang des Steinhüshorns. Oder (rechte Seite unten, von rechts) Schreck-, Lauteraar-, Gross Grün-, Agassiz- und erhaben das Finsteraarhorn.

Das

Alpenthal Engelberg

und seine

Berg-, Wasser-, Milch- und Molkenkuren.

Beschrieben

von

C. Cattani,

Arzt in Engelberg.

Mit mehrern Lithographien und dem Titlis-Panorama.

«Anleitung auf die nützlichste und genussvollste Art die Schweitz zu bereisen», während Jahren der massgebende Reiseführer für die Schweiz. In der ersten Auflage schildert er Feierabends Route und weist noch auf einen «weniger gefährlichen Weg» hin, über den der Titlis auch schon bestiegen worden sei. Eine Beschreibung dieses Weges sucht man vergeblich, auch in der zweiten Auflage von 1804/05 ist er nicht vorhanden. Immerhin ist dort erstmals ein Hinweis zur Übernachtung zu finden – zentrale Information eines jeden brauchbaren Reiseführers: «Am besten ist es, Nachmittags aus dem Thale wegzugehen, und die Nacht in einer der höchsten Sennhütten zuzubringen.» Ob Ebel freilich vorher die Sennen gefragt hatte, ob sie die Touristen wollten und dafür auch eingerichtet seien? 1838 erschien John Murrays «Handbook for Travellers in Switzerland», die Bibel englischsprachiger Touristen. Auf ein paar Angaben zu Höhe, Geologie, Aussicht und Vergletscherung des Titlis folgen noch die Hinweise: «It is frequently

ascended, and without danger.» Etwas magere Kost. Besser machte es sechs Jahre später der «Baedeker», Murrays Konkurrenz aus Deutschland: «Von Engelberg aus wird häufig der südöstlich gelegene Titlis, 10,570 F. ü. M., bestiegen, wozu man unter der Leitung eines Führers an 8 Stunden gebraucht.» Anders gesagt: Es gibt Bergführer, und es braucht Kondition. Und da gehts lang: «Dann führt der Weg über grüne Matten, weiter über Geröllabhänge und endlich 1½ Stunde lang über Eis- und Schneefelder. Der höchste Gipfel heißt der Stollen.» Der Nollen wurde zum Stollen, ein – aus heutiger Sicht (Südwandstollen unterm Klein Titlis!) – hübscher Druckfehler. Umfassende Informationen lieferte 1852 der Führer vom Engelberger Arzt und Fremdenverkehrsförderer Carl Cattani mit dem etwas umständlichen Titel «Das Alpenthal Engelberg und seine Berg-, Wasser-, Milch- und Molkenkuren». Die eigentliche Routenbeschreibung fiel knapp aus (die Reisenden sollen ja schliesslich einen Führer buchen), dafür gab Cattani – ganz Arzt – diesen Hinweis: «Nur bewahre man seine Augen; der Glanz des Schnees, wenn ihn die Sonne bescheint, thut weh!»
Nun, so schlimm war das mit der Sonne nicht – weil sie während mindestens der Hälfte der Tour gar nicht schien. Xaver Imfeld schimpfte in Albert Fleiners Führer «Engelberg. Streifzüge durch Gebirg und Tal» von 1890, zu dem er das Kapitel über die Exkursionen beisteuerte: «Leider wird so manche Titlisfahrt durch Schablone der Führer verdorben. Ähnlich wie beim Pilatus, hat auch hier die Unsitte Platz gegriffen, die Tour bei Nacht auszuführen, um, wenn möglich, schon zum Sonnenaufgang auf dem Gipfel zu stehen.» Auf dem Gipfel oben kämen dann die Gäste, «die unglücklichen Opfer», häufig «mit übernächtigen Augen im Zustande eines Jammers» an. So

Wegbeschreibungen: Der älteste spezialisierte Alpinführer, «The Central Alps» von John Ball aus dem Jahre 1864, gab erstmals alle nötigen Infos für eine selbständige Besteigung des Titlis (unten). Das schafft auch noch der Lonely-Planet-Guide «Switzerland» – zur Aussicht sagt er nichts, was bei manchen Wetterlagen keine Rolle spielt (rechts). Zum Glück ist im mehrstöckigen Gebäude der Bergstation der Liftknopf mit dem Ziel angeschrieben – die Bergfahrt ist buchstäblich einfach geworden.

konnten sie natürlich nicht das Panorama geniessen – weder jenes in Natur noch dasjenige auf Papier. Ironie der Geschichte: Noch 1875 hatte Imfeld bei der Vorstellung seines Panoramas geschrieben, dass man Trübsee zwischen ein und zwei Uhr nachts Richtung Gipfel verlasse und um die Mittagszeit wieder in Engelberg unten sei. 15 Jahre später gab er einen anderen Tip: «Daher möge jeder Titlisbesteiger den guten Rat beherzigen, [...] im Wirthaus auf Trübsee der nötigen Ruhe zu pflegen und in der Regel nicht vor Tagesanbruch den Aufstieg zu beginnen.»

Ein guter Reiseführer reagiert rasch auf Veränderungen am Berg. Ende 1927 pendelte erstmals die Luftseilbahn zwischen Gerschnialp und Trübsee hin und her, die sechste Auflage von Karl Eichhorns «Illustriertem Führer für Kurgäste und Touristen» aus dem folgenden Jahr wies auf diese Erleichterung bei der Titlistour hin. Im «dtv Merian Reiseführer Zentral- und Westschweiz» (1993) ist die Besteigung auf die paar Schritte von der Bergstation der Luftseilbahn zum höchsten Punkt des Klein Titlis reduziert: «Steigen Sie auch zum Glet-

scherpanorama hoch: herrliche Aussicht auf die Alpen und das Mittelland.» Kein Wort zur Aussicht im Band «Switzerland» von Lonely Planet, dafür viele Angaben zu den Preisen. Und – auch Ende des 20. Jahrhunderts ist der Gipfel noch ein Ziel: «From Mt. Titlis station to the 3239 m summit it's about a 45-minute hike (wear sturdy shoes) in the summer – it doesn't look so far but at this altitude you need to take it slow.» Aus der Bergtour ist eine Bergwanderung geworden.

3. Seite: «Rechts in einem Riss hinauf»

Wenn Bergsteiger und Bergwanderer, aber auch Tourenskiläufer, Fels- und Eiskletterer wissen wollen, wie sie auf welcher Route mit welchen Schwierigkeiten zu einer Tour und zum Gipfel kommen, konsultieren sie seit knapp 150 Jahren einen spezialisierten Führer, der im Rucksack oder gar im Hosensack Platz hat. So ein Buch enthält genaue Wegbeschreibungen, macht Angaben zu Unterkünften, Schwierigkeiten, Marschzeiten, Höhenunterschieden, Erstbegehern und einigem mehr. Solche Führer richten sich an selbständige Bergsportler, die keinen Bergführer engagieren müssen, um hinaufzugelangen. Die ersten dieser bergsportlichen Führerwerke waren «Ball's Alpine Guides» («The Western Alps» 1863, «The Central Alps» 1864 – mit dem Titlis, «The Eastern Alps» 1868). Verfasser war der Ire John Ball, erster Präsident des 1857 gegründeten britischen Alpine Club, des ersten alpinistischen Vereins. Tatsächlich: Was Ball auf über hundert eng bedruckten Zeilen über den Titlis schrieb, machte alle bisherigen alpintouristischen Angaben schlagartig zu Makulatur. Just facts and figures, mehr nicht. Ein Beispiel: « A projecting rock is often taken for the summit; but this is only a prominence in the ridge of the mountain, and after it has been attained it is necessary to cross a slight depression and achieve another final climb before gaining the topmost peak of the Titlis (10,620'?).» Die genaue Wegbeschreibung über den oft als Gipfel gehaltenen Vorgipfel hinweg in eine leichte Senke und dann hinauf zum allerhöchsten Punkt: Hunderte Bergsteiger waren vor Ball diesen charakteristischen Gipfelweg gegangen, er hielt ihn für die Nachfolgenden fest. Ball erwähnte auch erstmals die Engstlenalp und die dortige Herberge als neuen Ausgangs-

punkt für eine Besteigung. Natürlich schilderte er auch kurz die Aussicht und hob das Besondere des Titlis hervor: «There is scarely any one of the higher peaks of the Alps so easy of access as this; [...] it is deservedly often visited.»

Fortsetzung von «Ball's Alpine Guides» sind die «Climbers Guides» (1881–1910) von William Martin Conway und William Augustus Brevoort Coolidge. Ähnlich umfassend sind Heinrich Dübis «Hochgebirgsführer durch die Berner Alpen»; der Titlis ist im vierten Band von 1908 beschrieben, der

Weglos: Die Vermittlung einer Besteigung wird illusorisch – nur noch der Anblick des Berges ist ein Erlebnis, zwei- und dreidimensional. Ansichtskarte «Costa Brava vor dem Engelbergertal und Titlis» von Othmar Baumli (ganz oben). Der Berg und seine Rotair im Freizeitpark «Swissminiatur» in Melide/Ticino (oben).

ganz nüchtern und präzis geworden; so liest man zum Südostpfeiler nach: «Rechts in einem Riss hinauf bis an sein Ende und dann sehr schwierig durch gelbe Wand links haltend empor zu Stand (6 A3).» Ein paar Seiten weiter vorne die uralte Route von Trübsee auf den Titlis, zu der die vor allem an modernen Sportklettereien interessierten Autoren in einer Klammerbemerkung gestehen müssen: «Seit der Berg durch die Bahn und Skilifte erschlossen ist kaum mehr von Bedeutung.» Rücksichtnahme auf historische Routen plagen Verfasser von Auswahlführern nicht. Ulrich Tubbesing kann in «Rund um den Vierwaldstätter See» einfach die «schönsten Tal- und Höhenwanderungen» vorstellen, und da gehört der Titlis nach Meinung des Autors dazu, mit Einschränkungen allerdings: «Leichte Gletschertour mit Steigeisen und Pickel; für Ungeübte nur am Seil eines Bergführers.» Umgehen lässt sich der Titlis einfach nicht.

Einen so hohen und viel besuchten Berg durften die «Illustrierten Führer auf die Gipfel der Schweizer Alpen» nicht vergessen; sie wurden um 1900 von G. Speck-Jost im Verlag des «Schneehuhns» in Luzern produziert, zuerst als einzelne Blätter im Taschenformat (der Titlis trägt die Nummer 101), dann gebunden. Bemerkenswert an dieser modern anmutenden Vermittlung alpintouristischer Information ist die Kombination von Text, Skizze und Kartenausschnitt, je mit eingezeichneter Route (in Buchform fehlt die Karte).

Neu war die bildliche Darstellung von Wegführung freilich nicht. Schon Zeller-Horner hatte seinem Panorama einen «Plan des Titlisgebirgs» beigelegt, in dem er die Route von Engelberg über die Trübsee auf den Gipfel genau eingezeichnet hatte – ein sehr früher Vorläufer von Wander- und Skirou-

Wegverlauf: Die Anstiegsskizze, wie die des «Schneehuhn»-Führers von 1905, zeigt den Weg (rechte Seite oben). Das macht auch die Foto mit eingetragenen Routen (oben), mit dem krummen Anstieg über den Nordgrat und mit der direkten Nordwand. Alle Linien sagen aber nichts über die wirklichen Schwierigkeiten und Besonderheiten einer Route. Das schafft erst das Topo, beispielsweise das von Peter Schoch für den «Wasserkraft» getauften Kletterweg (rechte Seite unten). Viel Spass beim Entziffern und Nachklettern!

das Gebiet von der Grimsel bis zum Uri-Rotstock abdeckt. Was Dübis Führer auszeichnet, sind ihre ausführlichen Literaturhinweise, zum Beispiel auf Tourenberichte. Wer also zu den genauen Routenbeschreibungen noch ein wenig Stimmung wünschte, wusste, wo suchen. Als erster deutschsprachiger Führer erschien schon drei Jahre früher der zweibändige «Clubführer des Schweizer Alpen-Club Urner Alpen», verfasst vom Akademischen Alpen-Club Zürich. Die siebte Auflage wurde 1980 gedruckt, und seit 1999 ist der Titlis im «Clubführer Urner Alpen 3» enthalten. Diese handlichen Werke enthalten alle gängigen Routen; gefährliche, kaum oder nicht gemachte Wege werden aus Platzgründen weggelassen. Die Routenbeschreibung ist

tenkarten. Imfeld seinerseits markierte
1875 auf einer Ansicht des Titlis mit Punkten den Routenverlauf – so fein allerdings,
dass der Gebrauchswert nicht hoch war,
zumal die Skizze im Jahrbuch des SAC gedruckt wurde, und dieses schleppte man ja
nicht den Berg hoch. Um einiges prakti-
scher erwies sich da die anschauliche Skizze der bis 700 Meter hohen Titlis-Südwand
in der zweiten Auflage des Clubführers
durch die Urner Alpen (1921). Der Weg (der
Erstbegeher von 1917) ist klar eingetragen,
der Betrachter steigt – virtuell sozusagen –
durch die Wand hoch; er nimmt die Besteigung vorweg, versucht sich die Route ein-
zuprägen, zusammen mit dem Text. In
der Skizze sieht der Betrachter ungefähr
die gefährliche Stelle, vor der die Beschreibung warnt. Die Linie allein sagt ja
nichts aus über die Schwierigkeit.

Auch Fotos, die später die Anstiegsskizzen
teilweise ersetzten, können die ganz speziellen Informationen einer Route nicht
enthüllen. Das schafft erst das Topo. So
nennt man einen gezeichneten (Kletter-)-
Weg, aufgeteilt in Symbole für Seillängen
(Länge, Schwierigkeit), für markante Stellen
(Riss, Band etc.), für Sicherungsmittel
(Haken, gebohrt oder geschlagen), für
Standplätze, Biwakmöglichkeiten, Abseil-
stellen. Alle nötigen Informationen sind
da, auf einen Blick erfassbar, ohne viel
Worte – die internationale Sprache der Alpinisten und Kletterer. Ein paar kurze Sätze
noch zum Charakter, zur besten Jahreszeit,
zum nötigen Material, zum Ein- und Aus-
stieg, zu den Erstbegehern. Mehr nicht,
wozu auch? Oder doch: Ins Topo der modernen Sportkletterroute «Wasserkraft»
in der Titlis-Südwand hat Peter Schoch
noch Turbinenpläne hineinkopiert, nicht
zur Information, sondern, ein Stilmittel des
Berichts aufgreifend, zur blossen Unter-
haltung.

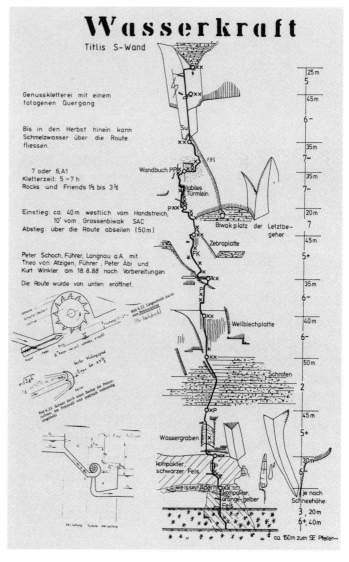

Der Fernost-Berg:
Von wenigen Japanern zu vielen Indern

Zum Berg der Japaner hat es der Titlis nie gebracht – zu gross ist der touristische Vorsprung des Jungfraujochs. Dafür eroberte sich der Titlis andere exotische Liebhaber: Taiwanesen und neuerdings Inder. Nicht zuletzt kommt dem Zentralschweizer Gipfel seine Nähe zu Luzern und zum Flughafen Zürich zugute. Robert Treichler ist mitgereist.

«It's a great place!» Die junge Inderin mit den engen Hosen ist voll begeistert. «Mount Titlis ist toll, schliesslich ist es der höchste Punkt der Schweiz.» Was diese indischen Reiseleiter den Touristen nicht alles erzählen! Aber die Information, woher der Schnee kommt, stimmt. «Er fällt vom Himmel wie Regen. Correct?» Die Rehaugen der Inderin schauen mich fragend an. Hätten doch die meisten in der Reisegruppe gedacht, der Schnee sei crushed ice, zermanschtes Eis vom Gletscher. Dass es genau umgekehrt ist, dass der Schnee durch sein Eigengewicht und die Witterung zu Gletschereis wird, das hätten sie in der Eisgrotte erfahren können. Die führt von der Bergstation der Titlis-Luftseilbahn direkt in den Gletscher, 15 Meter unter der Oberfläche, und ist mit lehrreichen Schautafeln bestückt.
Die Inder tummeln sich lieber auf den Schneefeldern, die gleich bei der Aussichtsterrasse beginnen. Meist läuft das so ab: Der Mann geht voraus in seinen Halbschu-

hen, betritt mutig das Neuland – und gleitet prompt aus. Er wischt sich den Schnee von den Hosenbeinen, reicht seiner Frau die Hand. Die rafft den Sari und tippelt mit ihren goldverzierten Sandalen über die weisse, kalte Masse. Nicht lange. «I better go back», sagt sie – wie viele gebildete Inder der Upper Class verständigt sich auch dieses Ehepaar auf englisch, teilweise zumindest. Zwei Männer, die an mir vorbeigehen, unterhalten sich in Hindi, und diese Sprache hat manche englische Fremdwörter. Die beiden sind wegen der Höhe ausser Atem, und ich schnappe immer wieder das Wort oxygene, Sauerstoff, auf. In Hindi ist in der Gipfelstation auch angeschrieben, dass man Bergschuhe mieten kann, für einen Fünfliber. Die meisten Inder haben freilich Mühe, die Schuhe zu schnüren. Vor allem die jüngeren Inderinnen und In-

Erinnerungsfoto: Schnee und Eis auch im Sommer – das sind Pluspunkte, die den Titlis attraktiver machen als etwa den Pilatus. Inder lassen sich mit Schnee in den Händen fotografieren (oben); Celina Jaitly, Miss Indien Univers 2001, stellt sich vor der Titlis-Kulisse in Pose (linke Seite).

Direkte Werbung: Eugenio Rüegger, Exdirektor der Titlisbahnen, ging schon in den 80er-Jahren auf Werbereise nach Indien (oben). Jetzt kommen sogar indische Mönche in ihrer traditionellen leichten Kleidung. Andere wiederum tragen Kopfhauben und Handschuhe. Und alle sind auf dem Schnee des Klein Titlis etwas unsicher auf den Beinen (rechte Seite).

der tragen Turnschuhe und sind so etwas besser gerüstet. Sie beginnen denn auch gleich mit Schneeballwerfen, sobald sie sich ausgiebig genug gegenseitig fotografiert haben. Im Knipsen werden sie selbstverständlich übertroffen von den Japanern. Die haben die Eigenart, sich in seltsamen Verrenkungen ablichten zu lassen, mit ausgestreckten Armen, hochgereckten Daumen, mit Victory-Zeichen, mit dem Ellbogen scheinbar an den Antennenturm gelehnt. Manche Japaner entpuppen sich bald einmal als Taiwaner, wenn man sie anspricht. Japaner geben vor, Englisch nicht zu verstehen, oder sie kichern verlegen. Dabei ist Englisch in der Schule Pflichtfach. Nur getrauen sich die meisten Japaner nicht, im Ausland englisch zu sprechen, aus Angst, einen Fehler zu machen und dabei das Gesicht zu verlieren. Anders die Taiwaner, die wenden ihr Englisch an. «Ich beneide Sie», sagt mir eine junge Frau mit langem rosarotem Schal, «dass Sie in diesem schönen Land wohnen.»

Titlis statt Jungfraujoch

Für den, der wenig oder nie in Fernost gereist ist, sehen sie alle gleich aus, die Taiwaner, die Japaner, die Chinesen, die Südkoreaner – so wie wir Europäer alle gleich aussehen für die Japaner, die Taiwaner, die Südkoreaner, die Chinesen. Wie kommt es überhaupt, dass man auf dem Mount Titlis derart vielen Touristen aus dem Fernen Osten begegnet? In der Schweiz selbst wird der Gipfel vorwiegend als Winterziel für Skifahrer und Snowboarder «verkauft» – wer «verkauft» ihn denn in Fernost als Sommerziel?

«Das begann in den Siebzigerjahren», erzählt Eugenio Rüegger, seit Herbst 1999 pensionierter Direktor der Titlisbahnen (die unter dem Markennamen Titlis Rotair auftreten). Damals wurde auf Promotions-

reisen nach Japan und Hongkong für die touristische Schweiz intensiv Werbung gemacht. Nicht für die Schweiz als Ganzes, nein, das hätte dem Föderalismus widersprochen, jede touristische Region pries sich separat an: Berner Oberland, Graubünden – und eben die Zentralschweiz. Rüegger: «Mit dem Verkehrsverband Zentralschweiz waren wir 1979 auch mal in Taiwan. Da ergab sich am Tisch ein Zufallsgespräch mit ein paar taiwanesischen Reiseagenten. Einer sagte mir, sie führen stets aufs Jungfraujoch. Ob wir denn nicht in der Zentralschweiz einen schönen Berg hätten, einen richtigen, mit Schnee und Eis. Und ob der in einem Tag ab Luzern zu machen sei. Ich antwortete, sogar in einem halben Tag. Interessiert fragte der Taiwanese, ob das dann auch billiger sei als das teure Jungfraujoch, und ich entgegnete, wir seien sicher preisgünstiger. ‹Okay, we'll give you a chance›, sagte der Taiwanese.» Der Berg war, klar, der Titlis.

Von Zürich-Flughafen nonstop in den Titlis-Schnee

Tatsächlich hat der Titlis das, was man heute im Wirtschaftswesen den Standortvorteil nennt. Zum Matterhorn führt eine Sackgasse, und in Täsch muss man vom Reisecar erst noch in die Bahn nach Zermatt umsteigen. Auch das Engadin ist zu weit weg, eine Randregion. Das Jungfraujoch ist fest in den Händen der Japaner, da macht der Titlis höchstens Zweiter. «Nach sieben, acht Jahren Marktbearbeitung in Japan haben wir gemerkt, dass wir dort mit dem Titlis keine Chance haben», erklärt Rüegger. Die Japaner, denen Untertänigkeit nachgesagt wird, pilgern aufs Jungfraujoch, weil Prinz und Prinzessin Chichibu einmal oben waren. Eine einmalige Sache sei allerdings die Japanerhochzeit auf dem Titlis gewesen, sagt der Exdirektor der Titlisbahnen. Der

Your most original souvenir from the
Mount Titlis 3'020 m (10'000 feet)
OLD STYLE
PHOTOS
ready within 3 minutes
clothes are available
SNOW BOOTS
FOR HIRE
PHOTOSTUDIO
Top of Mount Titlis, 3rd floor
CH-6390 Engelberg, Tel. 041/638 00 85

Souvenirs: Touristen können sich im Gebäude der Bergstation, als Bergsteiger und Skifahrer verkleidet, eine Nostalgiefoto anfertigen lassen (oben). Oder sie hinterlassen selbst ein Souvenir, gekritzelt auf eigens dafür bereitgestellten Brettern beim Südwandfenster (unten).

umtriebige damalige Kurdirektor von Luzern, Kurt H. Illi, und er machten das gemeinsam mit einer japanischen TV-Equipe. «Der Fernsehfilm ging in der Neujahrsnacht 1981/82 um die Welt. Das trug dem Titlis einen hohen Bekanntheitsgrad ein.» Trotzdem sei der Titlis auf dem japanischen Markt nie durchgedrungen. Auf dem Gipfel hat denn auch nie mehr ein japanisches Paar geheiratet. Rüegger: «Wir liessen darauf Japan beiseite und konzentrierten uns auf Südostasien.»
Die Reiseveranstalter dort, sagt Rüegger, kalkulieren «knallhart». «Die schauen natürlich auf den Zeitplan – und der Titlis ist in der Nähe von Luzern, wo die Gruppen sowieso hinfahren, und in der Nähe des internationalen Flughafens Zürich. Wir haben Gruppen, die landen morgens kurz nach sechs Uhr in Kloten, sind um zehn Uhr vormittags auf dem Gipfel und fallen fast um vor Müdigkeit.» Aber der Pilatus, der noch näher bei Luzern liegt? «Der Schnee auf dem Titlis ist halt eine der Hauptattraktionen. Deshalb haben wir auch mehr Passagiere als der Pilatus. Auf dem Titlis gehen die Leute im grössten Sturm raus und bewerfen sich mit Schneebällen.»
Es brauchte Knochenarbeit, bis die Titlisbahnen jährlich rund 50 000 Taiwanesen – in den Rekordjahren 1993, 1994 und 1995 – auf den Gipfel befördern konnten. «Im ersten Jahr zählten wir 350 Taiwanesen», sagt Rüegger. «Ich reiste jedes Jahr nach Taiwan und auch nach Hongkong. Bunte Prospekte allein reichen hier nicht, die wollen einen persönlich sehen, und möglichst immer dasselbe Gesicht. Personalwechsel erschweren das Business. Manchmal feilschten wir um 50 Rappen mehr oder weniger auf den Pauschalpreis. Siebzehn- oder achtzehnmal war ich auf der Insel und bekam in der Reisebranche den Übernamen ‹Mister Mount Titlis›.»

Neben den 50 000 Taiwanesen besuchen jährlich 30 000 Hongkong-Chinesen den so günstig gelegenen Schneeberg. Rüeggers Nachfolger, Albert Wyler, seit Herbst 1999 Direktor von Titlis Rotair, bearbeitete schon als Marketingchef Thailand, Malaysia, Singapur, die Philippinen und Korea. Aus all diesen Ländern zählt der Titlis nochmals 70 000 bis 80 000 Besucher pro Jahr.

Vom Hotel Terrasse zum Hotel Terrace

Und jetzt kommen die Inder, 37 000 warens im Jahr 2000. «Albert Wyler und ich», erinnert sich Rüegger, «reisten schon in den Achtzigerjahren nach Indien – Erfolg vorerst gleich null. Aber das hatten wir geahnt.» Man müsse langfristig planen in der Marktbearbeitung. Früchte getragen habe sie erst, als Indien in den Neunzigerjahren eine wirtschaftliche Hochblüte erlebte. Von der indischen Bevölkerung könne sich vielleicht ein Promille Auslandreisen leisten, schätzt Rüegger. Doch da Indien beinahe eine Milliarde Einwohner zähle, seien das immerhin eine Million reisefreudiger Inder. Schweiz Tourismus sieht das Potenzial sogar erheblich grösser, nämlich bei acht Millionen Indern, die sich eine Reise in unser Land leisten könnten.
Der Aufschwung für den Titlis kam, als das Schweizer Tourismusunternehmen Kuoni 1998 den indischen Reiseveranstalter SOTC übernahm und damit schlagartig über

from Hong Kong!
4/9/2000
COOL
ROMANIA

einen Marktanteil von fünfzig Prozent im Geschäft mit indischen Gruppenreisen verfügte. Kuoni, muss man wissen, befördert nicht nur Schweizer ins Ausland, sondern bringt auch Ausländer zu Rundreisen in die Schweiz. Rüegger: «‹Wir bringen euch Inder›, sagte uns Kuoni, ‹aber ihr müsst für ein Hotel sorgen, das für Inder taugt.›» Inder sind in der Reisebranche bekannt für ihre hohen Ansprüche, wenn es ums Essen geht. Kein Wunder, sogar in Südindien gibt es Restaurants mit North Indian Food und in Nordindien Restaurants mit Madras-Küche. Religiöse Vorschriften komplizieren den Speisezettel noch zusätzlich.

Die Titlisbahnen pachteten in Engelberg das Hotel «Terrace», das um die Jahrhundertwende erbaut worden war. Das «Terrace» beschäftigt während der Hauptreisesaison der Inder, die von Mai bis Ende Juli dauert, ein halbes Dutzend indischer Köche. In der übrigen Zeit füllen Gruppen aus Südostasien das Hotel, im Winter sind es Skifahrer und Snowboarder.

Filmszenen am Titlis statt Bürgerkrieg in Kaschmir

Ein zweiter Grund für das Interesse der Inder am Titlis sind indische Filme. In diesen meist kitschigen Streifen kommen stets Szenen vor, die in der hehren Bergwelt spielen. Die Hauptdarstellerin und der Hauptdarsteller necken sich mit Schneeballwerfen oder sitzen umschlungen auf dem Schlitten (Küsse gibt es wegen der indischen Zensur keine!). Früher spielten sich solche Szenen in Kaschmir ab, seit dort Bürgerkrieg herrscht, haben indische Filmproduzenten die Schneeballsequenzen aufs Jungfraujoch oder auf den Titlis verlegt. «Die profitieren natürlich von der guten Infrastruktur in der Schweiz», kommentiert Rüegger. Angefangen bei der Seilbahn für den Materialtransport bis zum Gipfel-

restaurant als Stützpunkt und Garderobe. «Wir stellen ihnen sogar Pistenfahrzeuge zur Verfügung.»

«Die prosperierende indische Filmindustrie steuert indirekt zur Reiselust der Touristen bei und ist somit Gratiswerbung für unser Land. Jeden Monat wird ein indischer Kinofilm in der Schweiz produziert.» Dies schreibt Regula Flückiger in ihrer bemerkenswerten Diplomarbeit an der Höheren Fachschule für Tourismus, Luzern. Die Schweiz sei dank der Filme ein Ziel für indische Flitterwöchner geworden. Es komme vor, «dass ganze Hochzeitsgesellschaften zu einer Reise in die Schweiz […] aufbrechen». Flückiger zitiert auch einen Mitarbeiter von Schweiz Tourismus, Peter Ueltschi, der schätzt, «dass fünfzig Prozent des indischen Tourismus [in der Schweiz] den Filmszenen zu verdanken sind».

Indirekte Werbung: In der Schweiz gedrehte Liebesszene aus einem indischen Film – richtige Küsse verbietet die Zensur. Die Zuschauer gehen begeistert mit – und später vielleicht auf eine Reise zum Titlis.

Robert Treichler (Jahrgang 1939), Reiseautor, kam schon als Teenager zu Flügen nach London, Wien, Athen und Istanbul, weil sein Vater bei der Swissair arbeitete. 1966 brach der Jungjournalist zu seiner ersten grossen Reise auf – über Land nach Indien und Nepal und weiter nach Südostasien. Nach seiner zweiten Überlandreise schrieb er den Bestseller «Der billigste Trip nach Indien», einer der ersten Rucksack-Reiseführer in deutsch. Treichler hat inzwischen gegen achtzig Länder besucht. Die Schweiz zählt er zu seinen Lieblingsländern. Er lebt im Zürcher Oberland.

Der Aussichts-Berg: Von der Umrissdarstellung zum Computerpanorama

Durch die immer genauere Vermessung ist der einstmals «höchste Berg im ganzen Schweizerland» kleiner, die Faszination seiner Aussicht aber durch die vielen Panoramen immer grösser geworden. Thomas Germann hat den Zeichnern und Rechnern der Titlis-Aussicht über die Schulter geschaut.

Seit Johann Jakob Scheuchzers Schweizerreisen zu Beginn des 18. Jahrhunderts galt der Titlis als höchster Berg der Schweiz. Auch in Gabriel Walsers Karte von Unterwalden von 1767 ist zu lesen: «Titlisberg ist der höchste im ganzen Schweizerland.» Dass dieser gewaltige Felskoloss mit seiner Gletscherkappe auch eine grossartige Aussicht bieten würde, war unbestritten. Johann Gottfried Ebel schildert sie 1809 in der dritten, sehr vermehrten Auflage seiner erstmals 1793 publizierten «Anleitung, auf die nützlichste und genussvollste Art die Schweitz zu bereisen»: «Die Uebersicht der ganzen Alpenkette bis in Savoyen, in Tyrol und Kärnthen, über die ganze Schweitz, 40 Stunden weit nach Schwaben und die deutschen Rheinländer, ist ausserordentlich. Man behauptet in dem Kloster, dass man bey sehr reiner Luft kurz vor Sonnenaufgang vom Gipfel des Titlis vermitteltst eines guten Fernglases den Grossen Münster zu Strassburg sehen könne. Zuverlässig ist es, dass der Gesichtskreis des Titlis so weit reicht; denn man erblickt seinen Gipfel und einiger seiner Nachbarn bey sehr hel-

len Wintertagen in der Gegend von Strassburg, und noch 2 St. nordwestlicher. Ob sich aber von dem Titlis in einer graden Entfernung von 50 Stunden ein über die Erdoberfläche nur 445 F. sich erhebender Obelisk, wie der Münsterthurm, sehen lässt, mag ich nicht bestätigen.»

Fernblick auf den Titlis

Erste Panoramen zeigen den Titlis von anderen Standorten aus. Die älteste Darstellung stammt vom Genfer Physiker und Geodäten Jacques-Barthélémy Micheli du Crest (1690–1766); er zeichnete sie 1754 als bernischer Staatsgefangener auf der Festung Aarburg. Das als Umrissdarstellung gefertigte Alpenpanorama diente Micheli du Crest als Vermessungsgrundlage und

Bergblick: «Ist das nicht der Vorder Tierberg dort hinten?», scheint der eine Tourist dem andern auf der Panoramaterrasse der Bergstation zu sagen (linke Seite). Die Aussicht vom Titlis ist seit über 200 Jahren berühmt, beliebt – und beschrieben. Denn die Augenreisen werden vor allem dann zur Sehlust, wenn sich die Betrachter an ein gezeichnetes oder fotografiertes Panorama halten können, wie zum Beispiel an dasjenige von Carl August Koch aus dem Jahre 1893 (oben).

Arbeitsplatz: Heinrich Zeller-Horner bestieg den Titlis 1832 und 1833; beim zweiten Mal war die Luft nicht hell genug, um den noch fehlenden Teil der Aussicht ins Mittelland festzuhalten. So schuf er halt diese hübsche Zeichnung (11 x 15,5 cm), die den Panoramazeichner bei der Arbeit zeigt, während seine Begleiter etwas untätig herumstehen; links zackig das Gross Spannort.

gab über die Höhen der von der Aarburg aus sichtbaren Alpengipfel Aufschluss. 1755 erschien es als Kupferstich bei Tobias Conrad Lotter in Augsburg unter dem Titel «Prospect géométrique des montagnes neigées».

Wesentlich näher an den Berg ging der bekannte Alpengeologe, Staatsrat und Erbauer des Linthwerks, Hans Conrad Escher von der Linth (1767–1823). Er bereiste 1794 und 1796 das Engelbergertal und schuf eine panoramische Aussicht von der «Süd Ost Seite des Engelbergerthals» sowie eine Terrainstudie des Titlis.

Joachim Eugen Müller: die erste Darstellung

Nach der Zweitbesteigung des Titlis durch Maurus Eugen Feierabend und Gefährten am 14. September 1785 mehrten sich die Titlisbesteigungen. Neben Abenteuerlust und Neugier wuchs das Bedürfnis, den Alpenraum naturwissenschaftlich zu erforschen und zu vermessen. Im Gefolge dieser Bestrebungen entschloss sich der Aarauer Seidenfabrikant Johann Rudolf Meyer (1739–1813), einen Teil seines Vermögens

einzusetzen, um die ganze Schweiz topografisch aufnehmen und kartieren zu lassen. Zu diesem Zwecke engagierte er den elsässischen Geometer, Topografen und Oberstleutnant Johann Heinrich Weiss (1758–1826). 1787 erschienen Meyer und Weiss in Engelberg, um rekognoszierend den Titlis zu besteigen. Der Engelberger Zimmermann Joachim Eugen Müller (1752–1833) führte die beiden auf den Berg. Ihr Gipfelaufenthalt gilt als eine der Sternstunden der Schweizer Kartografie – mehr dazu im Kapitel über den Topografen-Berg. Müller war der Erste, der die Aussicht vom Titlis zeichnerisch festhielt; die Zeichnung von 1797 ist eine blosse Umrissdarstellung.

Samuel Birmann: eine zweiteilige Zeichnung

Das zweite Titlispanorama schuf der Basler Landschaftsmaler Samuel Birmann (1797–1847) am 2. August 1819. Als Sohn des Malers und Kunsthändlers Peter Birmann liess er sich beim niederländischen Maler Martin Verstappen in Rom ausbilden. Nach Basel zurückgekehrt, betätigte er sich

vornehmlich in der Kunstanstalt seines Vaters. Birmanns zweiteiliges Titlispanorama entstand noch vor einem Aufenthalt in Paris, wo er seine künstlerische Ausbildung vollendete und anschliessend als Teilhaber des väterlichen Geschäfts nach Basel zurückkehrte. Doch überfiel ihn nach und nach tiefe Schwermut, die ihn schliesslich in den Freitod führte. Noch zuvor hatte er der öffentlichen Kunstsammlung in Basel sein reiches künstlerisches Œuvre und die Hälfte seines Vermögens vermacht. Der Verbleib des Titlispanoramas aber ist unbekannt.

Heinrich Zeller-Horner: das erfolgreichste Panorama

Das dritte Panorama des Titlis, das früheste, das publiziert und weithin bekannt wurde, zeichnete 1832 Heinrich Zeller-Horner (1810–1897). Der im Balgrist bei Zürich geborene Panoramenzeichner, Seidenkaufmann, Alpinist, Gründungs- und später Ehrenmitglied des Schweizer Alpen-Clubs SAC kehrte 1828 nach einem Aufenthalt in Besançon, Turin und Mailand ins väterliche Geschäft zurück und wirkte dort bis ans Lebensende. Die Mussestunden aber widmete er dem Zeichnen und Aquarellieren, mit Vorliebe in den Bergen. Lange bevor er den Titlis bestieg, hatte er als Panoramenzeichner viel Erfahrung gesammelt. Mit dreizehn Jahren zeichnete er ein «Panorama von Wytikon» bei Zürich, 1829 eines vom Mont Joly im Montblanc-Gebiet. 1830 schuf er eine ganz besonders schöne Arbeit vom Drusberg oberhalb von Hoch Ybrig; zwei Jahre darauf folgte das Panorama vom Speer. Durch die Mitgliedschaft bei der 1832 ins Leben gerufenen Gesellschaft für vaterländische Alterthümer (der heutigen Antiquarischen Gesellschaft) gewann Zeller den Kontakt zu anderen bedeutenden Zürcher Alpenfreunden, so vor allem zu Melchior

Gebrauchsgrafik: Das Titlis-Panorama von Heinrich Zeller-Horner (unten) erschien 1833 als 26 x 236 Zentimeter grosse Lithografie; hier ein Ausschnitt aus dem Original, das den Zeichner und die letzten Schritte von Hans Caspar Hirzel-Escher und Bergführer Maurus Imfanger zum Gipfel festhält (oben). Die Versetzung des Aufnahmestandortes weg vom höchsten Punkt war ein beliebtes Stilmittel, um dem Bild Dynamik zu verleihen. Die Käufer des Panoramas wussten dies zu schätzen, und konnten – virtuell und reell – erst noch ihren Vorgängern zur Spitze folgen.

Nord

Feldberg im Schwarzwald   Randen Irchel. Zürichbg. Ruchen.   Heiligenbg.(Würtembg) Wäggithalerfieb. Säntis
     Höchenschwand Hoh.Rigidal od. Rigi Scheidegg Oberberg. Engelberger Rothst.   Uri Rothst. Blackenst.
   Aare   Lägern   Sätielist. Brisen.   Rothgrätli   Weissstock   Drusbg.
     Reuss   Uto Rigi   Schlükuchen   (Pass nach Isenthal) Weissbg Kl u.ür.Auberg. Schlth. Rossa
Baldegger S. Wallenstöcke   Blankengrath. Engelbg. od. Hahnen   Titsch.Bach Schlieren   Muotta Th. Frag

Blank Alp   Reuss

Alp ob Hag   Füren Alp   Blaken Alp

Berbis Thal   Engelberger Thal

Capella

Engelberg

Süd

Badus od. Sixmadun.   Spitzbg.od. Kalkstock   Spitzbg. Sustenhorn   Blackenstock. Galenstock
   Piz Alv   Griesstock P.º Forno   Mte Luzendro Mittagst.   Dammastöcke   Steinbg.
         Fädistock   Mte Prosa Teufelsbg.   Vord.Sustenh.   Basodine   Vord.Thierbg.
   Reuss Th.   (Gotthard) Erstren Th. Uraths Hörner   Bocksbg. Urathshörner   Thaleg

                                                        Thierbergli

        Susten Gletscher   Steinberg Gletscher

Maien Thal

                                            Uraths   Gletsc

Ulrich (1802–1893), Professor für neutesta-
mentliche Fächer an der Universität Zürich
und Besitzer einer grossen Panoramen-
sammlung. Zu Zellers Bekanntenkreis
gehörten ebenfalls der Zürcher Stadtrat
Hans Caspar Hirzel-Escher (1792–1851),
Tödibesteiger Friedrich von Dürler
(1804–1840), der Geologe Arnold Escher
von der Linth (1807–1872), Gottlieb Studer

(mehr zu ihm weiter unten) sowie der
Zürcher Kartograf und Panoramenzeichner
Heinrich Keller (1778–1862). Keller war es
übrigens, der den Begriff Panorama in der
Schweiz gebrauchte. Er fragte den Zürcher
Schriftsteller und Archäologen Johann
Jakob Horner (1772–1831) um Rat, wie
«eine Ortszeichnung, deren Schlusspunkt
wieder mit dem Anfangspunkt zusammen-

Ost

Glärnisch. Schächenthal. Windgelle. Scheerh. Hüfi od. Düssi St. Oberalp St. Pi: Beverin. Zaporth. Vogelbg.
rf'irsten. Spitzmeilen. Kpf St. Clariden. Gr. Windgelle. Tumbr. Stotzigrat. Weitenalpst. Lugnezer Bge. 2 Sumvix u. Medelserb
L'annenst. Glatten Silzen. Selbsanft. Tödi. Scloretta. Frültst. Bristen St. Piz Fontaunas. Mittagshorn.
eren Faulen. Schächelthal. Gr. Spannort. Kl. Windgelle. Churwalder Bge. Davoser Bge. Fellene St. Kette des Crispalt
sverbg. Schlossbg. Reus Th. Kl. Spanort. Mantelser. Kuchen. Etzli. Th. Hint. Bristen. Felline Th. Tavetsch Th.

Th. der Voralp
Gerra ssen
Reuss Th.

Nollen und Gipfel des Titlis

West

ner od. Diechterhörner. Kastthorn. Ob. Aarhorn. Finsteraarh. Schreckh. Wetterh. Schilth. Schwalmeren. Schwarzhorn
Thierbg. Mischabel. Zinsstöcke. Walliser Vischerh. Aletschh. Berglist. Jungfrau. Lauterbrunen Th. Dreispitz. Faulh. Niesen
Kehlen. Wanghorn. Kirchentli. Strahlbg. Hoh. Ritzlih. Agassz:h. Hangend. Gletscherh. Eiger. Burghh. Grindelwald Th. Wende Stöcke
Mte. Rosa Kette der Sidetrns. Radolfshorn. Lauteraarh. Tristenst. Monch. Engelh. Pfaffenkopf. Gadmenfluh. Ochsenk:

Triften Gletscher
Hasli Thal
Gauli Gl.
Urbach Thal
Hasli Thal
Gadmen Thal
Wenden Thal

treffe, zu nennen sei», worauf ihm dieser erklärte, er finde den Namen «Panorama» dafür geeignet.

Über die Entstehung von Zeller-Horners Titlispanorama berichtet Ernst Walder im Neujahrsblatt der Zürcher Waisenhausgesellschaft von 1900: «Im Jahre 1832 wurde H. Zeller durch die freundliche Einladung des Herrn Hirzel-Escher veranlasst, densel-

ben auf einer Alpenwanderung zu begleiten. Er hatte dabei in erster Linie im Sinne, in möglichst gerader Richtung von Zürich nach Engelberg über die Kette des Brisen und der Wallenstöcke zu gelangen. Die Wanderer überstiegen von der Steinalp aus am 13. August den Plankengrat in der Wallenstockkette [...]. Der Abstieg nach der Engelberger Seite war sehr steil und erfor-

Horizonterweiterung: Wer erkennt die Gipfel und nennt die Namen? Das Panorama von Heinrich Zeller-Horner war fast 100 Jahre lang eine Sehhilfe. So erschien es noch in der 36. Auflage von Iwan Tschudis Reiseführer «Tourist in der Schweiz», 1921.

Rundschau: Das einzige so genannte Horizontalpanorama des Titlis – die Aussicht ist kreisförmig dargestellt – wurde aufgenommen und gezeichnet vom Mayer Verlag der «Panoramen-Vollbilder» in München. Zeitpunkt der Aufnahme: nach der Errichtung des eisernen Signals 1889. Diese Art von zweidimensionaler Rundsicht ist etwas gewöhnungsbedürftig; leichter fällt die Orientierung mit einem lang gezogenen Vertikalpanorama. In jedem Fall aber konnten Benützer unten die Aussicht antizipieren, oben die einzelnen Gipfel identifizieren und wieder unten das Erlebnis kommunizieren – in einem Münchner Biergarten vor versammelter Runde von der Fernsicht des Titlis zu schwärmen und diese gleichzeitig zu dokumentieren, setzte dem Bergerlebnis die Krone auf.

derte viel Vorsicht. Der Hund, welchen der Führer mitgenommen hatte, verlor bei dieser Tour durch Absturz das Leben.»

Unter Führung des alten Maurus Imfanger erreichten Hirzel-Escher und Zeller-Horner am 15. August 1832 den Nollen beim günstigsten Wetter. Das erlaubte Zeller-Horner, in drei Stunden ein Panorama zu entwerfen, das im gleichen Jahr im Verlag von Heinrich Keller in Zürich erschien. Über die Mühen, die ihn das Zeichnen auf dem Titlis kostete, schreibt er seinem Bruder: «Hätte ich Augen wie du, ich wäre vielleicht jetzt noch auf dem Titlis, aber da hatte ich's recht unkommod durch meine Schuld. Erstens glaubte ich im Hinaufsteigen, es wäre unmöglich zu zeichnen wegen Wind oder dem Blenden des Schnees, und liess daher Schirm und Thek auf dem Rotheck am Anfang des Gletschers liegen. Oben konnte ich mich nun nicht enthalten und musste doch zu zeichnen anfangen, sass in den Schnee, nahm mein Skizzenbüchlein auf die Knie und den Riemen drauf, setzte dann eine grüne Brille auf und eine andere darüber, um in die Ferne zu sehen. Nach etwa 2 Stunden, die wie ein Augenblick vorbeigiengen, fror ich stark an dem rechten Fuss, zudem war ich sitzend einige Zoll tief eingeschmolzen. Es nimmt mich nur Wunder, dass ich nicht Blind geworden bin.»

In Engelberg angekommen, besuchten die beiden Titlis-Besteiger den damals 80-jährigen Ingenieur Müller. Zeller-Horner berichtet: «Herr Müller, der 8 Mal oben gewesen, sagte, man sehe auf dem Gipfel die drei nächsten Kirchen von Engelberg, Mayen und Gadmen. Das ist merkwürdig. Die aber, welche sagen oder schreiben, man sähe vom Titlis den Strassburger Münster, sind Narren. Wäre er auch noch im Gesichtskreis vom Titlis, so wäre es unmöglich, denn von einer solchen Höhe sieht man nichts mehr deutlich in einer solchen

Ferne, auch mit dem Perspektiv [Fernrohr].» Sowohl auf der Originalzeichnung Zellers als auch auf der 1833 bei Heinrich Keller erschienenen, 26 x 236 Zentimeter messenden Lithografie fehlt die Aussicht ins Mittelland. Offenbar wollte Zeller das fehlende Stück 1833 ergänzen, was aber nicht gelang: «Bei einer 2. Besteigung des Titlis, welche ich im folgenden Jahre in Gesellschaft von Herrn Professor M. Ulrich ausführte, war die Luft nicht hell genug, um das noch mangelnde Stück in meiner Zeichnung, nämlich die Aussicht ins flache Land, zu ergänzen.» Heinrich Keller ergänzte die Aussicht ins Mittelland nachträglich auf einem Exemplar des Titlispanoramas: «Die Bleystiftzeichnung ist nach der Karte, also Schätzung.» Sicher ist, dass Gottlieb Studers Panorama von 1864 zur Überarbeitung des Zellerschen herangezogen wurde. Auch die Originalzeichnung von 1832 weist mit roter Tinte ausgeführte Korrekturen auf. Später wurde Zeller-Horners Titlispanorama verschiedentlich nachgedruckt. In Carl Cattanis «Das Alpenthal Engelberg und seine Berg-, Wasser-, Milch- und Molkenkuren» von 1852 findet man es als Beilage. 1872 entdeckt man die Zeichnung, stark reduziert, aber mit wesentlich umfassenderer Nomenklatur, in Iwan Tschudis «Tourist in der Schweiz und dem angrenzenden Ober-Italien, Savoyen und West-Tirol». Selbst in Tschudis 36. Auflage aus dem Jahre 1921 ist sie noch in unveränderter Form als Beilage enthalten.

Vertikal, horizontal und fotografisch

Im Jahre 1842 skizzierte auf dem Nollen einer der bedeutendsten Alpenforscher seiner Zeit, dessen umfassende, auf unzähligen Reisen und Besteigungen gewonnene Gebirgskenntnis entscheidend zum topografischen, geografischen und kartografischen Bild der Schweiz beitrug: Gottlieb Studer

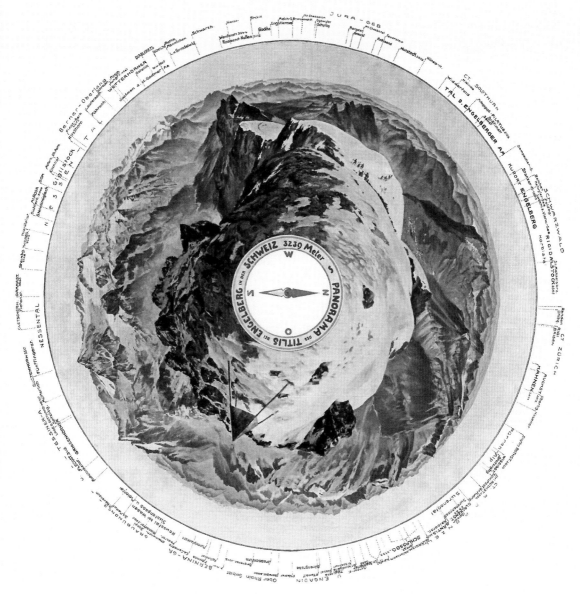

Titlis - Pan‹
Aufgenommen & lithogr. von X. Imfeld, Jngen. von Sa

(1804–1890). Geboren in Langnau im Emmental als Sohn des Amtsschreibers und Panoramenzeichners Sigmund Gottlieb Studer, wuchs er in seiner Vaterstadt Bern auf und liess sich zum Notar ausbilden. Von 1850 bis 1866 wirkte Studer als Berner Regierungsstatthalter. Zudem gehörte er 1863 in Olten zu den Begründern des SAC. Er unternahm unzählige Bergfahrten und hinterliess eine umfangreiche Sammlung handgezeichneter Panoramen und Aussichten. Daneben schuf er sich auch als Alpinhistoriker einen grossen Namen.

Studers erstes Titlispanorama von 1842 blieb unediert. Und auch eine zweite Darstellung von 1864, die den Ausschnitt vom Glärnisch bis zum Eiger festhielt, fand den Weg an die breite Öffentlichkeit nicht. Immerhin kopierte es Johann Jakob Müller-Wegmann (1810–1893) später auf Pauspapier und nahm die Federzeichnung in seine grosse, rund 4000 Originalzeichnungen, Panoramen und Kopien umfassende Sammlung topografischer Gebirgszeichnungen auf, die sich heute als Depositum der Sektion Uto in der Zentralbibliothek des SAC in Zürich befindet.

Ein weiteres, 26 x 243 Zentimeter grosses Vertikalpanorama mit dem Titel «Panorama vom Titlis (Obwalden). Original-Aufnahme»

entstand zwischen 1850 und 1888. Die Bleistiftzeichnung stammt vom Luzerner Karl Nager-Gloggner (gest. 1888). Als Verwalter der Ersparniskasse in Luzern tätig, trat Nager 1864 in die am 31. März desselben Jahres gegründete SAC-Sektion Pilatus ein. Über Nagers Werk als Panoramazeichner ist sehr wenig zu erfahren.

Gar nichts wissen wir über die Urheber weiterer Panoramen, die zudem teilweise erst noch undatiert geblieben sind. Zu diesen gehört das bisher einzige Horizontalpanorama «Titlis bei Engelberg i.d. Schweiz mit 138 Bezeichnungen». Den Mittelpunkt bildet eine Windrose, betitelt «Panorama des Titlis bei Engelberg, in der Schweiz, 3230 Meter». Daneben erkennt man das neue Triangulationssignal von 1889. Die Nomenklatur am Aussenrand ist in zwei Kreise eingeteilt, dessen innerer sich auf die nähere, der äussere auf die fernere Umgebung bezieht. Die Lithografie mit vollständig ausgearbeitetem Relief von beeindruckender Plastizität vermittelt eine ausgezeichnete Vorstellung von der zu erwartenden Gipfelrundsicht, trotz ihres bescheidenen Formats von etwa 30 x 30 Zentimetern.

Das älteste nachweisbare Fotopanorama vom Titlis – es ist auch eines der ersten

SÜD

Fünffingerst.

St. Gl.

St. Gl.

a

ed der Sect. „Titlis" des S.A.C.

Druck v. J.J.Hofer Zürich.

überhaupt von einem Alpengipfel – schuf der Fotograf Adolphe Braun (1811–1877); seine Entstehung muss auf etwa 1866 angesetzt werden. Mit der fotografierten Aussicht und den ebenfalls abgelichteten Bergsteigern wurde die technische Reproduzierbarkeit von Gipfelpräsenz und -panorama entscheidend erweitert. Braun gehört zu den vielseitigsten Pionieren der Frühzeit der Fotografie, und dies nicht nur im Gebirge. In Dornach hatte er bereits 1853 ein Fotoatelier gegründet. Nebst der

Reproduktion von Kunstwerken spezialisierte er sich auf Städtepanoramen und Landschaftsbilder aus Frankreich und der Schweiz.

Xaver Imfeld: vollendete Rundsicht

1885 wurde das Berghaus Trübsee eröffnet, und es erleichterte den immer zahlreicheren Touristen und Bergsteigern den Aufstieg zum Titlis. Diese Entwicklung veranlasste den Topografen, Reliefbauer und Panoramenzeichner Xaver Imfeld 1878 dazu, ein neues Panorama vom Titlis zu zeichnen. «Bei dieser grossen Frequenz war das alte Zeller'sche Panorama, welches nur etwa zwei Drittel der Rundsicht umfasste, für viele Titlisbesucher nicht mehr ausreichend, und in Vereinbarung mit dem Centralcomite des S.A.C. und Herrn E. Cattani zum Hôtel Titlis in Engelberg unternahm ich es, ein vollständigeres und genaueres aufzunehmen», schreibt Imfeld im Jahrbuch des SAC von 1878. «Das neue Titlispanorama nun, welches hier als Beilage des Jahrbuches erscheint, darf jedoch keineswegs als eine alle Details erschöpfende Darstellung dieser grossartigen Rundsicht betrachtet werden, wie das z.B. A. Heim's Panorama vom Sentis und andere mehr sind. Zu einer solchen Arbeit wäre – die nöthige Befähigung

Taschenformat: Der im obwaldnerischen Sarnen geborene Xaver Imfeld (unten) schuf 1878 das umfassende Panorama des Titlis (oben). Auf ihm war erstmals die volle Rundsicht dargestellt; es war nicht zuletzt deshalb so praktisch, weil das 14 bzw. 17 x 189 cm messende Blatt bequem auf 21 x 14 cm gefaltet werden konnte. Das Faltpanorama wurde – ebenfalls nicht unwichtig – in Engelberg zum Verkauf angeboten. Heute ist es in stark verkleinerter Form in der Bergstation auf dem Klein Titlis erhältlich; dummerweise ist aber das markante Sustenhorn rechts vom Titlis mit Brunnenstock angeschrieben.

vorausgesetzt – ein Aufenthalt von mehrern Wochen auf dem Gipfel erforderlich, während die Zeichnung dieses Panorama's in dreimaliger Besteigung zu Stande kam. Nur wenn man bei den verschiedensten Witterungs- und Beleuchtungsverhältnissen beobachten kann, ist es möglich, diese Unzahl von Kämmen und Gipfeln, die man von einem so hoch gelegenen Punkt aus hintereinander emporragen sieht, richtig abzutrennen und zu bestimmen. Obwohl mich bei der Aufnahme ganz vorzüglich geeignetes Wetter begünstigte, so blieben doch einige kleinere Partien in gewissem Grade unsicher. Es sind das die Gegend des Gotthardpasses, wo der Föhn beständig Nebel herüber trieb, und die Engadinerberge, die, schon wegen ihrer grossen Entfernung schwer erkennbar, in stetem Dunst verschwammen. Die übrigen Partien sind, so gut es der für so ausgedehnte Fernsicht kleine Massstab und die Technik der Lithografie erlaubten, detaillirt und korrekt ausgeführt, ohne dass ich jedoch darauf schwören wollte, dass ein geübtes Auge bei günstiger Beleuchtung nicht da und dort noch ein Spitzchen entdecken möchte, das nicht verzeichnet steht. Die Namen (circa 400) entnahm ich der Dufourkarte [...]. Für Nichtclubisten noch die Notiz, dass das

Panorama nach Erscheinen des Jahrbuches bei Herrn Ed. Cattani zum Hôtel Titlis in Engelberg für Jedermann käuflich zu haben ist.»

Eine wichtige Notiz! Was nützt das schönste Panorama, wenn es Titlisbesteiger und solche, die nie oben waren, nicht erwerben können? Imfelds Panorama – die vollendetste unter den gezeichneten Titlisrundsichten – erschien 1879 auch in der lithografischen Anstalt von Johann Jakob Hofer in Zürich und 1893 in einer weiteren Ausgabe (Hofer & Co.). Es ist – in der Bergstation auf dem Klein Titlis – immer noch käuflich, allerdings in stark verkleinerter Form. Dass ausgerechnet das Sustenhorn, einer der

markanten Fixpunkte in der Aussicht des
Titlis, mit dem schon lange nicht mehr ge-
bräuchlichen Namen Brunnenstock angeschrieben ist, dürfte Imfeld nicht freuen.
Der in Sarnen geborene Xaver Imfeld
(1853–1909) studierte an der Ingenieur-
schule des Eidgenössischen Polytechnikums
(ETH) in Zürich und arbeitete bis 1890 beim
Eidgenössischen Topographischen Bureau
in Bern als Ingenieur-Topograf, wo er unter
anderem 21 Gebirgskartenblätter des
Siegfriedatlas (Topographischer Atlas der
Schweiz) revidierte oder neu aufnahm.
Neben Karten erschienen in rascher Folge
auch Panoramen und Reliefs. 1891 hielt
sich Imfeld fast drei Wochen lang auf dem
Gipfel des Montblanc auf, wo er im Auftrag
von Ingenieur Alexandre Gustave Eiffel untersuchte, ob sich dort ein Observatorium
für Höhenforschung bauen lasse. Eine
Rückenmarkslähmung hinterliess 1892
starke körperliche Behinderungen, die Imfelds Schaffenskraft massiv einschränkten.
Als Mithilfe für seine Arbeiten als Privat-
topograf gewann er den Kunstzeichner Karl
Meili, den er vor allem in den Reliefbau
einführte. Inmitten begonnener Arbeiten

und unausgeführter Ideen verschied Imfeld
am 21. Februar 1909 an den Folgen eines
Herzschlags.

Ausblick vom Titlis

Nach 1850 erhielt der Titlis immer mehr Besuch. Xaver Imfeld im Jahrbuch des SAC:
«Bei schönem Wetter wird er jetzt während
den Sommermonaten fast täglich bestiegen, und es ist keine Seltenheit, dass man
früh Morgens hieroben ganze Karavanen
von 20–30 Personen, Herren und Damen,
antrifft, die den weiten Weg nicht scheuen,
um das erhabene Schauspiel eines Sonnen-
aufgangs, die gleich liebliche wie gewaltig
grossartige Rundsicht vom Schwarzwald
und den weit aus dem Gäu heraufglitzern-
den Seen hinüber zu den emporstarrenden
Häuptern des Berner Oberlandes und Wallis
zu geniessen.» Aus den Karavanen von
1878 wurden mit der Zeit Hunderte von
Besuchern; nicht nur im Sommer, sondern
auch im Winter. Die Bergbahnen trugen im
20. Jahrhundert dazu bei, dass der Titlis ein
leicht erreichbarer, weitherum bekannter
Hochtouren-, Ski- und eben Aussichtsberg
wurde.

Massenmedium: Panoramen
wie das von Xaver Imfeld
(oben) boten im 19. Jahr-
hundert ein visuelles Spek-
takel für die Massen. Mit
den Fotopanoramen – für
den Titlis gab es sie in verschiedenen Ausführungen
und Preisklassen – erlebte
diese Sehindustrie gleichzeitig den Höhepunkt und
das Ende. Ansichtskarten
und später die privaten Kameras lösten die aufwendig
gestalteten Panoramen ab.
Zudem konnte dieses Reiseandenken nicht immer als
Zimmerschmuck aufgehängt
werden; allerdings war (und
ist) es schon ein gutes Gefühl, in der guten Stube die
Sicht vom Titlis über den
Alltag vor sich zu haben.

177

Der touristische Aufschwung förderte daneben auch die übliche Infrastruktur: Jegliche Arten von Reiseandenken wurden an Billettschaltern, in Restaurants und Hotels, an Kiosken und in Verkehrsbüros den Besuchern feilgeboten. Dazu gehörten natürlich auch die Panoramen, von denen nur wenige im Verlagsbuchhandel erhältlich waren. Die handgezeichneten und lithografierten Produkte wurden mehr und mehr durch Fotopanoramen verdrängt, die kaum vollständig nachweisbar sind. Eine dieser – noch eher frühen – Arbeiten ist das Titlis-Panorama des Schaffhauser Fotografen Carl August Koch (1845–1897), das am 5. September 1893 etwas unterhalb des Titlis-Nollen aufgenommen wurde. Das Werk ist keine Vollrundsicht, sondern eine panoramatische

Aussicht vom Glärnisch bis zum Wellhorn, sehr ähnlich dem 1864 von Gottlieb Studer gezeichneten Ausschnitt. Trotz der sehr guten Auflösung dieser Fotografie wird deutlich, dass sie nur den augenblicklichen Zustand der Gipfelaussicht wiederzugeben vermag, weshalb sich die Bergspitzen am Horizont im Dunste verlieren. Die dem zeichnerischen Panorama eigene Objektivierung – das Abschwächen besonders dominanter Partien und die Verdeutlichung von solchen in der Ferne – geht weitgehend verloren. Im Mittel- und Hintergrund der Abbildung können topografische Einzelheiten, wie etwa die Zusammenhänge einzelner Bergketten durch ihre Grate, kaum mehr unterschieden werden, was die Orientierung im Panorama erheblich erschwert.

Der vollständige Nachweis sämtlicher im 20. Jahrhundert produzierter Titlis-Panoramen ist kaum möglich. Zu den wichtigsten zählen das wahrscheinlich in den Dreissigerjahren im Luzerner Kunstverlag E. Götz erschienene Panorama «Engelberg-Trübsee (Schweiz), Skigebiet 1050–3200 m», eine vielleicht in die Fünfzigerjahre zu datierende Fotografie «Titlis-Panorama: Aufstieg über Rotegg, Abstieg nach Jochpass», erschienen im Verlag Globetrotter AG, Luzern, sowie das grosse, 32 x 242 Zentimeter messende Fotopanorama, das Willi P. Burkhardt aus Buochs am 26. August 1974 bei der Bergstation der Titlisbahn aufgenommen hat. Neben einem weiteren farbigen, in Leporello erschienenen «360° Titlis Panorama», das man im Gipfel-Kiosk für 8.50 Franken kaufen kann, ist die von Bucher und Krütli, Ostermundigen, erstellte und gezeichnete Panoramatafel zu erwähnen, die auf dem Klein Titlis und in zwei Exemplaren auf der Sonnenterrasse der Bergstation die Aussicht erklärt. Die Gruppe der drei Wetterhörner (Rosen-, Mittel- und Wetterhorn) ist allerdings nicht korrekt geraten, fällt doch der Grat des Mittelhorns gegen Norden steil ab; Wetterhorn und Scheidegg-Wetterhorn gingen schlicht vergessen.

Solche Fehler passieren dem Baselbieter Martin Rickenbacher (*1954) nicht. Der Ingenieur-Topograf am Bundesamt für Landestopographie muss die Aussicht nicht in mühsamer Kleinarbeit mit klammen Fingern auf dem Gipfel zeichnen, er kann sie aus den Daten des digitalen Höhenmodells DHM25 mit dem Computer berechnen. Das DHM25 enthält die Angaben zur Topografie der Erdoberfläche in numerischer Form, also als Zahlenberge. Mit entsprechenden Computerprogrammen lassen sich aus diesen Daten unter anderem auch Panoramen von beliebigen Standorten aus ableiten. Mit der CD-ROM «Atlas der Schweiz interaktiv» können sich die Benutzer nicht nur die Aussicht vom Titlisgipfel am Bildschirm darstellen lassen, sondern sogar von Gipfel zu Gipfel hüpfen. The Playground of Switzerland – digital.

Mattscheibe: Digitales Panorama vom Titlis-Gipfel (oben) Richtung Fleckistock und Sustenhorn (links im Bild) sowie Berner Alpen (rechts im Bild), am Computer berechnet aus dem digitalen Höhenmodell DHM25/50 mit der japanischen Freeware Kashmir3D. Ähnliche Bilder lassen sich mit dem «Atlas der Schweiz interaktiv» erstellen, dem heutigen zeitgemässen Nachfolger der früheren Faltpanoramen. So kann man jederzeit zu Hause am Bildschirm alles sehen und muss erst noch nicht frieren (unten).

Thomas Germann (Jahrgang 1955) arbeitet als Bibliothekar in der Kartensammlung der Zentralbibliothek Zürich und betreut seit 1991 die Zentralbibliothek des SAC. In der Freizeit schuf er die beiden grossformatigen Bände «Zürich im Zeitraffer» (Werd Verlag) und beschäftigt sich mit dem Panorama, zeichnerisch und wissenschaftlich. Er zeichnete das «Panorama der Stadt Zürich» (Verlag Hans Rohr) und dasjenige von Grindelwald-First; er ist Mitarbeiter der Ausstellung «Das Panorama – eine Augenreise» im Schweizerischen Alpinen Museum von Bern (2001/02). Thomas Germann wohnt in Langnau am Albis mit Blick auf den Glärnisch.

Trips und Tipps

Besteigung des Titlis (3238.3 m)

Der Titlis war nie eine schwierige Tour, höchstens eine lange, wenn man in Engelberg (1000 m) starten musste. Seit dem Bau der verschiedenen Abschnitte der Seilbahn zur Bergstation (3032 m) am Klein Titlis (3061 m) haben sich die Besteigungszeiten ständig verkleinert. Mit der Klimaerwärmung und dem Rückgang der Gletscher hat sich auch die Art des Aufstiegs verändert: Was früher eine Gletschertour war, ist heute im Hochsommer und Frühherbst, wenigstens bei genügender Ausaperung, mehr oder weniger eine Hochgebirgswanderung auf Schuttpfaden. Allerdings: Passagen mit Firn oder gar Eis können jederzeit und überall auftreten, und wer dann keine Steigeisen, keinen Pickel oder keine Stöcke bei sich hat, kann ins Rutschen kommen. Und rutschen sollte man am Titlis nur auf den Pisten und im meist harmlosen Schnee beim Klein Titlis, nicht jedoch auf dem Weg zum Grossen und schon gar nicht auf dem ausgesetzten Wegstück fast zuoberst. Kurz: Der Titlis ist, trotz kurzem, leicht scheinendem Weg von der Bergstation, kein Ziel für Halbschuhtouristen. Sehr stabile Wanderschuhe, besser gleich Trecking- oder Bergschuhe, sind ein Muss, Skistöcke oder Pickel, Windjacke, Handschuhe, Sonnenbrille und -creme ebenfalls. Und daran denken: Man steigt in dünner Luft. Von der Bergstation Klein Titlis (3032 m) geht man ostwärts auf der Gletscherpiste zur Bergstation des «Ice Flyer»-Sesselliftes und in den Sattel (etwa 3010 m) zwischen Klein und Gross Titlis hinab. Über den im Hochsommer meist aperen, wenig steilen Westgrat in Wegspuren auf den Vorgipfel. Kurz hinab in eine firnige Senke und etwas links ausholend (ausgesetzt) oder direkt über eine Steilstufe hinauf zum Vermessungssignal des Titlis (3238.3 m); 230 Höhenmeter, 45 Minuten. Wer sich das selbst nicht zutraut, nimmt besser an einer geführten Wanderung zum Titlis teil, die von Ende Juni bis Mitte Oktober jeden Dienstag stattfindet; Auskunft und Anmeldung beim Tourist Center in Engelberg. Manchmal werden auch Sonnenaufgangstouren durchgeführt – ein ganz besonderes Erlebnis.

Wer mit Ski oder Schneeschuhen aufsteigt, weicht vom Westgrat in die Nordwestflanke aus. Wintersaison ist am Titlis von November bis Mai und dann wieder im Sommer, wenn der Skilift auf dem Titlisgletscher läuft und in der Halfpipe coole Sprünge zelebriert werden.

Klettersteig Titlis-Südwand

Die durchgehend mit Stahlseil gesicherte, 500 Meter hohe Route erstreckt sich vom Sattel zwischen Klein und Gross Titlis und dem Wendengletscher und wird als mittelschwierig eingestuft. Das Firnfeld in der Mitte der Südwand kann die Schwierigkeit erhöhen. Für die Begehung rechnet man 2 Stunden im Abstieg und 2^1/$_2$ im Aufstieg; der Klettersteig dient als eleganter Zustieg zum Biwak am Grassen. Den Klettersteig darf man nur mit entsprechender spezieller Ausrüstung angehen; sie kann gemietet werden bei Bike'n Roll, Berg- und Radsport, Dorfstrasse 31, 6390 Engelberg, Tel. 041 638 02 55, www.bikenroll.ch, info@bikenroll.ch. Auskünfte über Begehbarkeit des Titlis-Klettersteigs in der Talstation der Titlisbahnen oder im örtlichen Bergführerbüro; dieses vermittelt auch einen Führer.

Spaziergänge auf dem Klein Titlis

Panoramarestaurant, Gletschergrotte, Südwandfenster, Nostalgiefotostudio, Uhrenshop, Schneerutschbahn, «Ice Flyer»-Sessellift: Für diese Besuche brauchts keine Wander-, da reichen Halbschuhe; eine Windjacke ist freilich auch immer anzuraten. Mutige erklimmen zudem noch den höchsten Punkt des Klein Titlis (3061 m), kein sehr selbständiger Dreitausender, aber immerhin. Und erst noch 10 042 Fuss hoch. Im Winter ist ein Weg zum Stotzig Egg zwischen Titlis und Rotstöckli gespurt – der höchstgelegene Winterwanderweg der Schweiz.

Touren rund um den Titlis

Kletterei beim Titlis:
Rotstöckli (2901 m)

Neben ausgesprochenen Kletterfähigkeiten in vertikalen Geröllhalden sollten Anwärter auf die Felskrone von Nidwalden noch Steigeisen, Helm und einen Schutzengel mitbringen. Am besten im Frühsommer, wenn der Schnee noch weit in die Nordostflanke hinaufreicht, die Felsen jedoch aper sind. Von der Talstation des «Ice-Flyer»-Sesselliftes zum Rotstöckli und entlang seiner Nordostflanke zum Einstieg; er befindet sich ungefähr dort, wo der Gletscher eine Firnrippe bildet. Ein Bergschrund kann den Übergang vom Firn auf den Fels erschweren. Ein paar Meter gerade hinauf klettern (II–III), dann auf einem schwach ausgeprägten, stark brüchigen Band schräg links in die Scharte im Südostgrat hochkraxeln (vgl. Foto S. 37). Auf der Westseite über lose Platten zuerst leicht absteigen, auf einem Band mit einem schwierigeren Schritt weiter traversieren, bis man in gut gestuftem Gelände auf den Nordwestgrat klettern kann. Nun leicht in ein paar Schritten zum Gipfelkreuz. 100 Höhenmeter und 1 Stunde von der Sessellift-Talstation. Abstieg wie Aufstieg; Abseilen ist nur schlecht möglich, da im losen Gelände kaum Sicherungen angebracht werden können.

Wanderung über dem Trüebsee:
Bitzistock (1895.2 m)

Der Bitzistock ist von Engelberg aus gesehen ein auffälliger Zacken im Grat, der den Trüebsee im Norden begrenzt. Vor allem wenn Wolken und Nebel die obere Hälfte des massigen Titlis-Gebirges verhüllen, dann sticht der Bitzistock mit seinem im Sommer 2000 erneuerten Gipfelkreuz ganz deutlich hervor. Früher führte einmal ein Skilift bis fast ganz auf den Berg; heute wird er nur noch von Wanderern besucht, denen die Uferwege am Trüebsee eine Spur zu flach sind. Zudem ergibt sich mit der Gondelbahnfahrt zur Station Trübsee, mit der Rückfahrt am so genannten Älplerseil (einer zuweilen atemberaubenden Seilbahn von Ober nach Unter Trüebsee) sowie mit der anschliessenden Schussfahrt auf dem Trottinett nach Engelberg ein Ausflug, der bei Eltern und Kindern gleichermassen für freudige Aufregung sorgt. Route: Von der Station Trübsee (1798 m) auf dem nördlichen Trüebseeweg bis zum Exskilift. Von Masten zu Masten weglos durch Weidegelände zur Bergstation und auf einer Wegspur rasch auf den schmalen Bitzistock. Hinab zum Stall von Hinter Bitzi und auf einem Weg zum Trüebsee. Auf dem Wanderweg zur Bergstation (1707 m) des Älplerseils; die 8-plätzige Bahn fährt zur vollen und halben Stunde. Von der Talstation zum Restaurant Untertrübsee und mit dem Trottinett hinab zur Talstation der Titlisbahn. Tipp: Rundreisebillett lösen.

Bergwanderung im Engelbergertal:
Hohfad (1439 m)

Die unbekannte Engelberger Seite des Titlis, hautnah und im Hochsommer überraschend sonnig, obwohl man im Schatten der hoch aufschiessenden, glatt polierten, nass gestreiften, von Bändern durchzogenen Nordwest-, Nord- und Ostwand wandert. Auf Hohfad oben, dieser abgelegenen Alp so nahe beim Talboden mit seinen Spaziergängern, Golfern, Velo- und Autofahrern, kehrt Ruhe ein. Nur die Glocken der paar Schafe, das Plätschern der Bäche, das Rauschen des Tätschbachfalls drunten im Tal. Und droben das Nordbollwerk des Titlis, schweigsam. Die Geräusche der Massen und Masten dringen nicht durch den Galtibergkessel nach Hohfad herab. Drüben auf Bödmen dann vielleicht ein paar Worte mit der Bergbäuerin, wenn sie nicht gerade ausser Haus ist. Dieses Bergheimetli auf einer Geländerippe, welche die Lawinen teilt, die im Frühling herabdonnern – der Ruf der Berge einmal ganz anders. Einsamkeit am Fuss des Titlis. Route: Vom Bahnhof Engelberg (1000 m) hinüber zur

Engelberger Aa. Dem Fluss entlang, über Flur und entlang dem Golfplatz, bis rechts der Bergwanderweg nach Hohfad abzweigt. Teilweise ziemlich steil hinauf zu den Hohfad-Hütten. Hinüber nach Bödmen (1323 m); Einkehrmöglichkeit, wenn jemand dort ist. Auf dem Leiternweg steil hinab auf den Talboden und wieder den Golfplatz und dem Fluss entlang zurück nach Engelberg. Eine dreistündige Tour für trittsichere Titlis-Verehrer.

Bergwanderung im Gadmental: Grätli (2065 m)

Ein kleiner Gipfel mit einer grossen Aussicht – auf die wenig bekannte Berner Seite des Titlis und auf seine Nachbarn im Westen, die Gipfel der Tällistock-Wendenstock-Kette mit ihren bis zu 800 Metern hohen, lotrechten Kalkwänden. Wenn sich diese Gipfel noch im Seelein spiegeln, das auf dem Gipfelplateau des Grätli die Wanderer überrascht, wird alles noch viel eindrücklicher. Aber auch der Anblick der Sustenhorn-Gruppe und der Tiefblick ins Gadmental erfreuen das Auge. Kurz: Die Besteigung des Grätli, einer Grasschulter im Westauslauf der felsig-firnigen Fünffingerstöck-Gruppe zwischen dem Wenden- und dem Gadmental, lohnt sich nicht allein wegen des Titlis. Ausgangspunkt ist die Haltestelle Feldmoos (ca. 1620 m) der Postautolinie Meiringen–Sustenpass–Wassen (Kursbuchfeld 470.70) bzw. der Parkplatz in der Haarnadelkurve (1638 m) oberhalb der Feldmoos-Siedlung. Von der Kurve auf einer Waldstrasse flach westwärts bis zu einer Verbreiterung. Auf einem Waldweg nordwärts hinauf zur Gschletter-Hütte (1750 m). Dahinter flach auf eine Rippe und ihr entlang hinauf bis zu einem Steinmann; der Wander- und Hauptweg zieht in der gleichen Richtung weiter und sinkt dann ins Wendental hinab. Wir biegen rechts in einen ab und zu verblassend rot markierten Pfad ein, der schräg rechts hinaufführt und unterhalb von Felsen eine Rinne erreicht. Durch diese hinauf auf die Gschletteregg und über den abgerundeten Grat zum Grätli mit dem automatischen Schneehöhenmesser und dem See weiter östlich; von diesem geht man noch ein paar Schritte auf eine Anhöhe, um freie Sicht auf den Titlis und den Wendengletscher zu erhalten. Der Abstieg erfolgt auf einem Pfad schräg durch den grasigen Südhang hinunter zu den Vorbettli-Hütten (1868 m). Der Pfad senkt sich in mehrheitlich verbuschtem Gelände durch Rinnen und über Rücken westwärts über die Sustenpassstrasse hinunter. Auf ihr zurück zu den Ausgangspunkten. 2^1/$_2$ Stunden für die Bergwanderung mit 450 Metern Höhendifferenz; auf der Landeskarte der Schweiz, 1:25 000, Blatt 1211 Meiental, Ausgabe 1993, ist der Pfad von Gschletter aufs Grätli nicht eingezeichnet – kein Grund, diesen unbekannten Berner Oberländer Gipfel nicht zu besuchen.

Spaziergang am Engstlensee: Felsblock (ca. 1870 m)

Ein auffälliger Felsblock am grossen Weg vom Parkplatz und Berghotel Engstlenalp (1834 m) zum gleichnamigen See, rechts des Weges auf einer mit Arven besetzten Kuppe, wo Pfade ausgetreten sind. Seit dem Bestseller von Blanche Merz über die «Orte der Kraft in der Schweiz» (AT Verlag 1998) ist der rötlich-graue Felsblock ein beliebtes Ziel – der Ort soll die Ausstrahlungskraft der Pyramiden von Gizeh haben. Ein schönes Gefühl ist es auf alle Fälle, am Fuss des Blocks zu sitzen und über den Engstlensee (1850 m) hinweg zu den Kuppen von Titlis und Reissend Nollen zu schauen. Man kann den Felsblock auch erklettern. Weiter vorne, am Ufer des Engstlensees, sitzen ruhig die Fischer.

Anreise

Internationale Zugverbindungen bis Luzern, dann mit der stündlich verkehrenden Luzern–Stans–Engelberg-Bahn (Kursbuchfeld 480) in einer Stunde nach Engelberg (1000 m).
Die Bergbahnen Engelberg–Trübsee–Titlis sind täglich von 8.30 bis 17 Uhr in Betrieb, mit Ausnahme von Anfang bis Mitte November (Revision). Bei Sturm ist eine Schliessung der Anlage möglich. Ebenfalls ganzjährig in Betrieb (mit Ausnahme der zwei Novemberwochen) ist der «Ice Flyer»-Sessellift am Klein Titlis.

Hütten und Berghotels

Berghotel Trübsee (1798 m). Bei der Station Trübsee der Titlisbahn. In den Nebensaisons teilweise geschlossen, 60 Betten, Tel. 041 637 13 71, Fax 041 637 37 20, truebseehof@bluewin.ch.

Hüethütte (ca. 1770 m). Liegt in der Nordwestbucht des Trübsees, nördlich P. 1771. Gehört der Alpgenossenschaft Trübsee; gemietet durch die SAC-Sektion Pilatus. 30 Minuten von der Seilbahnstation Trübsee, 2^1/$_2$ Stunden von Engelberg. Hüttenwart an Wochenenden in der Skisaison sowie im Sommer. Hütte von Oktober bis Ende Mai sowie im Juli und August geöffnet, 25 Plätze, Tel. 041 637 12 30. Auskünfte und Reservation: K. Barmettler, Tel. 041 610 10 69 (Sommer), E. Thierstein, Tel. 041 320 39 29 (Winter).

Berghaus Jochpass (2207 m). Liegt nördlich des Jochseeli. Von Engelberg leicht erreichbar mit der Titlisbahn bis Trübsee und dem Jochpasslift; vom Berghotel Engstlenalp in 30 Minuten zur Talstation des Sessellifts auf den Jochpass. In den Nebensaisons geschlossen, 8 Betten und 60 Massenlager, Tel. 041 637 12 72.

Berghotel Engstlenalp (1834 m). Liegt rund 500 Meter westlich des Engstlensees. Von Ende Juni bis Mitte Oktober mit dem Postauto (Kursbuchfeld 470.80) von Meiringen erreichbar; die Strasse durchs Gental auf die Engstlenalp ist von April/Mai bis November/Dezember offen, je nach Schneelage. Im Winter und Frühling ist das Hotel aus den Skigebieten Trübsee–Jochpass und Melchsee-Frutt zugänglich. Ganzjährig geöffnet, 60 Betten, 60 Massenlager, Tel. 033 975 11 61, Fax 033 975 13 61, www.engstlenalp.ch, hotel@engstlenalp.ch

Biwak am Grassen (2647 m). Am Fuss des Titlis-Südostpfeilers, auf dem Tierberg oberhalb des Wendenjochs und nördlich des Grassen. Gehört der SAC-Sektion Engelberg, immer offen, 18 Plätze, mit Wasser, Licht, Kochgelegenheit und Decken. Drei Zustiegsmöglichkeiten: 1) Von Engelberg über Herrenrüti und Firnalpeli. Vom Bahnhof Engelberg mit dem Ortsbus bis zur Talstation der Fürenalpbahn in Herrenrütiboden (1084 m). Im unteren Teil Bergwanderweg, im oberen Teil weiss-blauweiss markierte alpine Route, die teilweise über Firn führt, nicht aber über die Spaltenzonen des Firnalpeligletschers. 5 Stunden, technisch leichtester Zustieg. 2) Von Engelberg über den Klein Titlis. Abstieg über den Südwand-Klettersteig (siehe oben) und Traversierung des dort harmlosen Wendengletschers. 2^1/$_2$ Stunden, nur für klettersteigerprobte Bergsportler; zudem muss diese Via ferrata begehbar sein. 3) Von Gadmen durch das Wendental. Von Gadmen (1205 m) bzw. von Obermad (1209 m), Postauto von Meiringen (Kursbuchfelder 470.70 + 71), auf der Sustenpassstrasse bis zur Abzweigung der Strasse ins Wendental. Nun auf dieser Strasse oder auf Abkürzungen zur Alp Wenden (1606 m). Auf einem Pfad über Rote Wang gegen Wyssi Balm, weglos über Schwarzen Berg (der beste Durchstieg im steil-grasig-geröligen Gelände ist nicht leicht zu finden) auf den Wendengletscher und zum Biwak. Rund 1450 Meter, 8 Kilometer, 5^1/$_2$ Stunden. Für kernige Bergsteiger, die sich im weglosen Terrain gut zurechtfinden.

Gîte Le Titlis (1122 m). Im Weiler Bénand nördlich oberhalb von Bernex, im Hinterland von Evian und fast am Fuss der Dent d'Oche, Aussichtszahn über dem Lac Léman. 32 Plätze, immer offen; Adresse F-74500 Bernex (Haute Savoie), Tel./Fax 0033 4 50 73 62 48.

Museum und Kloster

Tal Museum Engelberg. In den historischen Räumen des Bauernhauses von 1786/87 sind die Sammlungen zur Orts- und Talschaftsgeschichte sowie Exponate aus der Tourismus- und Sportgeschichte ausgestellt. In den neuerstellten Ausstellungsräumen zeigt das TME Wechselausstellungen zur Schweizer Kunst des 20. Jahrhunderts und zur Geschichte und Kulturgeschichte des Hochtals Engelberg. Im Foyer ist ein Engelberg-Relief von Joachim Eugen Müller zu bewundern. Das Tal Museum an der Dorfstrasse 6 ist von Mittwoch bis Sonntag nachmittags ab 14 Uhr geöffnet; in den Zwischensaisons, eine Woche nach Ostern bis Auffahrt/Pfingsten sowie nach Mitte Oktober bis Weihnachten, ist es geschlossen. Auskünfte über Tel. 041 637 04 14 und www.kulturfenster.ch/tme.

Kloster Engelberg. Das Kloster wurde im Jahre 1120 gegründet und ist heute noch von Benediktinermönchen bewohnt. Geführte Klosterbesichtigungen Dienstag bis Samstag, jeweils 10 und 16 Uhr. Jeden Mittwoch und Samstag 16 Uhr mit Besichtigung der Sonderausstellung. Tel. 041 639 61 19.

Karten

Landeskarte der Schweiz, 1:50 000, Blätter 245 Stans und 255 Sustenpass, je auch mit dem Zusatz «T» als Wanderkarten sowie mit dem Zusatz «S» als Skiroutenkarten erhältlich.
1:25 000, Blätter 1191 Engelberg, 1211 Meiental.
Top Swiss Erlebniskarte Nr. 3, Engelberg–Titlis, 1:15 000, Luftbildkarte mit touristischen Informationen, Hallwag/Top Map, Bern/Luzern 1999.
Wanderkarte Engelberg, 1:25 000, herausgegeben vom Tourist Center Engelberg.
Panorama-Wanderkarte Engelberg, Skorpion Verlag, Ennetmoos.
Winter Panoramakarte Engelberg, Skorpion Verlag, Ennetmoos.

Führer

Alpinismus

Fullin, Toni; Banholzer, Andy: Clubführer Urner Alpen 3. Vom Susten zum Uri-Rotstock. Verlag des SAC, Bern 1999.
Hüsler, Eugen: Klettersteige Westalpen. Bruckmann Verlag, München 2001.
Odermatt, Urs: Wasserfallklettern in der Schweiz. Panico Alpinverlag, Köngen 2001 (2. Auflage).

Skitouren

Auf der Maur, Willy: Alpine Skitouren Zentralschweiz – Tessin. Verlag des SAC, Bern 1998.
Fullin, Toni; Banholzer, Andy: Clubführer Urner Alpen 3. Vom Susten zum Uri-Rotstock. Verlag des SAC, Bern 1999.

Wandern

Anker, Daniel: Berner Oberland Ost. Rother Wanderführer, München 2000 (3. Auflage).
Bachmann, Thomas: Sagenhaftes Wandern. Zwölf Ausflüge in die Gegenwart der Urschweizer Sagenwelt. Rotpunktverlag, Zürich 1997.
Höchli, Alex: Wanderführer Obwalden: das Zentrum der Schweiz zu Fuss erleben. Hrsg. von den Obwaldner Wanderwegen. Kümmerly+Frey, Bern 1998.
Kaune, Rose Marie; Bleyer, Gerhard: Die schönsten Höhenwege zwischen Appenzell und Vierwaldstätter See. Bruckmann Verlag, München 1991.
Krebs, Peter; Siegrist, Dominik: Klimaspuren. 20 Wanderungen zum Treibhaus Schweiz. Rotpunktverlag, Zürich 1997.
Michel Richter, Ruth; Richter, Konrad: 36 Berghotels und Berggasthäuser. Werd Verlag, Zürich 1998.
Tubbesing, Ulrich: Rund um den Vierwaldstätter See. Die schönsten Tal- und Höhenwanderungen. Bergverlag Rother, München 1993.

Bike

Eggenberger, Vital: Mountainbike-Erlebnis Zentralschweiz. Die 40 schönsten Rundtouren. Climb & Bike Edition, Maienfeld 2001 (2. Auflage).

Panoramen

360° Panorama Titlis, fotografiert von Karl Engelberger, 6362 Stansstad, 10,5 x 88,5 cm.
Panorama 360° Titlis, verkleinerte Ausgabe des Panoramas von Xaver Imfeld, neu aufgelegt bei Bellevue Studio, 6 x 96 cm.

Information

Tourismus

Engelberg-Titlis Tourismus, Tourist Center, 6390 Engelberg, Tel. 041 639 77 77, Fax 041 639 77 66, www.engelberg.ch, tourist.center@engelberg.ch

Titlis Rotair, 6390 Engelberg, Tel. 041 639 50 50, Fax 041 639 50 60, www.titlis.ch, titlis@titlis.ch
Talstation Tel. 041 639 50 61
Automatischer Schnee- und Wetterbericht Tel. 041 637 01 01

Adventure Engelberg, Tourist Center, 6390 Engelberg, Tel. 041 637 20 30, www.adventure-engelberg.ch.

Bergführerbüro Engelberg, Tourist Center, 6390 Engelberg, Tel. 041 637 27 60, www.bergfuehrer-engelberg.ch, info@bergfuehrer-engelberg.ch

Salomon Station bei der Talstation der Titlis Rotair Bahn, 6390 Engelberg, Tel. 041 638 00 00, Fax 041 638 00 01, www.salomon-station.ch, info@salomon-station.ch

Tourist Information Meiringen-Haslital, 3860 Meiringen, Tel. 033 972 50 50, Fax 033 972 50 55, www.alpenregion.ch, info@alpenregion.ch

Kantonshöhepunkte der Schweiz

Die Gipfel aller Kantone. Webseite von Catherine Keller und Patrick Höhener: http://dgrwww.epfl.ch/~phoehene/gipfel/.

Rendez-vous
Hautes Montagnes (RHM)

Die Präsidentin gibt gerne Auskunft über RHM-Treffen: Verena Jäggin, St. Alban-Ring 201, 4052 Basel, Tel. 061 313 79 81, verena.jaeggin@dplanet.ch

Literaturverzeichnis

Der Berg: allgemein

Clubführer Urner Alpen. II. Band. Verfasst vom Akademischen Alpen-Club Zürich, herausgegeben vom Schweizer Alpen-Club, Zürich 1905. 2. Auflage 1921, 3. Auflage 1930, 4. Auflage 1939, 5. Auflage 1952, 6. Auflage 1966 (als Urner Alpen West), 7. Auflage 1980.

Engelberg in alten Ansichten. Hrsg. von Markus Britschgi. Verlag Talmuseum Engelberg, Engelberg 1988.

Illustrated Tourist Guide, Engelberg 1905.

Le Titlis, in: Die Alpen. Monatsschrift des SAC (Bern) 1942, S. 339–340.

Auf der Maur, Franz (Text); **Burkhardt, Willy P.** (Fotos): Charakterberge der Schweiz. Ringier Buchverlag, Zürich 1992, S. 168–175.

Beck, P. Hugo: Engelberg. Landschaft, Volk und Geschichte. Engelberg 1970.

Bolli, Thomas: Vage Botschaft vom Berg, in: Tages-Anzeiger (Zürich), 7.12.2000, S. 9.

Cattani, Carl: Das Alpenthal Engelberg und seine Berg-, Wasser-, Milch- und Molkenkuren. Mit mehreren Lithographien und dem Titlis-Panorama. Gebrüder Räber, Luzern 1852. Französisch: Engelberg, ses environs et ses cures de lait et de petit-lait. Lucerne 1854.

De Kegel, Rolf: «Der Titlis ist schauerlich». Zur Eroberung eines Berggipfels. Engelberger Dokumente, Heft 20, Engelberg 1997.

Dufner, P. Georg: Engelberg – Ein Bergdorf macht Geschichte. Kur- und Verkehrsverein, Engelberg 1983.

Dübi, Heinrich: Hochgebirgsführer durch die Berner Alpen, Band IV, Grimsel bis Uri-Rotstock. Verlag von A. Francke, Bern 1908, S. 129–131 (mit Literaturhinweisen).

Eichhorn, Karl: Engelberg. Illustrierter Führer für Kurgäste und Touristen. Verlag von Robert Hess, Engelberg 1896 (mehrere Auflagen). Französisch: Engelberg. Guide illustré à l'usage des villégiaturants et touristes. Engelberg 1920, 4. Auflage.

Fleiner, Albert: Engelberg – Streifzüge durch Gebirge und Tal. Hofer und Burger, Zürich 1890. Reprint: Famo Druck AG, Alpnach 1991.

Fullin, Toni; Banholzer, Andy: Clubführer Urner Alpen 3. Vom Susten zum Uri-Rotstock. Verlag Schweizer Alpen-Club, Bern 1999, S. 128–143.

Hanke, Hans: Engelberg. Kleinod am Titlis, in: Bergsteiger (München) 3/1963, S. 197–206.

Hartmann, P. Plazidus: Im Banne des Titlis, in: Die Alpen SAC (Bern) 1959, S. 5–12.

Heer, Jakob Christoph: Der Kurort Engelberg. Buchdruckerei H. Keller, Luzern 1905. 2. Auflage 1908. Italienisch: Engelberg. Stazione climateria. Engelberg 1905.

Höchli, Alex: Engelberg. Verlag Buchhandlung Höchli-Délèze, Engelberg 1989.

Le Queux, William: Engelberg – The Crown Jewel of the Alps. The Swiss Observer, London 1930.

Lutz, Marcus: Vollständiges geographisch-statistisches Hand-Lexikon der Schweizerischen Eidgenossenschaft. Neu bearbeitet und vielfach vermehrt hrsg. von Anton von Sprecher. 2. Auflage. Sauerländer, Aarau 1856; Nollen: Bd. 2, S. 80; Titlis: Bd. 2, S. 340/341.

Reznicek, Felicitas von: Das Buch von Engelberg. Vergangenheit und Gegenwart eines Kurortes. Schweizer Heimatbücher 118/119, Verlag Paul Haupt, Bern 1964.

de Saussure, Horace Bénédict: Unveröffentliches Tagebuch einer Reise durch die Schweiz; Eintrag vom 14. Juli 1784, in: Archives De Saussure, Voyages 8/Horace Bénédict 17, cahier 3, Bibliothèque de l'Université de Genève (zitiert nach der deutschen Übersetzung in: Dufner, P. Georg: Zwei Engelberger Reisebeschreibungen a. a. O., S. 33).

Sprenger van Eyk, Jacobus Petrus: Auf tausend Meter Höhe: Engelberg beim Vierwaldstätter See. G. Nauck, Berlin 1893.

Stadler, P. Karl: Titlis, in: Titlisgrüsse (Engelberg) 52, 1965/66, S. 127–133.

Stephen, Leslie: The Playground of Europe. Longmans, Green, London 1871. Deutsch: Der Spielplatz Europas. Amstutz, Herdeg & Co., Zürich und Leipzig 1942, S. 250–251 (Übersetzung Henry Hoek); Der Tummelplatz Europas. Gesellschaft alpiner Bücherfreunde, München 1936 (Übersetzung Willi Rickmer Rickmers).

Wan Po, Derek Li; Infanger, Daniel (Fotos); **Dardas, Anja; Rutishauser, Martin** (Texte): Engelberg. roman edition, Engelberg 2000.

Ziehr, Antje: Engelberg. Engelberg-Verlag, Luzern 1983.

Der Sagen-Berg

Bachmann, Thomas: Sagenhaftes Wandern. Zwölf Ausflüge in die Gegenwart der Urschweizer Sagenwelt. Rotpunktverlag, Zürich 1997.

Biedermann, Hans: Knaurs Lexikon der Symbole. Droemer Knaur, München 1994.

Dufner, P. Georg: Engelberger Sagen. Engelberger Dokumente, Heft 11, 1982.

Keckeis, Peter (Hrsg.): Sagen der Schweiz. Bern. Limmat Verlag, Zürich 1995.

Meier, Pirmin: Magisch Reisen Schweiz. Geheimnisvolle Welt im Schatten der Alpen. Goldmann Verlag, München 1993.

Der Grenz-Berg

Bundesamt für Landestopographie: Bibliothek und Archiv, Grenzkarten betreffend Titlis 18.–20. Jh. U. a.: Karte des Kantons Unterwalden, nach 1800, T+B Schweizer Karten IIIb pag 332 (Nidwalden geht nur bis Grafenort, Engelberg ist noch keine Enklave, sondern hängt mit Obwalden zusammen); Reconnaissance au 1/100 000 du Canton d'Unterwald, Haut et Bas, 1854 (NW geht bis zum Titlisgipfel hinauf); Karte eines Teils von Unterwalden und Uri, R. Leuzinger, 1857 (NW geht bis zum Titlisgipfel hinauf); Siegfried-Karte, Originalmesstischblatt XIII/sect. 8 von 1860/61 (heutiger Grenzverlauf).

Eidgenössische Abschiede, Bd. 7/1, hrsg. von D. A. Fechter, Basel 1860.

Die Rechtsquellen des Kantons Bern, 2. Teil: Rechte der Landschaft, Bd. 7: Das Recht des Amtes Oberhasli, hrsg. von J. Brülisauer, Aarau 1984.

Staatsarchiv Obwalden, Sarnen: V 02. GB 0003–0005 (Grenzen OW–NW–BE).

Staatsarchiv Nidwalden, Stans: C. 1182 (Landesmarchen zu Engelberg).

Stiftsarchiv Engelberg: Cod. 190: Kapitelprotokolle Bd. 1 (1729–1737). Cod. 250: Copiarium Monasterii Engelbergensis Bd. 14. Marchbuch 1720. Cista: Nidwalden 1, Marchen, Faszikel Jochentscheid 1729.

Anker, Daniel: In allen Kantonen ganz zuoberst, in: Tages-Anzeiger (Zürich), 3.4.1998, S. 83, 85.

Anker, Daniel: Höhepunkte, in: Revue Schweiz (Solothurn), 1/1999, S. 4–27.

De Kegel, Rolf: Mit Säumern, Touristen und Soldaten über den Jochpass, in: Titlisgrüsse (Engelberg) 81, 1995, S. 87–97.

Heer, P. Gall: Aus der Vergangenheit von Kloster und Tal Engelberg 1120–1970. Engelberg 1975.

Höhener, Hans-Peter: Zentralistische oder föderalistische Schweiz? Die Gebietseinteilung in der Helvetik 1798 bis 1803 und ihre Darstellung in Karten, in: Cartographica Helvetica (Murten), Heft 18, 1998, S. 21–31.

Kurz, Gottlieb; Lerch, Christian: Geschichte der Landschaft Hasli. Bearbeitet von A. Würgler. Brügger Verlag, Meiringen 1979.

Der Bergsteiger-Berg

100 Jahre Sektion Titlis SAC 1877–1977, Stans 1977.

1492–1992: Dalle alpi ai vulcani del Messico: riscopriamo le montagne dove è nato l'alpinismo, in: Airone montagna (Milano), numero speciale autunno-inverno '91–'92, novembre 1991.

Two Fatal Accidents to German Mountaineers (darunter Unfall Infanger/Höppmer von 1865), in: Alpine Journal (London), Vol. 2, 1865–1866, S. 223–224 (Bericht druckt einen Artikel der «Times» ab – nach dem Matterhorn-Drama waren die Engländer «scharf» auf weitere Bergunfälle).

Unglücksfälle, in: Alpina. Mitteilungen des SAC (Zürich), 1900, S. 123.

Bodmer, Daniel: Unbekannter Titlis, in: Die Alpen SAC (Bern) 1958, S. 138–140.

Carrigan, Kim: Straight Eights, in: Mountain, number 107, January/February 1986, S. 34.

Coolidge, William Augustus Brevoort: The Alps in nature and history. Methuen, London 1908.

Christ, H.: Die Unterwaldneralpen, in: Jahrbuch des SAC (Bern), Jg. 11, 1875/76, S. 30–34.

Diener, Peter jun.: Handstreich am Titlis, in: Jubiläum 50 Jahre Kletterclub Alpstein. Alpsteinismus Verlag, Unterwasser 1998, S. 86.

Dübi, Heinrich: Alpine Unglücksfälle 1900, in: Jahrbuch des SAC (Bern) 1900, S. 279.

Dübi, Heinrich: Auf der Rückseite des Titlis, in: Jahrbuch des SAC (Bern) 1900, S. 285–291.

Dübi, Heinrich: Die erste Besteigung des Titlis vom Wendengletscher aus, in: Jahrbuch des SAC (Bern) 1905, S. 314–316.

Dübi, Heinrich: Ein bisher unbeachteter Versuch einer Titlisbesteigung um das Jahr 1760, in: Jahrbuch des SAC (Bern) 1911, S. 309–311.

Feierabend, Maurus Eugen: Brief über die zweite Besteigung des Titlis, veröffentlicht im Luzernischen Wochenblatt vom Oktober 1785; ebenfalls zu finden bei Coxe 1791 (siehe dort).

Freundler, Albert: Treize jours de vacances, in: Écho des Alpes (Genève), No. 2, 1871, S. 105–113. Verkürzte Version unter dem Titel «Ascension du Titlis» in Levasseur, Emile: Les Alpes et les grandes ascensions. Ed. Delagrave, Paris 1889. Reprint: Les editions du Bastion, Bourg-en-Bresse 1990, S. 289–292.

Frison-Roche, Roger; Jouty, Sylvain: Histoire de l'Alpinisme. Arthaud, Paris 1996.

Grüter, Kurt: Erwin Saxer, in: Die Alpen. Monatsbulletin des SAC (Bern) 1975, S. 216.

H., W.: Erster direkter Durchstieg der Titlis-Nordwand, in: Die Alpen. Chronik des SAC (Bern) 1942, S. 342.

Howald, Hans: Titlis-Südwand, «Handstreich», in: Die Alpen. Monatsbulletin des SAC (Bern) 1992, S. 10–11.

La Fontaine, Henri: Autour du Titlis. F. Hayez, Bruxelles 1885.

Lindt, Rudolf: Titlis-Notiz, in: Jahrbuch des SAC (Bern), Jg. 15, 1879/80, S. 546–547.

Mathis, Peter (Foto); Roeper, Malte (Text): Sportklettern in den Alpen. Kompass, Siegsdorf 1996, S. 100–119.

Mauron, Paul: Erstbesteigung des Südostpfeilers des Titlis, in: Die Alpen SAC (Bern) 1961, S. 66–69.

Molwi, O. [laut Reznicek, Engelberg: Loewi, O.]: Eine Ersteigung des Titlis über die Ostwand, in: Alpina. Mitteilungen des SAC (Zürich) 1906, S. 139.

Oechslin, Max: Titlis, in: Die Alpen. Monatsbulletin des SAC (Bern) 1960, S. 241.

Osenbrüggen, Eduard: Wanderstudien aus der Schweiz, vierter Band. Baader Verlag, Schaffhausen 1874, S. 218–220.

Perrenoud, Martial: Première ascension de l'arête SE du Titlis (pilier sud), in: Die Alpen. Monatsbulletin des SAC (Bern) 1960, S. 264–265.

Remy, Claude and Yves: Wendenstock. A personal View of Climbing on the Big, New Swiss Crag, in: Mountain (Sheffield), number 132, Mar/Apr 1990, S. 26–33.

Remy, Claude: Die Wendenstöcke. Vom Tällistock zum Titlis, in: Die Alpen. Zeitschrift des SAC (Bern), 1992, S. 224–240.

Remy, Claude: Wenden, in: Mountain Review (London), number 2, May/June 1993, S. 63–71.

Remy, Claude: Jenseits der Wenden. Ein historischer Ausflug, in: Klettern (Stuttgart), Heft 5, Aug./Sept. 1996, S. 24–27.

Ravenstein, August: Ueber Wanderlust, Turn- und Alpfahrten. Reisebilder aus der Schweiz, in: Deutsche Turn-Zeitung (Leipzig), Nr. 28, 12. Juli 1867, S. 186–187.

Schelbert, Heidi: Abenteuer am Titlis, in: Berge um den Vierwaldstätter See, Berge (Bern), Nr. 11, 1985, S. 30–32.

Sievers, Herbert: Titlis-Nordwand. Erster Durchstieg, in: Die Alpen. Monatsschrift des SAC (Bern) 1944, S. 123–126.

Sievers, Herbert: Der erste Durchstieg der Titlis-Nordwand, in: Nöthiger-Bek, Emmy: Sonne, Fels und Schnee. Freizeit in den Schweizer Bergen. Verlag Neues Leben, Berlin 1958, S. 152, 174–181.

Studer Gottlieb: Bergreisen, VII, S. 60–63, XIII, 235–237.

Studer, Gottlieb: Topographische Mitteilungen aus dem Alpengebirge. Bern und St. Gallen 1843, S. 160–164.

Studer, Gottlieb: Über Eis und Schnee. Die höchsten Gipfel der Schweiz und die Geschichte ihrer Besteigung. Schmid, Francke & Co., Bern 1896, 2. Auflage, 1. Abteilung Nordalpen, S. 525–527.

Studer, Gottlieb: Pontresina und Engelberg. Aufzeichnungen aus den Jahren 1826–1863. Festgabe der Sektion Bern des S.A.C. an die Theilnehmer des Clubfestes in Bern 21.–23. September 1907, A. Francke, Bern 1907.

Studer, Gottlieb: Mähren, Engstlensätteli und Titlis, 1842, in: Studer: Über Gletscher und Gipfel. Herausgegeben und mit Lebensbild versehen von Ernst Jenny. Eugen Rentsch Verlag, Erlenbach-Zürich 1931, S. 172–178.

Volken, Marco: Klettersteige: neue Pfade oder Holzwege? Klappentext zu einer Neuerscheinung des Alpinismus, in: Neue Zürcher Zeitung, Alpinismus, 14.5.1999, S. 77.

Werder, M.: Eine seltsame Titlis-Fahrt. Zur Erinnerung an Hermann Hess, in: Die Alpen. Monatsschrift der SAC (Bern) 1947, S. 230–232.

Der Kloster-Berg

Christen, Beat: Titlis – ein Erlebnis wie vor 250 Jahren, in: Luzerner Zeitung, 4.7.1994, S. 29.

Christen Beat: Vor 250 Jahren wurde der Titlis erstmals von vier Klosterarbeitern bezwungen, in: Neue Nidwalder Zeitung (Stans), 30.6.1994.

Fäsi, Johann Conrad: Genaue und vollständige Staats- und Erdbeschreibung der ganzen Helvetischen Eidgenossenschaft, derselben gemeinen Herrschaften und zugewandten Orten. 4 Bände. Zürich 1766–1768.

Füssli, Johann Konrad: Staats- und Erdbeschreibung der schweizerischen Eidgenossenschaft, Band 4. Schaffhausen 1772, S. 345–352.

Gruner, Gottlieb Sigmund: Die Eisgebirge des Schweizerlandes. 3 Teile. Bern 1760.

Heer, P. Gall: «Titlis-Heil» vor zweihundert Jahren, in: Titlisgrüsse (Engelberg) 30, 1943/44, S. 74–82.

Waser, P. Magnus: Beschreibung einer Reis auf den Titlisberg. Abgedruckt in Füssli und Heer, P. Gall (siehe dort). Sowie in: Jahrbuch des SAC (Bern) 1896, S. 322–323; Die Alpen. Monatsschrift des SAC (Bern) 1942, S. 340–341 (französisch); Cesana, Angelo: Felix Helvetia. Reisen in der Schweiz. Prestel-Verlag, München 1962, S. 67–69.

Der Alpinistinnen-Berg

Rendez-vous-Journal. Mitteilungen des «Rendez-vous Hautes Montagnes». Engelberg, ab 1969.

Kopp, Christine: Die ersten Bergführerinnen. Das «zarte Geschlecht» fasst Fuss in einer Männerdomäne, in: Neue Zürcher Zeitung, Alpinismus, 19.8.1993.

Kopp, Christine: Felicitas von Reznicek die bergsteigende Baronin, in: Die Alpen SAC 9/1997, S. 44–46.

Reznicek, Felicitas von: Von der Krinoline bis zum sechsten Grad. Salzburg 1967.

Der Topografen-Berg

«Meyer & Meyer», Doppelausstellung im Stadtmuseum Aarau im Schlüssli und im Forum Schlossplatz Aarau 1996/1997.

Die Schweizerische Landesvermessung 1832–1864. Geschichte der Dufourkarte. Hrsg. vom Eidgenössischen topographischen Bureau, Bern 1896.

Bürgi, Andreas: Der Blick auf die Alpen: Franz Ludwig Pfyffers Relief der Urschweiz (1762 bis 1786), in: Cartographica Helvetica (Murten), Heft 18, 1998, S. 3–9.

Cavelti Hammer, Madlena: Herstellung und Auswirkungen des Reliefs der Urschweiz von Franz Ludwig Pfyffer, in: Cartographica Helvetica (Murten), Heft 18, 1998, S. 11–18.

Cysat, Johann Leopold: Beschreibung dess berühmten Lucerner oder 4. Waldstätten Sees, und dessen fürtrefflichen Qualitäten und sonderbaaren Eygenschaften. David Hautt, Luzern 1661, S. 249.

Dufner, P. Georg: Ingenieur Joachim Eugen Müller 1752–1833. Engelberger Dokumente, Heft 8, Engelberg 1980.

Dufner, P. Georg: Relief-Ausstellung Joachim Eugen Müller. Engelberger Dokument, Heft 13, Engelberg 1982.

Gelpke, Otto: Ein Sommer im Hochgebirge bei Anlass der Beobachtungen für die europäische Gradmessung, in: Jahrbuch des SAC (Bern), Jg. 10, 1874/75, S. 333–363.

Gugerli, David (Hrsg.): Vermessene Landschaften. Kulturgeschichte und technische Praxis im 19. und 20. Jahrhundert. Chronos Verlag, Zürich 1999.

Hess, Josef Hermann: Joachim Eugen Müller, in: Obwaldner Heimatbuch. Hrsg. im Auftrage des Kantonsrates vom Erziehungsrate des Standes Obwalden. Verlag Hess, Basel/Engelberg 1953, S. 292–294.

Höhener, Hans-Peter: Müller, Joachim Eugen, in: Lexikon zur Geschichte der Kartographie, Bd. 2, Wien 1986, S. 511.

Imhof, Viola: Müller, Joachim Eugen, in: Neue deutsche Biographie, 18. Bd., Berlin 1997, S. 419–420.

Klöti, Thomas: Das Probeblatt zum «Atlas Suisse» (1796), in: Cartographica Helvetica (Murten), Heft 16, 1997, S. 23–32.

Laube, Bruno: Das erste Relief der Zentralschweiz. Zum 150. Todestag des Luzerner Topographen General Pfyffer von Wyer, in: Die Alpen. Monatsschrift des SAC (Bern) 1952, S. 321–325.

Odermatt, Franz: Joachim Eugen Müller 1752–1833, in: Die Alpen. Monatsschrift des SAC (Bern) 1929, S. 15–26.

Scheuchzer, Johann Jakob: Ouresiphoites Helveticus; sive, Itinera per Helvetia alpinas regiones. Petri Van der Aa, Leiden 1723, S. 21.

Scheuchzer, Johann Jakob: Natur-Geschichte des Schweitzerlands, samt seinen Reisen über die schweizerischen Gebürge. 2. Auflage, 2 Teile. Aufs Neue herausgegeben und mit Anmerkungen versehen von Johann Georg Sulzern. Zürich 1746; 2. Band, S. 8–14.

Studer, Bernhard: Geschichte der Physischen Geographie der Schweiz bis 1815. Bern 1863.

Walser, Gabriel: Kurz gefasste Schweitzer-Geographie; samt den Merkwürdigkeiten in den Alpen und hohen Bergen. Zürich 1770.

Weiss, Johann Heinrich: Atlas général de la Suisse. Gravé sur cuivre sous la direction de C. Guérin à Strasbourg, par M.G. Eichler et J. Scheurmann. Au frais de Mr. J.R. Meyer à Aarau, 1786–1802.

Wick, Peter: Das Projekt Pfyffer-Relief 1998–2001. Orientierung über Restauration und Forschung des Pfyffer-Reliefs im Gletschergarten Luzern, 30.10.2000.

Wolf, Rudolf: Geschichte der Vermessungen in der Schweiz. Zürich 1879.

Zölly, Hans: Geschichte der geodätischen Grundlagen für Karten und Vermessungen in der Schweiz. Eidgenössische Landestopografie, Bern 1948.

Der Künstler-Berg

Berge, Blicke, Belvedere: Kunst in der Schweiz von der Aufklärung bis zur Moderne. Aargauer Kunsthaus Aarau. Verlag Gerd Hatje, Ostfildern-Ruit 1997.

Engelberg: Ansichten-Album. Édition Illustrato, Luzern 1900.

Engelberg 1023 m (3375 ft.). 34 Ansichten vom Wehrli-Verlag, Kilchberg-Zürich. Edition-Verlag, Engelberg 1925.

Gedenkblätter aus dem Alpenkurort Engelberg: Zweite Auflage – Neue Folge, Verlag Robert Hess, Engelbeg 1908.

Image and Enterprise: **The photographs of Adolphe Braun**. General Editors: O'Brien, Maureen; Bergstein, Mary. Thames and Hudson, London 2000.

Die Schwerkraft der Berge: **1774–1997**. trans alpin 1. Aargauer Kunsthaus Aarau, Kunsthalle Krems, Stroemfeld/Roter Stern, Basel/Frankfurt a. M. 1997.

Bollin, P. Eugen: «Verwandlungen». Gemälde, Zeichnungen, Gedichte. Mit Texten von Markus Britschgi und Dominik Brun. Verlag Paul von Matt, Stans 1990.

Bollin, P. Eugen: Durchgänge. Gemälde, Zeichnungen. Hrsg. von Markus Britschgi. Diopter-Verlag, Luzern, 1993

Britschgi, Markus; Fässler, Doris: Obwalden – die Landschaft und ihre Menschen in alten Darstellungen. Werke aus der graphischen Sammlung Meinrad Burch-Korrodi. Sarnen 1982.

Britschgi, Markus: Jungbrunnen: Die Heilbäder der Zentralschweiz/Die alte Kuranstalt in Engelberg. Engelberg 1989.

Britschgi, Markus: Herbert Matter in Engelberg – seine Vorbilder, seine Wirkung, in: **Matter, Herbert**: Foto-Grafiker: Sehformen der Zeit. Das Werk der zwanziger und dreissiger Jahre. Ausstellung Tal Museum Engelberg 1995/96. Lars Müller Verlag, Baden 1995.

Bucher, Franz: Das graphische Werk 1970–2000. Diopter-Verlag, Luzern 2001.

Businger, Aloys: Der Kanton Unterwalden (Gemälde der Schweiz Bd. 6). St. Gallen 1836. Reprint: Edition Slatkine, Genf 1987.

Dufner, P. Georg: Herbert Matter. Engelberg – Amerika 1907–1984. Engelberger Dokumente, Heft 18, Engelberg 1985.

Engelberger, Karl: Von Stansstad nach Engelberg. Polygraphisches Institut, Zürich um 1895.

Haldi, Ulrich Christian: Reise in die Alpen. Büchler-Verlag. Wabern 1969.

Hess, Fritz: Alt Engelberg. Nach alten Stichen, Zeichnungen, Dokumenten und Photographien. Verlag Josef von Matt, Stans 1972.

Hess, Leopold: Engelberg, Kloster, Tal und Leute. Verlag Franz Hess, Engelberg 1928.

Leuthy, J.J.: Der Begleiter auf der Reise durch die Schweiz. Ein Hülfsbuch für Reisende. Mit Abbildung von Gasthöfen. Im Verlag des Verfassers, Zürich 1840–1841.

Mendelssohn Bartholdy, Felix: Reisebriefe aus den Jahren 1830 bis 1832. Leipzig 1862. Briefe aus den Jahren 1833 bis 1847, 2. Band, Leipzig 1863.

Mendelssohn Bartholdy, Felix: Reisebilder aus der Schweiz 1842. Basel/Zürich 1954.

Mendelssohn Bartholdy, Felix: Eine Reise durch Deutschland, Italien und die Schweiz. Briefe, Tagebücher, Skizzen. Heliopolis Verlag Tübingen 1998.

Merian, Matthaeus: Topographia Helvetiae, Rhaetiae et Valesiae, das ist Beschreibung und Eigentliche Abbildung der vornembsten Stätte und Plätz in der hochlöblichen Eydgnoszschafft, Grawbündten, Walisz, und etlicher zugewanten Orten. Frankurt 1642.

Oppenheim, Roy: Die Entdeckung der Alpen. Verlag Huber, Frauenfeld 1974

Rebmann, Hans Rudolf: Ein Neuw, Lustig, Ernsthafft, Poetisch Gastmal, vnd Gespräch zweyer Bergen, In der Löblichen Eydgnossschafft, vnd im Berner Gebiet gelegen: Nemlich dess Niesens vnd Stockhorns, als zweyer alter Nachbaren. Bern 1606.

Rickenbacher, Felix: Die Brüder Schmid aus Schwyz – Maler und Kupferstecher des 19. Jahrhunderts. Schwyzer Hefte Bd. 30. Schwyz 1984.

Schill, Emil: 1870–1958. Monographie der Gemälde und Zeichnungen. Hrsg. von Doris Fässler und Markus Britschgi. Diopter-Verlag, Luzern 1994.

Schulthess, Friedrich: Aus Unterwalden – Blätter der Erinnerung. Zürich 1897.

Simler, Josias: Vallesiae descriptio, libri duo, De Alpibus commentarius. Tiguri 1574.

Simler, Josias: De Alpibus commentarius. Die Alpen. Übersetzt und erläutert von Alfred Steinitzer. München 1931. Neu herausgegeben vom Deutschen Alpenverein, Carta-Verlag, Pforzheim 1984.

Thomann, Max: Alt-Engelberg, kulturhistorische Streiflicher aus der Vergangenheit des berühmten Kurortes in der Schweiz. Orell Füsslis Wanderbilder Nr. 286–288, Zürich 1912.

Der Dichter-Berg

Helvetiens Naturschönheiten oder das Schweizerland, mit seinen berühmtesten Bergen, Thälern, See'n, Flüssen, Wasserfällen und Heilquellen, nebst Anhang über Städte, Schlösser, Denkmale etc. In poetischen Schilderungen mit Titel-Bildern und Anmerkungen. Aarau 1856. Darin: «Am Fuße des Titlis» von A. Burkhardt und «Auf die Spitze des Titlis» aus den Liedern eines Schweizers, S. 217–219. Die beiden Gedichte sind ebenfalls abgedruckt in: **Cattani, Carl;**

Feierabend, August: Gedenkblätter aus dem Alpenkurort Engelberg. Luzern 1862, S. 46–48.

Bollin, P. Eugen: Schnee im Oktober. Beobachtungen. Engelberg 1995.

Bollin, P. Eugen: Hangerde. Engelberg in Gedicht und Zeichnung. Cantina-Verlag, Goldau 1983.

Freisager, Michael: Kloster Engelberg. Gesichter im Licht – Gesichter im Dunkel. Mit Textbeiträgen von Markus Britschgi (Hrsg.) und Abt Berchtold Müller. Diopter Verlag für Kunst und Fotografie, Luzern 1997.

Gagliardi, Ernst; Forrer, Ludwig: Katalog der Handschriften der Zentralbibliothek Zürich. Neuere Handschriften seit 1500, Bd. 2, Zürich 1982 (enthält Angaben zu C.F. Meyer-Nachlass).

Hartmann, P. Placidus: Firnenglühn. Buchschmuck von Willy Amrhein. E. Haag, Luzern 1923.

Hinzelmann, Elsa Margot: Vier Frauen um den Bob-Weltmeister, in: Sie + Er (Zürich), Dezember 1936 bis Februar 1937; Schauplatz der Liebesromanze ist Engelberg und das Trübsee-/Titlisgebiet.

Käslin, Walter: Titlis-Tuir, in: 100 Jahre Sektion Titlis SAC 1877–1977, Engelberg 1977.

Meyer, Conrad Ferdinand: Engelberg. Eine Dichtung. H. Haessel, Leipzig 1872.

Meyer, Conrad Ferdinand: Engelberg. Benteli Verlag, Bern 2000 (Historisch-kritische Ausgabe, Bd. 9).

Meyer, Conrad Ferdinand: Huttens letzte Tage / Engelberg, Benteli Verlag, Bern 1974 (Leseausgabe, Bd. 3).

Odermatt, Franz: Der Grosskellner. Verlag Huber, Frauenfeld 1907.

Odermatt, Franz: Schriftsteller, Patriot und Kämpfer, in: Basler Nachrichten, 9.9.1952.

Trueb, August: Skivolk. Verlag Der Tazzelwurm, Stuttgart 1937.

Walter, Otto F.: Zeit des Fasans. Rowohlt Verlag, Reinbek b. Hamburg 1988.

Wysling, Hans; Lott-Büttiker, Elisabeth: Conrad Ferdinand Meyer 1825–1898. Verlag NZZ, Zürich 1998.

Zäch, Alfred: C.F. Meyers Dichtung «Engelberg» und die Verserzählung des 19. Jahrhunderts. Zürich 1971.

Der Ski-Berg

75 Jahre Ski-Club Engelberg 1903–1975, Engelberg 1975.

Allgemeiner Ski-Tourenführer der Schweiz. Austrom-Verlag, Zürich 1932, S. 274–279.

Engelberg, in: Allgemeines Korrespondenzblatt. Amtl. Beilage des Ski, Organ des Mittel-Europäischen Ski-Verbandes (Basel), Vol. II, No. 6, 22.12.1905, S. 67.

Künstlich ausgelöste Lawine erfasst Skifahrerin am Titlis, in: Schnee und Lawinen in den Schweizer Alpen, Winterbericht 1988/89. Eidg. Institut für Schnee- und Lawinenforschung Weissfluhjoch/Davos, Nr. 53/1990, S. 130–133.

Skitourenkarte von Engelberg und Umgebung, 1:30 000. Wintersport-Kommission Engelberg.

Trübsee – Himmel u. Schnee. Fotos von Meuser, Schneider, Trottmann. Art. Institut Orell Füssli, Zürich o.J. (um 1930).

Variantenabfahrt im Titlisgebiet, in: Schnee und Lawinen in den Schweizer Alpen, Winterbericht 1989/90. Eidg. Institut für Schnee- und Lawinenforschung Weissfluhjoch/Davos, Nr. 54/1991, S. 156–157.

Zürcher Skiführer. Herausgegeben unter Mitarbeit des Neuen Ski-Klub Zürich. Kümmerly & Frey, Bern 1933.

Allgäuer, Oskar: Wander-, Kletter- und Ski-Touren-Führer durch die Zentralschweizerischen Voralpen. II. Band: Die Voralpen zwischen Vierwaldstättersee und Brünigpass. C.J. Bucher, Luzern 1930, S. 192.

Anker, Daniel; Fähndrich, Pius: Skitouren Schweiz, Band III, Zentralschweiz – Tessin. Steiger Verlag, Innsbruck 1994, S. 200–207.

Anthony, Leslie (Text); Markewitz, Scott (Fotos): Angel in the Snowfield, in: Powder. The Skier's Magazin (San Juan Capistrano), Vol. 26, No. 3, November 1997, S. 58–65.

Amrhein, Willy: Wie sich der Skisport in Engelberg entwickelte, in: Ski. Jahrbuch des Schweiz. Ski-Verbandes (Bern), 6. Jg., 1910, S. 112–117.

Baumann, Roger (Text); Fischer, Lorenz A. (Fotos): Marcel «Stei» Steurer – Porträt eines Steilwandfahrers, in: Move. Zeitschrift für lautlose Fortbewegung (Bern) 6/2001, S. 34–37.

Christen, Beat: Titlis-Schanze. www.weltcup-engelberg.ch.

Christen, Beat: Als Engelberg Skigeschichte schrieb – ein Blick zurück, in: Die offizielle Engelberg Titlis Zeitung, Nr. 3, März 2001, S. 6.

Dankes, F.H.: The Titlis, in: The Alpine Ski Club Annual (London), Vol. I, 1910, S. 17–18.

Dittert, René: A ski au Titlis, in: Die Alpen. Monatsschrift des SAC (Bern) 1942, S. 342–344.

Egger, Carl: Geschichtliches, in: Ski. Jahrbuch des Schweiz. Ski-Verbandes, 5. Jg., 1909, S. 87.

Egger, Carl: Vom XI. grossen Skirennen der Schweiz 15./16. Januar 1916 in Engelberg, in: Ski. Jahrbuch des Schweiz. Ski-Verbandes, 12. Jg., 1917, S. 112–116.

Dufner, Georg: Kunstmaler und Jäger Willy Amrhein 1873–1926. Engelberger Dokumente, Heft 17, Engelberg 1984.

Eichenberger, A.: Winter in der Schweiz. Wintersport und Winterkuren. Bürgi & Co., 2. Auflage, Zürich 1912.

Flückiger, Alfred: Offizieller Skitourenführer der Schweiz. Herausgegeben vom Schweizerischen Ski-Verband. Kümmerly & Frey Bern/Emil Rüegg & Co. Zürich 1933, S. 102–105.

Gyr, Marcel (Text); Ketterer, Priska (Fotos): Der verlockende Flirt mit dem Weissen Tod, in: SonntagsZeitung (Zürich), 23.2.1997, S. 10.

Hartmann, P. Placidus: Willy Amrhein †, in: Die Alpen. Chronik des SAC (Bern) 1926, S. 213–214.

Herzog, Theodor: Skitouren um Engelberg, in: Deutsche Alpenzeitung (München), 11. Heft., September 1905, S. 245–249.

Herzog, Theodor: Aus der Frühzeit des Skilaufs in Deutschland. Herausgegeben zum 60. Stiftungsfest des A.S.C. München, 14.–16. Juli 1961, Freiburg 1961, S. 44–45.

Hoek, Henry: Zehn Winter mit Schiern in den Bergen, in: Zeitschrift des Deutschen und Österreichischen Alpen-Vereines (München) 1909, S. 83. Sowie: Wanderungen und Wandlungen. Bergverlag Rudolf Rother, München 1924, S. 56–57.

Hug, Oskar: Titlis [in der Serie «Von den schönsten Abfahrten der Schweiz»], in: Der Schneehase. Jahrbuch des Schweizerischen Akademischen Skiklubs (Mürren) 1, 1924–1927, S. 125–128.

Ineichen, Fritz: Alpine Skitouren Band 1, Zentralschweiz. Verlag Schweizer Alpen-Club, Zollikon 1962, S. 115–116.

Kreyssig, Gert: Sterne im Schnee. Die Super-Skiberge der Alpen. Verlag J. Berg, München 1987, S. 52–54.

Kurz, Marcel: Alpinisme hivernal. Le skieur dans les Alpes. Payot, Paris 1925. Mehr über Kurz in: Anker, Daniel: Piz Bernina. König der Ostalpen. AS Verlag, Zürich 1999, S. 76–91.

Kutschera, Thomas (Text); Schmitt, Heiner H. (Fotos): Snowboarder Joris Lardon: «Ich hing Kopf voran in der Gletscherspalte», in: Schweizer Illustrierte (Zürich) Nr. 10, 6.3.2000, S. 32–36.

Luchsinger, M.: † Willy Amrhein. Kunstmaler in Engelberg, in: Ski. Jahrbuch des Schweiz. Ski-Verbandes (Bern), 22. Jg., 1927, S. 89–92.

Lunn, Arnold: Pioneer Winter and Pioneer Ski Ascents, in: The British Ski Year Book (London), Vol. 3, 1926, S. 622.

Lunn, Arnold: Mountain Jubilee. Eyre & Spottiswoode, London 1943, S. 177–179. Deutsch: Ich gedenke der Berge. Verlag Amstutz, Herdeg & Co., Zürich 1945, S. 235–238.

Lunn, Arnold: A digest of ski-ing history, in: The British Ski Year Book (London), Vol. 31, 1950, S. 207–208.

McDermott, F.: How to be happy in Switzerland (Winter Sports). Arrowsmith, London 1928, S. 191–192.

Meinecke, E.P.: Skikurs in Engelberg, in: Allgemeines Korrespondenzblatt. Offizielle Beilage des Ski, Organ des SSV, No. 5, 6.1.1905, S. 43–45.

Mercier, Joachim: Aus der Urgeschichte des Schweiz. Skilaufs. Jubiläums-Schrift des Ski-Club Glarus 1893–1928. Verlag Ski-Club Glarus 1928, S. 31–35.

Moldenhauer, Hans: Titlis. Eine Osterfahrt, in: Die Alpen. Monatsschrift des SAC (Bern) 1931, S. 81–85.

Otto, Fritz: Vom Titlis zum Dammastock, in: Ski. Offizielles Organ des Mittel-Europäischen Ski-Verbandes 1905, S. 43–52, 61–67.

Pause, Walter: Die grossen Skistationen der Alpen. Schweiz. Bayerischer Landwirtschaftsverlag, München 1967. Zweite Auflage: Skiparadies Schweiz. Kümmerly & Frey, Bern 1974.

Riddell, James: The Ski Runs of Switzerland. Michael Joseph, London 1957, S. 137–146.

Steurer, Marcel: Steilwandskifahren, in: Sportjournal. Regionalsportmagazin der Neuen Luzerner Zeitung et al. (Luzern), 28.11.2000, S. 4–5.

Steurer, Marcel: Faszination Steilwandskifahren, in: Die Alpen SAC, 1/2001, S. 37

Z'Graggen, Andreas: Von Götterquergängen und Älpermagronen. Tips für Tiefschneefahrer, in: Weltwoche (Zürich), Nr. 51, 17.12.1980, S. 43.

Der Bau-Berg

Section Titlis (Besteigung des Titlis am 18./19.8.1889), in: Schweizer Alpen-Zeitung (Zürich), 7. Jg., 1889, S. 191–192.

Swisscom: Fernmelde Mehrzweckgebäude Titlis. Prospekt zum Bau, 1980.

Amrhein, Willy: Die Traubodenhütte des Sportklub Engelberg, in: Ski. Jahrbuch des Schweiz. Ski-Verbandes, 12. Jg., 1917, S. 51–52.

Brack, M. Wuillemin, D.; Durisch, W.: Albedo-Messungen und System-Untersuchungen an der netzgekoppelten Photovoltaik-Anlage auf dem Titlis. Schlussbericht. Paul Scherrer Institut, Villigen 1993.

De Kegel, Rolf: Quellen – Brunnen – Wasserhahnen. 100 Jahre Wasserversorgung AG Engelberg 1893–1993. Engelberg 1993.

Immer, Fritz: Engstlenalp Hotelromantik, 1999, Prospekt Region Meiringen-Hasliberg.

Knobel, Josef: Jubiläum Kirche Wolfenschiessen. Kirchgemeinde Wolfenschiessen und Historischer Verein Nidwalden 1977.

Odermatt, Leo: Alpwirtschaft in Nidwalden. Beiträge zur Geschichte Nidwaldens 40. Verlag Historischer Verein Nidwalden, Stans 1981.

Der Bahn-Berg

Bergbahnen Engelberg, Trübsee, Titlis: Blick hinter die Kulissen. Engelberg 1992.

Geschichte des Jochpass-Liftes. o.O., o.J.

Jubiläumsschrift 75 Jahre Gerschnialp-Bahn 1913–1988. Engelberg 1988.

Nidwaldner Kalender: Jochpass, vom Handelsweg zum Touristenort. Verlag von Matt, Stans 1996.

Blättler-Galliker, Erna: Rund um Titlis Rotair. Visionen, Innovationen, Realisationen. Engelberg 1997.

Christen, Beat: Festschrift zur Eröffnung der ersten drehbaren Luftseilbahn der Welt. Engelberg 1992.

Gohl, Ronald: 60 Panoramaplätze der Schweiz. AT Verlag, Aarau 1994, S. 123–128.

König, Wolfgang: Bahnen und Berge. Verkehrstechnik, Tourismus und Naturschutz in den Schweizer Alpen 1870–1939. Campus, Frankfurt a.M. 2000.

Krebs, Peter: Im Laufschritt über den Jochpass, in: Via (Bern), 5/1998, S. 20.

Moser, Sepp: Aufwärts: die faszinierende Geschichte und Technik der Bergbahnen. Werd Verlag, Zürich 1998.

Niederberger, Karl: 25 Jahre Titlis-Bahnen 1963–1988. Engelberg 1988.

Oechslin, Max: Titlisbahn, in: Die Alpen. Monatsbulletin des SAC (Bern) 1958, S. 258.

Oechslin, Max: Der Kiosk auf dem Titlisgipfel, in: Die Alpen. Monatsbulletin des SAC (Bern) 1958, S. 258.

Oechslin, Max: Die Titlis-Bahn, in: Die Alpen. Monatsbulletin des SAC (Bern) 1962, S. 121–122.

Schmoll, H. Dieter: Welt Seilbahn Geschichte. Band 1 und Band 2, Steidel Verlag, Salzburg 2000.

Tschofen, Bernhard: Berg – Kultur – Moderne. Volkskundliches aus den Alpen. Sonderzahl, Wien 1999, S. 185–214.

Der Geologen-Berg

Geologischer Atlas der Schweiz, Blatt Meiental (mit Titlis), 1:25 000, mit Erläuterungen. Bundesamt für Wasser und Geologie, erscheint ca. 2003.

Arbenz, Paul: Geologische Karte der Gebirge zwischen Engelberg-Meiringen, 1:50 000. Beitrag zur Geologischen Karte der Schweiz, Winterthur 1911.

Hotz, Benedikt A.: Der geologische Wanderweg am Titlis (Engelberg OW), in: Mitteilungen der Naturforschenden Gesellschaft Luzern, Band 31, 1990, S. 273–305. Auch als Separatdruck bei den Titlisbahnen erschienen.

Hugi, Franz Josef: Naturhistorische Alpenreise. J. Amiet-Lutiger, Solothurn 1830. Reprint: Rothus Verlag, Solothurn 1995, S. 258–263.

Maync, Wolf: Die Grenzschichten von Jura und Kreide in der Titliskette. Eclogae Geol. Helv. Vol. 31, Nr. 1, Birkhäuser Verlag, Basel 1938.

Menkveld, Jan Willem: Der geologische Bau des Helvetikums der Innerschweiz. 2 Bände, Uni Bern, 1995.

Der Reiseführer-Berg

Engelberg in der Central-Schweiz: Berühmter klimatischer Höhenkurort in hochromantischer Alpenlandschaft. Zürich 1899.

Das Schneehuhn: Illustrierter Führer auf die Gipfel der Schweizer Alpen. 3 Bände. Luzern, 1904 und folgende Jahre; Nr. 101.

Titlis-Schlossberglücke. Meinen Fahrtgenossen zum fröhlichen Andenken. Separatdruck aus dem Feuilleton des Allmann, o.O., o.J. (etwa 1891; Verfasser ist Mitglied der SAC-Sektion Bachtel).

Zentral- und Westschweiz. dtv Merian Reiseführer, München 1993, S. 235.

Bädeker, Karl: Die Schweiz. Handbüchlein für Reisende, nach eigener Anschauung und den besten Hülfsquellen bearbeitet. Verlag von K. Bädeker, Koblenz 1844, S. 204.

Ball, John: The Central Alps. Including the Bernese Oberland, and all Switzerland, excepting the neighbourhood of Monte Rosa, and the Great St. Bernard; with Lombardy, and the adjoining portion auf Tyrol. Being the second part of the Alpine Guide. Longman, London 1864, S. 135–136. Weitere Ausgaben 1866, 1870, 1876, 1882.

Baumberger, Georg: Grüeß Gott! Volks- und Landschaftsbilder aus der Schweiz. Benziger, Einsiedeln 1900, S. 150–153 (Eine Titlisbesteigung im Jahre 1865), S.162–170 (Wo die Gletschermilch rauscht).

Bürgi, Andreas: Weltvermesser. Die Wandlungen des Reiseberichts in der Spätaufklärung. Bouvier Verlag, Bonn 1989.

Coolidge, William Augustus Brevoort: Swiss Travel and Swiss Guide-Books. Longmans, Green and Co., London 1889.

Coxe, William: Briefe über den natürlichen, bürgerlichen und politischen Zustand der Schweitz. 2. Auflage, Zürich 1791, 2. Band, S. 145–156.

Dufner, P. Georg: Zwei Engelberger Reisebeschreibungen 1777 und 1784 (Louis François Ramond de Carbonnières, Horace Bénédict de Saussure). Engelberger Dokumente, Heft 3, Engelberg 1977.

Dufner, P. Georg: Tourismus im alten Engelberg. Engelberger Dokumente, Heft 5, Engelberg 1978.

Dufner, P. Georg: Engelberger Besucher im 19. Jahrhundert. Engelberger Dokumente, Heft 6, Engelberg 1978.

Dübi, Heinrich: Bergreisen und Bergsteigen in der Schweiz, in: Jahrbuch des SAC (Bern), 1900, S. 210–232.

Ebel, Johann Gottfried: Anleitung auf die nützlichste und genussvollste Art die Schweitz zu bereisen. Orell, Gessner, Füssli und Compagnie, Zürich 1793, S. 48–49. 2. Auflage 1804–1805, S. 271–275.

[Freshfield, Mrs. Henry]: Alpine byways, or light leaves gathered in 1859 and 1860 by a lady. Longman, Green, Longman and Roberts, London 1861, S. 18–39.

Heidegger, Heinrich: Handbuch für Reisende durch die Schweitz. Zweyter Abschnitt, Orell, Gessner, Füssli und Compagnie, Zürich 1790, S. 43.

Heinemann, Franz: Moderne Kulturgeschichte der Schweiz. Verkehrstechnik und Touristik 1820–1920. Mit besonderer Berücksichtigung des Fremdenverkehrs im Gebiete der Urkantone und der Mittelschweiz. Luzern, C.J. Bucher Verlag, Luzern 1922.

Hess, Cathi: Aus meinem Leben, Engelberg 1928.

Honan, Mark: Switzerland, a Lonely Planet travel survival kit. 1. Auflage 1994, 2. Auflage 1997, S. 146.

Kaune, Rose Marie; Bleyer, Gerhard: Die schönsten Höhenwege zwischen Appenzell und Vierwaldstätter See. Bruckmann Verlag, München 1991.

Lendenfeld, Robert von: Aus den Alpen. 1. Band: Die Westalpen. Prag/Wien/Leipzig 1896, 236–239.

Meiners, Christoph: Briefe über die Schweiz, Berlin 1785, 2. Teil, S. 63–78.

Meisner, Friedrich: Kleine Reisen in der Schweiz. Band 3: Reise durch Unterwalden, Uri und Ursern über die Furca und Grimsel nach Interlachen. Bern 1823, S. 74–97.

Merland, Michel: Randonnée au Pic de l'Etendard et dans les topoguides, in: Vallot, Guillaume (Hrsg.): Espaces – modes d'emploi. Communiquer l'espace dans les sports de montagne. Dossier de la Revue de Géographie Alpine (Grenoble), numéro 20, 1999, S. 67–72.

Müller, G.: Eine Titlisfahrt, in: Schweizer Alpen-Zeitung (Zürich), 2. Jg., 1884, S. 65–69, 73–76.

Murray, John: A handbook for travellers in Switzerland and the Alps of Savoy and Piemont, including the protestand valleys of Waldenses. London 1838.

Nugent, Margherita: Tre gite fra le Alpi di Engelberg. M. Ricci, Firenze 1912, S. 3–11. Separatdruck aus dem Bollettino della Sezione fiorentina del C. A. I., anno III, N. 3–4, maggio–luglio 1912.

Reznicek, Felicitas von: Der schiefe Himmel. Heiteres und Ernstes aus Bergdörfern und Hochtälern. Engelberg 1974, S. 35–36.

Stamm, Alfred: Ferientage im Engelbergertal. Verlag A. Vogel, Winterthur 1923, S. 49–63.

Tubbesing, Ulrich: Berge der Schweiz. 60 Touren bis 4000 Meter. Verlag J. Berg, München 1992, S. 111–113.

Tubbesing, Ulrich: Rund um den Vierwaldstätter See. Die schönsten Tal- und Höhenwanderungen. Bergverlag Rother, München 1993, S. 84–85.

Wordsworth, Dorothy: Journals of Dorothy Wordsworth. Edited by Ernest de Selincourt. Macmillan & Co., London 1941. 2. Auflage 1952, Vol. II., S. 146–148.

Wyss, Johann Rudolf: Reise in das Berner Oberland, 2 Abtheilungen. J. J. Burgdorfer, Bern 1816/17.

Zähringer, Hermann: Wanderungen im Tödi- und Trift-Gebiet, in: Jahrbuch des SAC (Bern), Jg. 5, 1868/69, S. 241–245.

Z., Ad.: Eine Titlisbesteigung im Jahre 1856, in: Cattani, Carl; Feierabend, August: Gedenkblätter aus dem Alpenkurort Engelberg. Luzern 1862, S. 1–6.

Der Inder-Berg

Flückiger, Regula: Umgang mit der indischen Gästekultur in der Schweizer Hotellerie. Das Beispiel des Hotels Terrace, Engelberg. Diplomarbeit Aug./Okt. 2000, Höhere Fachschule für Tourismus an der Hochschule für Wirtschaft Luzern.

Meyer, Üsé: Klein-Indien am Fuss des Titlis, in: SonntagsZeitung (Zürich), 10.10.1999, S. 139.

Traber, Felix: Klein-Bombay liegt am Titlis, in: Blick (Zürich), 9.6.2001, S.7.

Der Aussichts-Berg

Augenreisen. Das Panorama in der Schweiz. Katalog zur gleichnamigen Ausstellung im Schweizerischen Alpinen Museum. Bern 2001.

Bundesamt für Landestopografie: DHM25 Produktinformation. Wabern, 2001 (siehe ftp://ftp.swisstopo.ch/pub/data/dhm/DHM25DF.pdf).

Eidg. Drucksachen- und Materialzentrale: Flying over Switzerland (CD-ROM). Bern 2000 (siehe www.flyingover.ch).

Institut für Kartographie (ETH Zürich), Bundesamt für Statistik und Bundesamt für Landestopographie: Atlas der Schweiz interaktiv (CD-ROM). Wabern, 2000.

Rundum Berge. Faltpanoramen oder Der Versuch alles sehen zu können. Begleitheft zur Ausstellung des Alpenverein-Museum Innsbruck. Innsbruck 2001.

Schweizerisches Künstler-Lexikon. 4 Bde. Frauenfeld, 1902–1917.

Antonietti, Thomas: Bauern – Bergführer – Hoteliers. Fremdenverkehr und Bauernkultur Zermatt und Aletsch 1850–1950. Hier+Jetzt Verlag, Baden 2000, S. 17–38.

Dübi, Heinrich: Zum Gedächtnis Gottlieb Studers, gestorben 14. Dezember 1890. In: Jahrbuch des SAC (Bern), Jg. 26, 1890/91, S. 305–318.

Ebel, Johann Gottfried: Anleitung, auf die nützlichste und genussvollste Art die Schweitz zu bereisen. 3., sehr vermehrte Auflage, 2. Teil. Orell, Füssli und Compagnie, Zürich 1809, S. 499–501.

Hauri, Roger: Panoramen und Karten des Schweizer Alpen-Club. Die «Artistischen Beilagen» von 1864 bis 1923. Schweizer Alpen Club, Bern 1997.

Heim, Albert: Einiges über Panoramen, in: Jahrbuch des SAC (Bern), Jg. 8, 1872/73, S. 361–381.

Heim, Albert: Sehen und Zeichnen. Vortrag gehalten auf dem Rathause zu Zürich am 1. Februar 1894. Benno Schwabe, Basel 1894.

Heim, Albert: Xaver Imfeld, Ingenieur-Topograph, Ehrenmitglied des Schweizer Alpenclub, in: Jahrbuch des SAC (Bern), Jg. 45, 1909/10, S. 185–204.

Höhne, Ernst: Glanzpunkte der Alpen. Verlag J. Berg, München 1988, S. 50–55.

Holzer, Anton: Rundum Berge. Faltpanoramen oder Der Versuch alles sehen zu können, in: Mitteilungen des Oesterreichischen Alpenvereins Nr. 2/2001, S. 8–11.

Imfeld, Xaver: Das Titlispanorama, in: Jahrbuch des SAC (Bern), Jg. 14, 1878/79, S. 538–541.

Imhof, Eduard: Zürcher Kartenkünstler und Panoramazeichner, in: Zürich, Vorhof der Alpen. Festgabe zum 100jährigen Bestehen der Sektion Uto SAC 1863 bis 1963. Orell Füssli Verlag, Zürich 1963, S. 105–138.

Imhof, Eduard: Bildhauer der Berge. Verlag des SAC, Bern 1981.

von der Linth, Hans Conrad Escher: Ansichten und Panoramen der Schweiz. Die Ansichten 1780–1822. Hrsg. von Gustav Solar. Text von Gustav Solar und Jost Hösli. Atlantis Verlag, Zürich 1974. Taf. 89–91; S. 316–317.

Oettermann, Stephan: Das Panorama. Geschichte eines Massenmediums. Syndikat, Frankfurt a.M. 1980.

Rickenbacher, Martin: Das Alpenpanorama von Micheli du Crest – Frucht eines Versuches zur Vermessung der Schweiz im Jahre 1754. Sonderheft Nr. 8 der Fachzeitschrift für Kartengeschichte Cartographica Helvetica, Murten 1995.

Rickenbacher, Martin: Zahlenberge. Das Panorama im digitalen Zeitalter, in: Augenreisen. Das Panorama in der Schweiz, Bern 2001.

Rickenbacher, Martin: Die «Entdeckung» des Titlis in Micheli du Crests Alpenpanorama von Aarburg – Landesvermessung auf dem Gefängnis heraus. Vortrag vor der Stiftung «Lebensraum Gebirge», Grafenort, 22.3.2001.

Solar, Gustav: Das Panorama und seine Vorentwicklung bis zu Hans Conrad Escher von der Linth. Orell Füssli, Zürich 1979.

Speich, Daniel: Wissenschaftlicher und touristischer Blick. Zur Geschichte der «Aussicht» im 19. Jahrhundert, in: Traverse (Zürich), Nr. 3/1999, S. 83–98.

Speich, Daniel: Die Alpen in der Stadt. Wie Ingenieure und Topografen den Alpenblick in die Stadt getragen haben, in: Mitteilungen des Oesterreichischen Alpenvereins Nr. 2/2001, S. 12–14.

Sugimoto, Tomohiko: Kashmir 3D – Ver[sion] 6.1. (Benutzerhandbuch, ins Englische übersetzt von Satoshi Iwamatsu). Yokohama/München, 2000 (siehe http://www.kashmir3d.com).

Tschudi, Iwan: Iwan Tschudi's Tourist in der Schweiz und dem angrenzenden Ober-Italien, Savoyen und West-Tirol, dem Süd-Schwarzwald, Allgäu, Lechthal und Vorarlberg. 10. Auflage, Scheitlin & Zollikofer, St. Gallen 1872.

Tschudi, Iwan: Der Tourist in der Schweiz nebst Grenzgebieten. 2. Band: Zentralschweiz und Südschweiz. 36. Auflage, neu bearbeitet von Carl Täuber. Orell Füssli, Zürich 1921.

Walder, Ernst: Heinrich Zeller-Horner als Erforscher und Darsteller der Schweizer Gebirgswelt. In: Neujahrsblatt auf das Jahr 1900. Zum Besten des Waisenhauses in Zürich von einer Gesellschaft herausgegeben. Zürich, 1900.

Weber, Peter Xaver: Gedenkschrift der Sektion Pilatus S.A.C. 1864–1914. Buchdruckerei C.J. Bucher AG, Luzern 1915, S. 17–18.

Zeller-Horner, Heinrich: Plankengrat und Bärengrube. Erinnerungen aus den Jahren 1832 und 1834, in: Jahrbuch des SAC (Bern), Jg. 11, 1875/76. S. 147–152.

Zopfi, Emil: Tödi. Sehnsucht und Traum. AS Verlag, Zürich 2000, S. 32–34 (Friedrich von Dürler).

Bildnachweis

Umschlag: Marco Volken, Zürich.
Titelseite: Doris Studer, Engelberg
Rückseite: Peter Schoch, Frutigen.
6: Tal Museum Engelberg
8: Marco Volken, Zürich.
9: Zentralbibliothek Zürich, Graphische Sammlung.
10: Claude Remy, Vers-l'Eglise VD.
12–13: Marco Volken, Zürich.
14: Daniel Anker, Bern.
15–19: Souvenirs vom Titlis, gesammelt von Daniel Anker, Beat Christen, Anna Feller.
20: Marco Volken, Zürich.
21: P. Eugen Bollin, Engelberg.
22: Engelberg-Titlis Tourismus.
23o,u: Beat Waser, Engelberg.
24: Stiftsarchiv, Engelberg.
25o,u, 26: Marco Volken, Zürich.
27: Hans Conrad Escher von der Linth: Ansichten und Panoramen der Schweiz. Zürich 1974, Tafel 91.
29o: Zentralbibliothek Zürich, Kartensammlung.
29u: Staatsarchiv Nidwalden.
30: Stiftsarchiv Engelberg.
31: Staatsarchiv Nidwalden.
33, 34–35, 37, 38: Marco Volken, Zürich.
39: Bundesamt für Landestopographie, Wabern.
40: Peter Schoch, Frutigen.
41: Engelberg-Titlis Tourismus.
43o: Tal Museum Engelberg
43u: Beat Christen, Engelberg.
44o: Tal Museum Engelberg.
44u: Johann Gottfried Ebel: Anleitung auf die nützlichste und genussvollste Art die Schweitz zu bereisen, Zürich 1804, zweite Auflage.
45: Titlisbahnen, Engelberg.
46o,m: Beat Waser, Engelberg.
46u: Gees Eshuis-Ritsema, Arnhem, Nederland.
47: Engelberg: Ansichten-Album. Luzern 1900.
49o: Daniel Anker, Bern.
49u, 50–51: Marco Volken, Zürich.
52: Karl Hess, Trübsee.
53o,u: Marco Volken, Zürich.
54: Schweizerisches Alpines Museum, Bern.
55o: Daniel Anker, Bern.
55u, 56–57, 58, 59: Marco Volken, Zürich.
60o: Die Alpen. Monatsbulletin des SAC (Bern) 1960.
60u: Titlisbahnen, Engelberg.
61: Claude Remy, Vers-l'Eglise VD.
62, 63: Martin Grossen, Fahrni bei Thun.
64o,u: Archiv Verena Jäggin, Basel.
65, 66o: Robert Bösch, Oberägeri.
66u: Claude Remy, vers-l'Eglise VD.

67, 68o: Archiv Peter Schoch, Frutigen.

68u: Bernd Rathmayr, Bern.

69: Mathias Rohrer/Mountain Wilderness
    Schweiz, Zürich.

70: Marco Volken, Zürich.

71: Tal Museum Engelberg.

72: Beat Christen, Engelberg.

73 (alle): Bundesamt für Landestopographie
    (Geodäsie-Archiv), Wabern.

75 (alle): Bundesamt für Landestopographie
    (Geodäsie-Archiv), Wabern.

76: Beat Waser, Engelberg.

77o: Die Schweizerische Landesvermessung
    1832–1864. Hrsg. vom Eidg. topographischen
    Bureau, Bern 1896.

77u: Das schweizerische Dreiecknetz,
    Band VIII. S. 48.

78–79, 80o: Marco Volken, Zürich.

80u: Engelberg-Titlis Tourismus.

81: Titlisbahnen, Engelberg.

82, 83: Marco Volken, Zürich.

84: Johann Jakob Scheuchzer: Ouresiphoites
    Helveticus; sive, Itinera per Helvetia alpinas
    regiones. Leiden 1723, 3. Bd, Figur VIII
    vor S. 391.

85o,u: Tal Museum Engelberg;
    Foto Jean-Pierre Kuhn.

86: Tal Museum Engelberg.

87: Aargauer Kunsthaus Aarau.

88o: Jahrbuch des SAC (Bern), Jg. 11, 1875/76,
    Frontispitz.

88u: Tal Museum Engelberg;
    Foto Marco Volken, Zürich.

89u: Aargauer Kunsthaus Aarau, Depositum
    der Gottfried Keller-Stiftung.

90: Tal Museum Engelberg; Foto Jean-Pierre Kuhn.

91o: Privatsammlung Schweiz.

91u: Tal Museum Engelberg.

92o,u: Maureen O'Brien; Mary Bergstein
    (General Editors): Image and Enterprise:
    The photographs of Adolphe Braun.
    Thames and Hudson, London 2000.

93o: Privatbesitz Luzern; Foto Jean-Pierre Kuhn.

93u: Carl Cattani: Das Alpenthal Engelberg und
    seine Berg-, Wasser-, Milch- und Molkenkuren
    von 1869, 2. Auflage. Tal Museum Engelberg

94o: Apotheke Ueli Amberg, Engelberg.

94u: Engelberg-Titlis Tourismus.

95: Privatbesitz Luzern; Foto Jean-Pierre Kuhn.

96: Marco Volken, Zürich.

97: Hans Wysling; Elisabeth Lott-Büttiker: Conrad
    Ferdinand Meyer 1825–1898. Zürich 1998.

98o: Daniel Anker, Bern.

98m,u, 99 (alle): Trueb, August: Skivolk.
    Stuttgart 1937.

100o: Marco Volken, Zürich.

100u: Basler Nachrichten 9.9.1952.

101: Michael Freisager: Kloster Engelberg.
    Gesichter im Licht – Gesichter im Dunkel.
    Diopter Verlag für Kunst und Fotografie,
    Luzern 1997.

102, 103 (alle): Trueb, August: Skivolk.
    Stuttgart 1937.

104: Robert Bösch, Oberägeri.

105: Engelberg–Titlis Tourismus.

106o: Beat Waser, Engelberg.

106u: Joachim Mercier: Aus der Urgeschichte
    des Schweiz. Skilaufs. Glarus 1928, S. 32.

107: Tal Museum Engelberg.

108: Engelberg. Offizielles Fremdenblatt, 3. Jg.,
    Winter-Ausgabe Nr. 1, 16.12.1927;
    Titlisbahnen, Engelberg.

109o,m,u: Ski. Jahrbuch des Schweiz.
    Ski-Verbandes, 1911.

109or: Stiftsarchiv, Engelberg.

110: British Ski Year Book, 1937.

111o: Engelberg-Titlis Tourismus.

111u: Karl Hess, Trübsee.

112o: Tal Museum Engelberg.

112u: Titlisbahnen, Engelberg.

113: Tal Museum Engelberg.

114, 115 (alle): Engelberg-Titlis Tourismus.

116: Titlisbahnen, Engelberg.

117: Lorenz A. Fischer, Luzern.

118: Marco Volken, Zürich.

119o,u: Robert Bösch, Oberägeri.

120–121: Lorenz A. Fischer, Luzern.

122: Tal Museum Engelberg.

123: Robert Bösch, Oberägeri.

124: Marco Volken, Zürich.

125: Beat Waser, Engelberg.

126–127: Karl Hess, Trübsee.

126u: Engelberg-Titlis Tourismus.

128: Mike Bacher, Engelberg.

129o,u, 130–131: Marco Volken, Zürich.

132: Karl Hess, Trübsee.

133: Marco Volken, Zürich.

134o: Daniel Anker, Bern.

134m: Fritz Immer, Engstlenalp.

134u: Engelberg in alten Ansichten. Verlag Tal
    Museum Engelberg, Engelberg 1988.

135: Daniel Anker, Bern.

136: Marco Volken, Zürich.

137: Karl Hess, Trübsee.

138o: Trübsee – Himmel u. Schnee. Zürich o. J.
    (um 1930); Karl Hess, Trübsee.

138u: Titlisbahnen, Engelberg.

139l: Engelberg-Titlis Tourismus.

139r: Schweizerischer Kalender für Bergsteiger
    und Skifahrer. Stämpfli & Cie., Bern 1932.

140o: Karl Hess, Trübsee.

140u: Beat Christen, Engelberg.

141: Engelberg-Titlis Tourismus.

142o: Archiv Beat Christen, Engelberg.

142u: Titlisbahnen, Engelberg.

143: Marco Volken, Zürich.

144: Benno Schwizer, Bern.

145: Paul Burkart, Bern.

146: Titlisbahnen, Engelberg.

147ol: Mike Bacher, Engelberg.

147or: Beat Waser, Engelberg.

147ul,ur: Geschichte des Jochpass-Liftes;
    Infothek SBB, Bern.

148: Jan Guerke, Altdorf.

149: Lorenz Huber, Luzern.

150o,u: Beat Waser, Engelberg.

151: Titlisbahnen, Engelberg.

152: Zentralbibliothek des SAC, Zürich.

153o: Margherita Nugent: Tre gite fra le
    Alpi di Engelberg. Firenze 1912;
    Schweizerisches Alpines Museum, Bern.

153u: Karl Hess, Trübsee.

154: Carl Cattani: Das Alpenthal Engelberg
    und seine Berg-, Wasser-, Milch- und
    Molkenkuren. Luzern 1852.

155o,u: Marco Volken, Zürich.

156l: John Ball: The Central Alps. London 1864.

156o,u: Marco Volken, Zürich.

157o: Beat Waser, Engelberg.

157u: Remo Kundert, Hirzel ZH.

158: Emmy Nöthiger-Bek: Sonne, Fels und
    Schnee. Freizeit in den Schweizer Bergen.
    Verlag Neues Leben, Berlin 1958.

159o: Illustrierter Führer auf die Schweizer Alpen,
    II. Band 1903, Nr. 101.

159u: Peter Schoch, Frutigen.

160: Beat Christen, Engelberg.

161: Marco Volken, Zürich.

162: Hansjörg Egger, Zürich.

163 (alle): Robert Treichler, Bäretswil.

164o: Archiv Daniel Anker, Bern.

164u: Marco Volken, Zürich.

165: Hansjörg Egger, Zürich.

166: Marco Volken, Zürich.

167: Zentralbibliothek des Schweizer Alpen-Clubs
    SAC, Zürich, Sammlung Müller-Wegmann.

168: Kunsthaus Zürich.

169o: Zentralbibliothek des Schweizer Alpen-
    Clubs SAC, Zürich.

169u: Ernst Walder: Festschrift zum vierzig-
    jährigen Bestehen der «Sektion Uto»
    des S.A.C., Zürich 1904, S. 33.

170–171: Iwan Tschudi: Der Tourist in der Schweiz
    nebst Grenzgebieten. 2. Band: Zentralschweiz
    und Südschweiz. Zürich 1921.

173: Karl Hess, Trübsee.

174–175: Beilage zum Jahrbuch des SAC,
    Jg. 14, 1878/79.

175u: Jahrbuch des SAC, Jg. 45, 1909/1910.

176u: Zentralbibliothek des Schweizer
    Alpen-Clubs SAC, Zürich.

176–177: Beilage zum Jahrbuch des SAC,
    Jg. 14, 1878/79.

178u: Marco Volken, Zürich.

178–179: Bundesamt für Landestopographie.